|영재상담|
이론과 적용

| 이신동 · 박성옥 · 태진미 공저 |

COUNSELING
FOR THE GIFTED AND TALENTED

학지사

본 연구는 정부(교육부)의 재원으로 한국연구재단의 지원을 받아 수행된 연구(NRF—2014S1A5B8063441)
이며 순천향대학교 연구비 지원에 의해 이루어진 연구임.

머리말

　나는 종종 "영재교육의 최상위 목표는 무엇입니까?" "영재교육은 누구를 위한 것입니까?"라는 질문을 받습니다. 이럴 때 나는 머뭇거림 없이 "영재교육의 최상위 목표는 영재가 행복한 삶을 영위하게 하는 것입니다."라고 대답합니다. 이어서 "영재교육 역시 영재 자신을 위한 것입니다."라고 대답합니다. 흔히 일반인들은 영재교육이 국가의 경쟁력을 높이기 위한 것이라고 생각하기도 합니다만, 영재가 국가나 사회의 수단이나 도구가 되어서는 안 됩니다. 영재교육은 영재 자신을 위한 것이며, 영재 자신의 자아실현을 위한 것입니다. 우리가 영재들이 가지고 있는 잠재력을 극대화하려는 것은 그것을 통해 영재들이 좀 더 나은, 좀 더 행복한 삶을 영위할 수 있게 도와주기 위해서입니다. 물론 영재들의 창의적인 아이디어는 국가나 사회에 큰 도움을 주기도 합니다. 그러나 이것은 영재교육의 부차적 목표입니다.

　영재들이 행복하게 살도록 도와주려면 어떻게 해야 할까요? 영재들의 인지적 발달은 물론이고 영재들의 사회적·정서적 발달을 도와주어야 합니다. 영재들은 일반 학생들과 달리 독특한 특성을 가지고 있기 때문에 학교나 사회에 잘 적응하지 못하는 경우가 발생합니다. 이를 미연에 예방하고 영재들의 부적응이 최소화될 수 있도록 도움을 주는 것이 필요합니다. 그 노력이 바로 영재들에 대한 상담

활동입니다. 학교 현장의 교사들은 영재의 사회적 · 정서적 부적응의 원인을 정확하게 알지 못하는 사례가 많고, 부모 역시 우수한 자녀가 왜 이상한 행동을 하고 학교에 부적응하는지를 모르는 경우가 많습니다. 우수한 학생의 사회적 · 정서적 부적응은 인적 자원의 낭비를 가져오게 되어 개인적으로나 국가적으로 자원의 누수현상을 낳게 됩니다. 이런 일을 미연에 방지하는 것이 바로 영재상담입니다.

　지금까지 우리나라의 영재교육은 늘 인지적 측면의 논리적 사고와 창의적 사고를 길러 주는 데 집중해 왔습니다. 영재들에게 이런 인지적 능력을 길러 주는 일은 무엇보다 중요한 일임에 틀림없습니다. 그러나 이런 인지적 능력이 활성화되고 유지되려면 사회적 · 정서적 안정이 수반되어야 합니다. 이제는 점차 영재교육의 범위를 넓히고 차별화된 지원을 해야 할 시점에 와 있습니다. 즉, 영재들의 독특한 사회적 · 정서적 특성을 이해하고, 이를 전문적으로 지원해 주는 노력이 필요합니다. 따라서 영재들에 대한 사회적 · 정서적 문제를 바르게 이해하고, 이에 대한 예방과 상담이 필요합니다. 독특하고, 창의적이며, 적응 문제를 가진 영재들에 대한 전문적인 상담활동이 절실히 요구되고 있습니다.

　저자들이 이 책을 집필하게 된 동기는 우리 실정에 맞추어 집필된 영재상담 관련 교재가 없다는 데서 시작되었습니다. 현재 우리나라에는 영재상담과 관련된 두세 권의 책이 출간되어 있는데, 이 책들은 모두 미국에서 출간된 책을 번역한 것으로 한국 실정과는 다소 거리가 있습니다. 따라서 이 책은 한국의 영재교육 실정에 맞추어 이론과 실제로 구성하였습니다.

　이 책은 총 12개의 장으로 구성되어 있는데, 1장 영재성 및 영재상담의 개념과 이슈, 2장 영재의 발달적 특성, 3장 영재의 유형별 상담적 요구, 4장 영재상담을 위한 모형으로 구성하였으며, 5장 영재에게 자주 발견되는 특성, 6장 영재의 비동시적 발달과 상담, 7장 영재의 과흥분성과 상담, 8장 위험에 처한 영재의 부적응 문제와 상담으로 구성하였고, 9장 영재의 정서 및 행동 장애와 상담, 10장 소외계층과 다문화 영재상담, 11장 영재의 진로문제와 상담, 12장 영재부모 스트레스와 역할 상담으로 내용을 구성하였습니다. 전체 내용을 통해서 알 수 있듯이 이 책은 영재상담의 이론과 실제를 균형 있게 다루고 있습니다. 특히 한국의 영재교육 현장에서 만나게 되는 상담의 사례와 해결책들을 위한 내용이 많이 들어가 있습니다. 따라서 이 책은 대학원의 영재교육 전공 학생들을 위한 교재로 사용되면 적절할 것으로 판단됩니다.

　마지막으로, 이 책이 출간되기까지 3년이라는 꽤 긴 시간이 지속되었음에도 지치지 않고 함께 해 주신 저자들에게 서로서로 감사를 드리며, 이 책이 많은 판매고를 올릴 것으로 기대되지 않음에도 학문의 발전을 위해 기꺼이 출간을 허락해 주신 학지사 김진환 사장님께 깊은 감사를 드립니다. 또 이 책의 원고를 교정하고 내용을 잘 정리해 주신 학지사의 이혜진 선생과 순천향대학교 영재교육전공 박사과정의 박혜영 선생에게도 같은 감사의 뜻을 전합니다.

　영재교육의 양육자인 Leta Hollingworth 박사의 뜻을 기리며 세 명의 공저자가 열정을 들여 쓴 책인 만큼 이 책이 사회적 · 정서적 문제로 어려움을 겪는 영재들에게 자아와 행복을 찾는 데 도움을 주고, 여러 후학의 학문적 성장을 위해 조금이나마 기여하길 기대합니다.

2016년 8월
영재들을 사랑하는 마음을 담아
이신동, 박성옥, 태진미

차례

Chapter 09 영재의 정서 및 행동 장애와 상담 / 175

Chapter 10 소외계층과 다문화 영재상담 / 197

영재성 및 영재상담의 개념과 이슈

학 습 목 표

1. 영재성의 개념과 역사적 배경, 최근의 영재성 개념을 이해한다.
2. 영재성에 대한 다양한 관점과 창의성의 개념을 이해한다.
3. 영재상담의 개념과 역사적 배경을 이해한다.
4. 영재상담의 필요성과 이슈들을 이해한다.

주변에서 영재라 불리는 아이들을 보면 그 아이가 다른 아이들과는 다름을 알아차리게 된다. 이렇듯 영재는 일반학생들과 다른 특성을 지니고 있고 이러한 특성을 영재성이라고 부른다. 그러나 영재의 특성인 영재성이라는 개념을 분명하게 알고 있는 사람은 많지 않다. 영재성 개념의 모호함이 영재에 대한 오해를 초래하고 영재는 주변의 이해 부족으로 사회에 적응하는 데 어려움을 느낀다. 영재성에 대한 올바른 이해가 있다면 영재들이 필요로 하는 심리적 요구를 잘 파악하여 영재들이 사회와 조화를 이루는 데 도움이 될 것이다. 이 장에서는 영재들이 가지는 특성인 영재성과 영재의 심리적 발달을 위한 영재상담에서 다루어야 할 문제들을 살펴보도록 한다.

1. 영재성의 개념

'영재성이란 무엇인가?'라는 질문에 대한 답변은 시대적 배경에 따라 또는 연구자의 관점에 따라 매우 다양하다. 영재성에 대한 연구가 지속되고 있으나 여전히 영재성을 정의하는 개념에 대한 논란은 계속되고 있으며 영재를 연구하는 연구자들 사이에서도 분명한 합의는 없다. 영재성 개념은 연구자, 부모 그리고 교사에 따라 다르게 정의되는 경향이 있다. 연구자들은 때때로 심리측정학적 정의를 신뢰하는데 이런 정의는 지능검사나 무학년 적성검사 등의 측정도구를 사용하여 쉽게 측정되고 적용하기도 쉽기 때문이다. 부모들은 그들이 관찰할 수 있는 아이의 행동적 특성에 무게를 두는 경향이 있다. 예를 들어, 그들의 세 살 난 아이가 색과 모양을 구분하고 글을 쓰면 자신의 아이가 영재인지 아닌지 궁금해하기 시작한다. 교사들은 연구자처럼 아이의 특성을 측정하려고 하지만, 연구자와는 다르게 성취검사 같은 공식적인 검사와 교사추천 또는 동료추천과 같은 비공식적인 검사 등의 다양한 자원을 이용하고 영재성에 대한 최종 결정을 할 때는 위원회를 이용하기도 한다. 또한 교사들은 대개 아이들이 원하는 일을 스스로 결정하도록 도와주며 영재를 위한 프로그램을 운영하고 이 프로그램이 그들에게 도움이 되기를 바란다. 이런 예들이 입증하듯, 영재성의 개념은 단일한 개념이 아니며 개념을 정의할 수 있는 방법도 다양하다. 따라서 영재성이 무엇인가를 이해하기 위해서는 영재성의 대한 역사적 연구와 최근의 연구를 살펴볼 필요가 있다. 영재성에 대한 연구를 살펴봄으로써 무엇이 영재성인가, 누가 영재인가, 영재성이 어떻게 영재의 심리적인 발달과 상담과정에 영향을 미치는가를 이해하는 개념적 틀을 가질 수 있다.

1) 영재성 개념의 역사적 배경

영재의 평범하지 않은 능력에 대한 일화는 오랜 역사 속에서 종종 기록되어 왔

지만, 영재성에 대한 과학적 연구는 최근의 현상이다. 영재성에 대한 초기의 연구
는 일반적으로 지능에 초점을 맞추었다. 지능에 대한 최초의 연구를 시작한 과학
자는 Galton(1822~1911)이다. 『종의 기원(On the Origin of Species by Means of
Natural Selection)』[1]을 쓴 Charles Darwin[2](1809~1882)의 사촌인 Galton은 Darwin
의 유전학에 대한 연구를 기반으로 '천재'는 유전적 요소가 강하다는 믿음을 지
녔다. Galton[3]은 지능에 대한 연구를 통해 지능을 포함한 개인차를 지니는 인간
의 특성들은 대부분 정규분포를 나타내는 종형곡선(bell-curve pattern)을 그린다
는 개념을 발달시켰다. 이 정규분포곡선에서 대부분의 개인은 평균 주위에 위치
하고 몇몇만이 끝 부분에 위치하는데 Galton은 지능의 정규분포곡선의 상위 극
단에 있는 사람들을 '천재'라고 명명했다.

프랑스의 심리학자 Alfred Binet[4](1857~1911)는 3세에서 11세에 이르는 초등

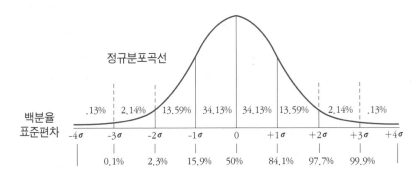

[그림 1-1] 지능의 정규분포곡선

1 생물의 진화론에 관한 저서로서 변이(變異)의 법칙, 생존경쟁, 본능, 잡종(雜種), 화석(化石), 지
  리적 분포, 분류학 및 발생학 등 여러 면에서의 자연선택설에 대해 기술되어 있다.
2 영국의 생물학자.
3 영국의 유전학자. 1882년에 인체측정학연구실을 창설하였고, 1904년에는 우생학 연구소를 설립
  하였다.
4 프랑스의 심리학자. 의사 Simon과 협력하여 학업부진아를 검출하기 위한 심리검사법을 발표하
  였다.

학교 학생들의 평균적인 학업능력과 그들이 도전하여 얻을 수 있는 능력이라고 예상되는 아이디어들을 모아 처음으로 지능검사를 개발했다. Binet의 지능검사 이후 과제 수행능력으로 지능을 측정하는 심리측정이 영재성의 개념에 대한 초기 연구를 이끌었다.

20세기 초 스탠퍼드 대학교에서 일했던 '영재교육의 아버지'라고 불리는 Terman(1916)은 Binet의 지능검사를 바탕으로 Stanford-Binet 지능검사를 개발했다. 이 검사에서 지능지수란 그 사람의 정신연령을 실제 생활연령에 비교한 것이다.

$$지능지수 = \frac{정신연령(mental\ age)}{생활연령(chronological\ age)} \times 100$$

Terman[5]은 그의 새로운 지능검사에서 상위 1% 이상의 지능지수를 나타내는 학생을 영재라고 정의했다. 그의 연구는 심리측정으로 영재아를 판별하고자 하는 최초의 시도였으며 이는 영재교육의 시작으로 여겨진다. Terman은 그 후 수년 동안 개인들의 독특한 요구와 특성을 판별하는 데 지능검사를 활용하였다.

Spearman(1904)은 지능을 단일요인으로 보는 관점에서 벗어나 지능의 2요인설을 주장하였다. 그는 지능을 모든 영역의 과제에서 공통으로 작용하는 일반지능(g: general intelligence)과 특수한 영역의 과제를 해결하는 데 작용하는 특수지능(s: specific intelligence)으로 구별하였다. Spearman의 2요인설은 지능의 연구에 새로운 연구방법을 제시하였다. Spearman은 지능을 요인분석했는데, 이 요인분석법은 지능연구에 오랫동안 사용되었다. 그는 일반지능이라 불리는 일반요인 'g'는 지적인 과제를 수행할 수 있게 해 주는 '신경학적 능력' 또는 '힘'의 척도라고 하였고, 특수지능이라 불리는 특수요인 's'은 특정 영역의 과제를 해결할 때 선별적으로 사용되는 능력이라고 주장하였다. 그는 지능수준을 결정하는 중요한

---

5 미국의 심리학자. Binet의 지능검사를 개정한 Stanford-Bint 지능검사 제작과 35년간에 걸친 천재아(天才兒)에 대한 종단 연구를 했다.

요인은 일반지능이라고 생각했으며 따라서 지능검사의 개인차를 결정하는 요인
은 일반지능 'g'라고 주장하였다.

카네기 공과대학의 심리학자 Thurstone은 Spearmen의 연구에 기반을 두어 좀
더 정교한 방법으로 인지능력을 연구하였다. 그 결과 Spearman이 일반지능과 특수
지능을 밝혀낸 반면, Thurstone은 일곱 가지 특수한 인지능력을 밝히고 이를 일곱
가지 기본정신능력이라고 정의했다. 그가 밝혀낸 일곱 가지 기본정신능력은 언어
이해능력, 언어유창성, 수 능력, 기억력, 지각속도, 공간적 시각화, 추리력이다.

표 1-1 Thurstone의 일곱 가지 기본정신능력

요인	내용
언어이해 (verbal comprehension)	어휘검사로 측정할 수 있으며 언어적 자료나 정보를 이해하는 능력으로 어휘나 문장을 이해하는 능력
언어유창성 (verbal fluency)	시간제한검사로 측정할 수 있으며 어휘의 표현능력으로 언어를 빠르게 만들어 내거나 짧은 시간에 하나의 철자로 시작되는 단어를 생각하는 능력
수(number)	계산이나 수학적 문제해결검사로 측정할 수 있으며 빨리 계산하거나 수학적으로 이해하는 능력
기억(memory)	회상검사로 측정할 수 있으며 글, 단어, 숫자, 상징 등의 물건을 기억하는 능력
지각속도 (perceptual speed)	그림 속의 작은 차이점들을 인식하는 과제로 측정할 수 있으며 글, 숫자, 상징 부호를 신속하게 인지하는 능력
공간적 시각화 (spatial visualization)	사물의 그림 위치 바꿈 등의 과제로 측정할 수 있으며, 물체의 회전, 형태의 시각화, 기하학적 사물을 조작하는 능력
추리(reasoning)	비유, 수열 완성 과제 등의 검사로 측정할 수 있으며 추론과 유추능력으로 구체적 예에서 일반적 아이디어를 추리하는 능력

2) 최근 영재성의 개념

전통적인 영재성의 개념은 인지적인 능력에만 초점을 맞춘 지능 연구에 초점
을 맞췄고, 영재성 연구에서의 지능 개념은 Binet과 Terman의 단일요소 개념에

서 Spearman과 Thurstone이 제안한 다중요소 개념으로 발전했다. 최근 영재성의 개념은 인지적 능력뿐만 아니라 우리가 살아가는 동안 요구되며 가치 있게 여겨지는 인간의 다양한 능력을 포함하는 쪽으로 변화해 오고 있다. Renzulli[6](1978, 1986)는 처음으로 영재성의 개념에 정의적인 능력을 포함시켰다. 그는 사회적으로 성공한 영재들은 창의적인 산출물을 배출한다는 사실에 주목하고 영재성을 평균 이상의 지적 능력, 창의성과 과제집착력의 결합이라고 설명하는 세 고리 모형(Three Ring model)을 주장하였다. 그는 이 세 요소가 모두 상위 15%에 들며 이

표 1-2 Gardner의 다중지능이론

지 능	내 용
언어지능 (linguistic intelligence)	자신의 마음을 표현하고 다른 사람을 이해하기 위해 언어를 사용하는 능력
논리-수학지능(logical-mathematical intelligence)	논리성과 추상성. 추리력, 숫자와 관련된 능력
시각-공간지능 (spatial intelligence)	시각 및 공간적 판단과 관련되어 있는 능력. 사물을 시각화하고 정신적으로 조정하는 능력
신체운동지능 (bodily kinesthetic intelligence)	신체적인 수행을 위해 몸과 마음을 결합하는 능력. 문제해결을 위해 신체 전부나 손과 같은 일부분을 사용하는 능력
음악지능 (musical intelligence)	음악으로 생각하고 이해하고 조정하는 능력. 음의 리듬, 높이, 음색을 구별하는 능력
대인관계지능 (interpersonal intelligence)	다른 사람들과 상호작용하는 능력. 타인의 기분과 감정, 성격 및 동기에 민감하여 한 집단의 일원으로서 일하기 위하여 협동하는 능력
자연친화지능 (naturalist intelligence)	정보를 자연환경과 관련시키는 것. 이러한 사람들은 자연에 대해 매우 민감하고 동물을 기르고 상호작용하는 것을 좋아함
자기이해지능 (intrapersonal intelligence)	자신에 대한 정확한 지각과 자기성찰을 할 수 있는 능력

(Gardner, 1983)

6 미국의 영재교육학자. 현재 미국 코네티컷 대학의 석좌 교수.

중 한 요소가 2% 안에 드는 학생을 영재라고 정의했다. Gardner[7](1983, 1999)는
전통적인 지능 개념에서 중요시하는 언어지능과 논리-수학지능 외에 시각-공간
지능, 신체운동지능, 음악지능, 대인관계지능, 자연친화지능, 자기이해지능의 여
섯 가지의 지능을 추가하여 구성된 다중지능이론을 주장했다.

Gardner(1999)는 각 개인이 특정 분야의 개념과 기능을 배우고 활용하며 발전
시켜 나가는 능력을 지능이라 제안했다. 그는 특정 분야에서의 '문제해결능력'
또는 '가치 있는 결과를 생산하는 능력'을 영재성이라 정의하고, 한 개인이 속한
문화권에서 가치 있다고 인정하는 분야의 뛰어난 지능을 영재성의 요인이라고
주장했다.

Sternberg[8](2000)는 영재성을 '발전하는 전문성(developing expertise)'으로 개념
화하고 일반지능의 개념을 삶의 전 영역에서 성공에 필요한 지능으로 봄으로써
지능의 개념을 확장시켜 성공지능(successful intelligence)이라는 개념을 만들었다.
성공지능은 자신이 정의한 성공의 기준에 따라 사회문화적 상황 속에서 자신의
강점을 활용하고 자신의 약점을 수정·보완하여 인생에서 성공을 거두는 능력을
말한다. 성공지능은 환경에 적응하고 조정하는 능력인 분석지능, 창의지능, 실제
지능의 3요소로 구성되어 있다. Sternberg는 성공지능을 영재성의 요소로 본다.

Gagné[9]는 다양한 영재성 이론을 결합하여 영재성과 재능의 차별화모형을 개
발하였다. 차별화모형에서의 영재성은 지적, 창의적, 사회·정서적, 감각운동적
의 네 가지 능력 영역 중 하나의 영역에서 훈련 없이 자발적으로 표현되는 타고난
능력을 말한다. Gagné는 영재성은 개인내적 요소와 환경의 촉매작용을 통해 재
능으로 발현된다고 제안했다. Gagné(1998)는 또한 타고난 능력의 상위 10%를 영
재성이라고 정의하고 영재성과 재능 영역에서의 레벨을 고려해야 한다고 제안하
기도 했다. Gagné의 이론은 영재성에 관한 근래의 이론 중 가장 포괄적이고 타당
한 이론으로 여겨진다.

---

7 하버드 대학의 교육심리학과 교수이자 보스턴 의과대학 신경학과 교수. 다중지능이론의 창시자.
8 미국의 지능이론가 및 교육심리학자. 오클라호마 주립대학교 학장.
9 미국의 교육심리학자. 제2차 세계대전 동안 공군 파일럿을 대상으로 교수 과학을 연구하였다.

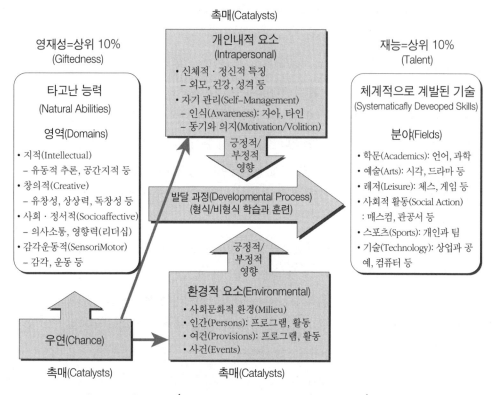

[그림 1-2] Gagné의 영재성과 재능의 차별화모형(Gagné, 2004)

3) 창의성

최근의 영재성 개념에서는 창의성이라는 개념이 새롭게 주목받고 있다. 창의
성은 새롭고 가치 있는 산출물을 만들어 내는 능력이라고 정의된다(이신동, 이정
규, 박춘성, 2009). 창의성 연구의 초기에는 창의성이 주로 유창성, 융통성, 독창
성, 정교성을 포함하는 확산적 사고의 관점에서만 연구되었으나, 그 후에는 수렴
적 사고와 확산적 사고를 포함하는 다양한 지적 능력, 인성, 지식, 환경의 총체적
인 관점에서 연구되고 있다(박혜영, 이신동, 2015). 창의성은 비판적 사고, 창의적
사고, 초인지적 사고, 의사결정 사고 등과 같은 여러 가지 사고 유형의 하나로 간
주되기도 하고, 모든 사고 유형이 총체적으로 결합되어 나타나는 가장 고차적인

사고능력으로 간주되기도 한다. Renzulli(1998)가 '세 고리 모형'에서 설명한 바와 같이, 창의성은 영재성의 세 가지 요소 중 하나다. 창의적 영재는 어떤 문제나 질문에 대한 아이디어나 해결방안을 많이 제시하며 종종 독창적인 해결방안을 제안한다. 지적 영재들과 창의적인 영재들의 학업성취도를 비교한 연구에서 지적 영재들과 창의적인 영재들 모두 비슷한 우수한 결과가 나타났다(Getzels & Jackson, 1962). 최근에는 많은 나라가 영재교육 대상자 선발에서 창의성을 선발의 중요한 요인으로 생각하고 있다. Sternberg(1997)는 앞서 소개한 성공지능이라는 개념을 주장하며 창의성을 영재성의 구성요인 중 하나로 보았다. 그는 지금까지 분석지능의 영재가 중심이었다면 앞으로의 미래 사회는 창의지능의 영재, 즉 창의성을 가진 영재가 더 필요한 사회가 될 것이라고 주장하였다(Sternberg, 2003).

Moon(2006)은 영재성의 개념적 정의에 관한 다양한 유형을 심리측정학적 유형, 신경생리학적/인지학적 유형, 창의적/생산적 유형, 심리사회적 유형 그리고 융합적 유형으로 나눈다. 이 각각의 유형은 영재성의 개념을 조작하는 데 활용되어 왔으며, 학교환경에서 영재아를 판별하는 데 특별한 절차를 만들어 준다.

근래의 영재성에 대한 풍부한 이론적 정의에도 불구하고 영재학생에 관한 대부분의 연구문헌은 영재학생의 표준화검사 점수나 학교나 대학에서의 영재 프로그램의 참여로 정의하는 경향이 있다. 일반적인 학교환경에서 영재성을 정의하는 데 가장 많이 활용하는 방법은 평균 표준편차 이상의 IQ 점수, 특정 학문 영역에서의 성취점수, 양적 혹은 질적 사정점수에 기반을 둔 위원회의 선발이다. 최근에는 마지막에 제시된 양적 혹은 질적 사정점수에 기반을 둔 위원회의 영재 선발법이 가장 좋은 방법으로 고려되는데, 그 이유는 학생의 강점과 약점을 파악하기 위해 다양한 측정법을 활용하며, 문화적으로 평등하고 사회적 편견에서 자유롭기 때문이다.

표 1-3 영재성의 개념에 대한 다양한 관점

관점	내 용
심리측정학적 정의	심리측정에 의한 검사점수를 기반으로 한다. 예를 들어, Terman은 영재를 Stanford-Binet 지능검사에서 135 이상의 학생으로 정의했고, Stanley와 그의 동료들(Benbow & Stanley, 1983; Stanley, 1996)은 영재를 수학-언어추리 무학년 검사에서 높은 점수를 받은 학생으로 정의했다. 이들 심리측정학적 정의는 적용하기 매우 쉽다. 따라서 많은 기관에서는 영재성의 심리측정학적 정의를 활용하고 있다.
신경생물학적/인지학적 정의	신경과학이나 인지과학에서의 발견을 기반으로 한다. Gardner의 다중지능과 Sternberg의 분석지능, 창의지능, 실제지능으로 이루어진 성공지능도 비슷한 예다(Gardner, 1999; Sternberg, 1985). 이들은 심리측정학적 정의에 비해 표준화검사를 통해 운용하기 어려우며, 보통은 다양한 측정을 통해 가능하면 수행 기반의 평가로 운용한다.
창의적/생산적 정의	창의적이고 생산적인 성인의 삶을 평가한다. Renzulli(1978)가 주장한 영재성의 '세 고리 모형'이 하나의 예다. 이 정의는 보통 지적 능력의 표준화된 검사와 학문적 수행, 인터뷰, 교사/동료/자기추천, 잠재적 재능의 측정 등 다양한 측정의 결합으로 운용한다.
심리사회적 정의	심리사회적 영재성의 정의는 영재성의 발달에서 개인과 환경의 역할을 강조한다. Tannenbaum(1986)과 Gagné(2000)는 영재성의 심리사회적 개념을 발달시킨 대표적인 학자다. 이 정의는 영재성을 규정하는 가능한 한 가장 넓은 틀을 제공하며, 결과적으로 특정 상황에서 조작적 정의를 만들기 위한 최소한의 지침을 제공한다.
융합적 정의	여러 가지 이론적 관점으로부터 나온 정의다. 미국의 1972년 Marland 보고서(Marland, 1972)와 1993년 National Excellence 보고서(U.S. Department of Education, 1993)는 처음으로 학교환경을 영재성을 정의하는 데 함께 사용했다. Marland 보고서 이후로 영재에 대한 법적 정의는 때때로 모형화된 정의를 혼합한다. 미국의 「영재교육법(Jacob Javits Act)」이나 우리나라의 「영재교육진흥법」은 영재성의 융합적 정의를 포함하며, 영재 선발 시 많은 경우 이런 융합적 정의를 사용한다. 융합된 정의는 대개 각각의 재능 분야별로 분리된 다양한 평가나 확인 절차로 운용된다. *「영재교육진흥법」제2조 제1항에 따르면 '영재'란 재능이 뛰어난 사람으로서 타고난 잠재력을 계발하기 위하여 특별한 교육이 필요한 사람을 말한다.

(Moon, 2006)

2. 영재상담의 개념

상담이란 심리적인 도움이 필요한 사람들에게 그들의 심리적 문제, 정서나 사고, 가치관 등을 개선하며 긍정적인 결정을 내리고 행동하도록 돕는 활동이다. 영재들은 일반학생들과 달리 그들이 가지고 있는 남다른 영재성 때문에 일반학교 현장에서 여러 가지 측면의 어려움에 직면하게 된다. 그러므로 영재를 위한 교육을 위해서는 학습적 지원뿐만 아니라 영재상담이라는 심리적 지원 또한 필요하다. 영재상담이란, 영재가 가진 특성에 의해 발생되는 생활 속의 문제와 과제를 해결하기 위하여 영재의 사고 및 행동, 감정 등의 변화를 돕고, 영재들이 정신적인 성숙과 발전을 이루어 미래의 창의적인 문제해결자로 성장하도록 노력하는 과정을 의미한다.

1) 영재상담의 역사적 배경

영재상담에 대한 역사적 배경은 현재의 영재상담에 대한 관점을 이해하도록 돕는다. 영재상담의 시작을 살펴보면 미국에서 실시된 Lewis Terman의 1,528명 영재들에 관한 종단연구(Genetic Studies of Genius)로 거슬러 올라간다. Terman의 연구는 영재들이 신체적 · 심리적 · 사회적인 면에서 지적으로 평범한 또래들보다 우수하다고 묘사했다(Burks, Jensen, & Terman, 1930; Terman, 1925). 이 연구의 결과는 영재들의 사회적 · 신체적 필요에 관심을 두지 않게 했고, 영재상담의 필요성에 대한 요구도 늦어지게 했다. 후에 Terman의 연구가 Stanford-Binet 지능검사를 이용하여 영재를 선별하였기 때문에 그의 연구 대상이었던 영재들은 백인 중산층 출신의 학생들로 매우 제한적이며, 이 연구의 영재들이 다른 다수의 영재를 대표할 수 없다는 논란이 제기되면서 영재의 사회적 · 정서적 적용에 대한 관심이 일어나기 시작하였다. '영재교육의 어머니'라 불리는 Hollingworth[10]는 영재아들의 지적 발달과 정서적 발달 사이의 차이가 영재들에게 정서적 어려움을 직면하게 한다는 사실을 지적함으로써 영재상담의 필요성을 강조하였다. Hollingworth는 영재들도 심리적·사회적·정서적으로 다양한 문제가 있을 수 있음을 밝히며 영재들을 위한 학교의 교육환경 개선과 정서교육을 강조했다.

영재상담의 발전과정에 대하여 미국의 심리치료 전문가인 Karen St. Clair(1989)는 1900년부터 1980년까지의 80년간을 5단계로 구분하였다. 이후에 Colangelo와 Davis(2008)는 그들의 책[11] 『Handbook of Gifted Education』[12]에서 St. Clair의 5단계 발전과정에 2단계를 추가하여 7단계 발전과정을 제시하였다. 이 발전과정을 살펴보면 1900년대 초기에 비로소 Terman과 Hollingworth의 높은 지능을 가진 영재들에 대한 연구를 시작으로 영재상담이 필요하다는 인식이 생겼다. 1950년대에는 개인의 독특한 감정과 사고를 경시하는 행동주의 심리학에 반대되는 인본주의 심리학의 영향으로 영재의 정서적 적응 문제를 강조하기 시작했고, 인본주의 심리학의 거장인 Carl Rogers의 영향을 받아 영재의 긴장, 불안, 공포의 감정 해소가 상담의 중심인 내담자 중심의 비지시적 접근으로의 영재상담이 시작되었다. 1960년대에는 비로소 학교에서의 영재상담이 시작되었다. 사실 학교상담가의 주된 역할은 영재학생만이 아닌 학교 전체 학생에 대한 상담이었으나 이때부터 학교 내 영재학생에게도 관심을 두기 시작하였다. 1970년대에는 상담 자체만이 아니라 상담 프로그램, 평가, 학교상담 관련 연구까지 강조하는 완전히 성숙된 상담 프로그램이 영재상담을 위해 개발되었다. 1980년대에는 미성취, 여성, 소수민족에 초점을 맞추어 영재상담이 이루어졌으며 상담모형과 접근법이 다양화되었다.

1990년대에는 특별한 요구를 가진 영재를 매우 강조하는 상담이 제시되었다. 장애 영재(twice exceptional)에게 맞는 상담과 교과과정을 제공하는 것을 강조했

10 미국의 학교심리학자. Stanford-Binet 검사를 사용하여 지능이 낮은 아이와 지능이 높은 아이의 차이를 연구하기 시작했고 뉴욕 시 공립학교의 상위 영재들을 위한 프로그램을 개발했다.

11 미국의 영재교육학자. 아이오와 사범대학 부설 영재교육센터 영재교육센터장.

12 Colangelo, N., & Davis, G. (2003). Counseling gifted students. *Handbook of Gifted Education* (3rd ed.). Needham Heights, MA: Allyn and Bacon.

고, 가족과 성별에 관한 문제도 중요한 문제로 부각되었다. 그리고 2000년대와 그 이후에는 영재의 윤리나 도덕성이 부가되었다. 영재성에 대한 관점이 지적인 관점뿐만 아니라 도덕적인 관점과 국제적인 관점으로 확대된 것이다. 앞서 살펴 본 바와 같이 영재상담은 대부분 미국의 교육심리학자들에 의하여 연구되었다. 우리나라의 경우는 최근에 영재상담에 대한 필요성이 인식되었다.

2) 영재상담의 필요성

영재가 상담을 필요로 하는 문제는 다양하고, 일반학생들의 필요와 다를 수 있다. 영재들은 뛰어난 지능과 우수한 문제해결력을 지니고 높은 학업성취와 결과를 보이기 때문에 교사나 상담가들은 영재가 신체적·학업적·사회적·정서적인 다양한 영역에서 요구사항이 있다는 것을 간과할 수 있다. 예를 들어, 영재들은 학교에 입학하는 시기에 정서적·행동적 성숙이 뒤떨어져 과잉행동장애로 분류되거나 미성숙아로 낙인찍혀 어려움을 겪을 수 있다. 또한 입학 후에도 학교의 교육과정이 적절하지 못하여 공부에 흥미를 잃게 될 수도 있다. 이러한 어려움을 이기고 학교에서 탁월한 성취를 보이는 영재들도 학년이 올라갈수록 더욱 치열한 경쟁과 높은 기대감(완벽주의) 때문에 엄청난 압력을 받게 된다(Pfeiffer, 2008; 황희숙, 강승희, 김정섭 역, 2011). 완벽주의 영재는 특히 자신에게 주어진 모든 문제를 혼자 해결해야 하는 것으로 착각하거나, 다른 사람에게 도움을 청하는 것에 익숙지 않아서 큰 어려움에 직면하더라도 효과적으로 도움을 받지 못하는 경우도 있다(Millis et al., 1979).

또한 비록 높은 학업성취를 보이는 영재학생이라도 영재의 특징인 비동시성 때문에 그 또래 학생들의 수준에 알맞은 정서적 유대감을 지니지 못하여, 주위로부터 또는 스스로 설정한 목표와 기대에서 비롯되는 엄청난 압력을 견디지 못하고 결국 학업에서 부적응을 보이는 경우도 많다. 이렇게 사회적·정서적 문제를 가지고 있는 영재들의 적응을 위하여 상담은 꼭 필요하며 영재를 위한 상담에서는 영재들이 지닌 문제를 효과적으로 다루어야 한다. Colangelo(2002)는 영재상담을 위해 지난 30년간 영재에 대한 관찰과 연구를 종합하여 영재의 상담에서 중요시 다루어야 할 점들을 다음과 같이 정리했다.

- 영재의 특별한 능력 때문에 영재는 사회적 · 정서적 문제를 경험한다.
- 지나치게 우수한 영재는 오히려 영리하지 못하다는 잘못된 평가를 받을 수 있다.
- 영재의 지적인 요구를 만족시키는 것이 영재의 사회적 · 정서적 요구를 동시에 만족시킬 수 있다.
- 영재에게 10대는 사회적으로 가장 어려운 시기다.
- 지능은 성격적 특성이 아니다.
- 또래 일반아들의 어떤 그룹보다 더 많은 영재 아이가 자살을 시도하는 경향이 있다.
- 우울, 불안, 고립 등이 영재가 가장 많이 느끼는 어려움이다.
- 영재들은 또래의 일반아들에 비해 더 낮거나 더 높은 자아개념을 갖지 않는다.
- 영재는 그 또래의 일반아들에 비해 사회적 요구에 더 민감하거나 더 둔감하다.
- 학교에서 발생하는 미성취 영재는 영재의 사회적 · 심리적 긴장에서 발생하는 현상이다.
- 영재아의 부모는 영재를 위한 최선의 방법을 항상 알지는 못한다.
- 영재와 장애가 동시에 발생할 수 있다.
- 학교에서의 영재의 발달과 관계된 상담은 영재에게 도움이 된다. 일반적으로 영재는 상담가의 관심을 덜 받게 된다.

영재상담은 다양한 방법을 통하여 영재의 특수한 요구를 충족시킬 수 있도록 하여야 한다. 물론 교사와 상담가가 영재들의 특수한 기능과 요구에 대한 지식을 지녀야 함은 중요한 출발점이다.

3. 영재상담의 이슈

일반학생과 특수학생을 위한 상담 프로그램에 대한 연구는 활발하지만, 영재를 위한 차별화된 상담 프로그램의 개발에 대한 노력은 아직 부족한 상태다. 영재의 사회적 적응에 도움이 되는 영재상담을 위해서는 영재들이 안고 있는 문제들을 잘 인식하고 해결하기 위하여 노력하여야 할 것이다. 따라서 영재의 특성과 영재가 가지고 있는 문제를 이해하고 그들의 필요가 충족될 수 있도록 도와야 한다.

1) 개인적 이슈

Silverman(1993a)은 영재들이 자살 충동을 느낄 때, 극심한 고립이나 소외를 경험할 때, 분노를 표현하거나 조절하기 어려울 때, 성적 일탈을 할 때, 만성적 미성취, 우울, 정신적 트라우마를 경험할 때 상담이 필요하다고 믿었다. 사실 이런 이슈들은 다른 일반아동이나 청소년이 겪는 이슈들과 유사하다. 그러나 영재상담에서 특별히 다루어야 할 것은 영재의 인지적 · 정서적 취약점이다. 영재는 또래보다 빠른 발달 때문에 이질감과 소외감을 느끼고, 동일한 발달이 아닌 한 영역에서의 집중적인 발달 때문에 혼돈과 좌절을 겪기도 한다. 영재가 이러한 내적인 어려움을 겪고 있는 동안 그것을 지지하지 않는 사회 분위기, 적대적인 학교와 또래문화, 비현실적으로 높은 기대와 같은 외적인 요소가 영재로 하여금 사회적으로 적응하기 어렵게 만든다. 영재가 사회적 적응의 어려움을 해결하기 위해 상담에 참여할 때, Sliverman(1993b)은 10세 이하의 영재에게는 놀이치료, 좀 더 성숙한 영재에게는 어른스러운 상담기술을 사용하라고 제안한다. 그가 추천하는 영재를 위한 차별화된 기술은 영재들을 방문하여 그들의 이야기를 잘 들어주며, 문제를 분석하여 명확히 이해하고, 문제로부터 얻을 수 있는 긍정적 영향을 탐색하며, 무엇을 바꿀 수 있는지 결정하고 목표 수립을 할 수 있도록 돕는 것이다. 그러나 더 중요한 것은 문제해결에만 집중하는 것이 아니라 영재에게 스트레스 해소기술

등 정서를 다스릴 수 있는 기술을 가르치며 영재의 감정을 함께 공유하는 것이다.

2) 가족에 관한 이슈

영재의 발달에 가장 중요하고 결정적인 영향을 미치는 요소는 바로 가족이다. Csikzentmihalyi(1996)와 Tannenbaum(2003)과 같은 연구자들은 부모와 가족 구성원들이 영재를 지원해 주고 도전감을 주는 가정환경에서 영재는 가장 동기화되고 뛰어난 성취를 이룰 수 있다고 언급했다. 어린 영재들의 경우 영재성이 있음에도 가정환경 및 교육의 적절한 조치가 이루어지지 않아서 그들의 영재성이 사장될 수도 있고, 영재의 형제자매들은 자신의 정체성에 대해 의문을 갖고 지나친 경쟁을 할 수 있음을 명심해야 한다. 영재의 부모와 형제자매는 영재가 지니고 있는 영재성에 대한 올바른 이해와 포용을 위해 막연한 기대감이나 불안감에 치우치지 않도록 영재에 대한 올바른 지식을 학습하여야 하며 영재성 발현을 위한 가정환경을 조성해야 한다. 이러한 가족 구성원의 영재성에 대한 올바른 이해와 가정환경의 조성 노력은 시간이 지남에 따라 영재뿐만 아니라 모든 가족 구성원이 사회에 긍정적으로 적응할 수 있도록 돕는다.

3) 장애 영재

어떤 영재의 경우라도 판별은 중요한 이슈이며, 특히 장애 영재(twice-exceptional)의 효과적인 상담을 위해서는 특히 중요하다. 불행히도 장애 영재의 경우 평가에서의 오류는 흔한 일이다. 자주 일어나는 두 가지 오류는, 첫째, 영재성이 잘못 해석되어 영재가 장애로 판명되는 경우, 둘째, 장애를 가진 영재의 영재성이 장애를 가리거나 장애가 영재성을 가려 두 가지 모두를 판별하지 못하는 경우다. 이런 진단의 오류를 막기 위해서 장애 영재의 평가는 영재성과 장애 모두를 평가할 수 있는 전문가에게 맡겨야 한다. 영재와 재능 있는 아동에 관한 효과적인 진단에 대한 상세한 안내는 Webb 외(2005)의 책 『Misdiagnosis and Dual

Diagnoses of Gifted Children and Adults』에 나와 있다.

　장애 영재에게는 상담이 필요하며 개인, 가족 구성원 모두에게 집단상담이 추천된다. 개인상담은 정서적 트라우마를 가지고 있거나 여러 행동문제를 가진 경우에 추천된다. 집단상담은 할 수 있는 것과 없는 것 사이에 대한 불만 혹은 또래들의 거부에 따른 불만이 있는 장애 영재들에게 추천된다. 많은 연구자가 장애 영재의 상담에는 집단상담의 활용을 선호하는데, 그 이유는 비슷한 문제를 공유하며 장애학생들이 스스로에 대해 보다 나은 이해를 할 수 있기 때문이다. 소집단은 장애 영재들에게 부족한 사회적 기술을 익히는 데 이상적인 형태다. 동료 간의 건설적인 피드백은 어른들의 피드백보다 장애 영재들의 긍정적인 변화를 위한 효과적인 자극이 된다.

4) 미성취 영재

　미성취 영재(underachievers)란 높은 잠재력을 가졌으나 학생이 자신의 재능을 발전시키지 못하는 경우를 말한다. 미성취 영재학생은 학교환경에서는 IQ 검사나 성취도검사 같은 표준화검사에서 점수의 차를 나타내거나 또는 이들 표준화검사 점수와 학교의 과제 수행 사이에서 큰 차이를 나타내는 학생이다. 이들은 자신이 가진 관심에 대해 완고하고 독특한 개성을 가지며, 미성취가 없는 영재학생들에 비해 학문적 열등감에 사로잡혀 있는 경우가 많다. 그 때문에 미성취는 영재상담에서 가장 자주 다뤄지는 문제다. 미성취는 개인의 심리적 현상이 아닌 영재와 교사, 부모 혹은 또래와의 사회심리적 관계로 보아야 한다. 미성취 영재의 문제를 개선하기 위해서는 미성취적 행동을 무시하거나 성취적 행동을 보강하는 등 미성취를 일으키는 주의집중 순환을 깨는 것에 초점을 맞추어야 한다. Weiner는 부족한 보상 시스템, 인지적·정서적 불안, 수동적 공격 성향, 교육적 차이 등 다양한 유형의 미성취 학생을 위해 다양한 중재를 추천했다. 그는 앞의 세 가지 경우는 상담 중재를 추천하고 마지막은 교육적 중재를 추천했다. 인지적·정서적 약점을 가진 미성취 영재들을 위한 상담은 장애영재들의 상담과 유사하다. 수동적 공격 성향을 가진 미성취 영재들에게는 가족상담을 추천하는데, 특히 초등학생이나 중학생 미성취 영재에게는 개인상담보다 가족상담이 효과가 크다. 또한 학생들이 자발적으로 상담에 참여하는 경우 상담의 효과가 크다.

5) 기타

성별과 민족성의 문제로 상담하는 영재학생은 흔하지 않지만, 이들 개인차는 영재의 정체성과 발달에 영향을 줄 수 있다. 예를 들어, 여성 영재는 유형화된 사회문화적 조건 때문에 재능발달에서 내적·외적 장애에 직면한다. 여성 영재들은 우수한 언어능력과 빠른 발달 속도로 유아기까지는 남자아이들보다 영재로 판별될 가능성이 높다가 연령이 증가하면서 영재교육에서 탈락되는 경우가 많다. 특히 여성의 성역할에 대한 전통적인 인식 때문에 갖게 되는 수학이나 과학과 같은 과목에서의 낮은 자신감과 적은 선행 교육 경험 등에 의해 여성 영재가 자신의 재능을 발현하지 못하는 경우가 많다.

또한 인종, 경제수준 등이 다른 사회집단별로 영재가 출현할 확률이 동일하다고 전제하면 영재교육 프로그램에 소외계층이나 다문화가족 출신의 영재의 비율이 전체 인구에서 이런 사회집단이 차지하는 비율과 비슷해야 하지만 사실상 영재교육 프로그램에 참여하는 비율은 낮다. 이렇게 소외계층이나 다문화가족 출신의 영재들은 적절한 학업적 지원을 받지 못할 수도 있고 문화적 차이에 의해 그들의 영재성이 이해받지 못할 수 있다. 소외계층의 영재는 일반 영재와 다른 특성을 가진다. 우선, 인지적인 면에서 소외계층 영재는 일반 영재보다 실제 문제해결능력은 높지만 제한적 어휘력, 추상적인 문제해결력이 부족할 수 있다. 그리고 사회적·정서적인 면에서 소외계층 영재는 일반 영재보다 학업적 능력과 사회관계적 능력이 낮다고 지각한다. 또한 학습방법도 독립적이고 창의적이며 지식을 실생활에 연관시키는 방법을 선호하며 비구조화된 환경을 선호한다(VanTassel-Baska & Little, 2003). 이런 이유로 영재와 일하는 상담가들은 영재의 개인차에 대해 많이 아는 것이 필요하다.

생각할 문제

1. 영재성의 개념과 역사적 배경을 정리해 본다.

2. 영재성에 대한 다양한 관점을 정리해 본다.

3. 영재상담의 개념과 역사적 배경을 정리해 본다.

4. 영재상담의 필요성과 최근 이슈들을 정리해 본다.

영재의 발달적 특성

1. 영재의 인지적 특성

영재성을 발휘한 성인 영재를 추적 조사한 Witty(1971)는 영재의 인지적 능력에 대해 "어릴 때부터 언어발달이 잘 이루어져 있어 독창적인 대답을 빨리하고 많은 어휘를 사용하며 독서에 흥미를 느낀다. 시간과 날짜에 대한 관심이 일찍 시작되고 날카로운 관찰력과 사물에 대한 기억력이 뛰어나며 사물과 현상의 인과관계를 잘 밝히기도 한다."라고 보고하였다.

일반적으로 영재의 인지적 능력에 대한 많은 선행 연구는 영재들은 인지적 능력이 탁월하다고 보고하고 있다. Stanford-Binet 지능검사를 통해 영재를 선발했던 Terman이나 영재가 일반적인 아동보다 훨씬 교육이 가능한 아동이라고 보는 Hollingworth도 영재의 뛰어난 인지적 능력을 언급했다. 일반학생들과 차별화되는 영재학생들의 인지적 특성으로는 주로 지능, 창의성, 메타인지 등이 연구되어 왔다(윤초희, 윤여홍, 김홍원, 2004; 한기순, 배미란, 2004).

1) 지 능

인간의 지능은 19세기 이후 많은 연구자의 관심 속에서 활발히 연구되고 있는 분야다. 지능검사는 1904년 프랑스에서 특수교육이 필요한 학생을 구분하기 위해서 Binet-Simon 지능검사가 개발되었다. 지능 연구자들의 지능에 대한 다양한 개념과 정의를 간략하게 정리하면, 지능은 지식을 습득할 수 있는 능력, 추상적으로 생각하고 추론할 수 있는 능력, 새로운 문제를 해결할 수 있는 능력이다(이신동, 이정규, 박춘성, 2009).

영재성 연구에서도 가장 전통적이며 많은 연구가 이루어진 분야가 바로 지능이다. Terman은 Stanford-Binet 지능검사의 상위 1%에 해당되는 IQ 135 이상 학생을 대상으로 연구하여 '지능이 높은 사람'을 영재라고 정의하였다. Hollingworth도 영재를 '일반지능에 대한 상위 1%의 아동'으로 정의한다. 이후에 인구의 특정 비율이나 지능검사에서 특정 한계점수와 같이 여러 방식으로 정의되는 뛰어난 지능이 영재성의 주요 특성으로 간주되기 시작했고, 학교에서는 지능이 뛰어난 아동을 육성하기 위한 프로그램과 규정을 만들어 교육하기 시작했다(이정규 역, 2008).

Gardner(1983)는 영재성의 핵심이 되는 지능을 "새 문제를 발견하거나 창조하는 것뿐만 아니라 문제를 해결하고 산출물을 창조해 내는 능력"이라고 새롭게 정의하였다. Renzulli(1986)는 사회적으로 성공한 영재들이 지닌 세 가지 특성을 '세 고리 모형'으로 설명하면서 그중 하나를 '보통 이상의 지적 능력'이라고 하였다. 보통 이상의 지적 능력이란 어려운 내용을 쉽게 빨리 배우고, 수준 높은 책을 즐겨 보고 많이 읽으며, 수준 높은 개념을 쉽게 이해하고 문제해결에 쉽게 활용하며, 이해가 빠르고 기억을 잘하며 아는 것이 많은 것 등이다. 영재의 지능에 대한 국내의 연구를 살펴보면, 윤초희와 강승희(2005)의 연구에서는 영재 집단이 일반 집단에 비해 지능이 높다고 하였고, 이정규, 김현철, 이윤옥(2005)의 연구에서는 우리나라 영재들의 평균 IQ가 135.88로 매우 높았다.

일반적으로 영재들은 보통 이상의 지적 능력을 소유하고 있다. 그러나 모든 영역의 영재들이 지능지수가 다 높은 것은 아니다. 예술 영역과 같이 영역별 또는 개인별로 차이가 나타날 수 있으며, 지능지수가 평균보다 낮을지라도 노력과 열정으로 자신의 지능 한계를 충분히 극복하여 자기 영역에서 성공한 영재도 많다(이신동 외, 2009). 또한 언어적·분석적 능력이 중시되는 전통적인 지능은 영재학생의 인지적 특성을 대표하지 못한다. 따라서 많은 연구자는 일반적으로 IQ라 불리는 지능이 아닌 달라진 지능의 개념으로 재능과 탁월한 성취를 나타내는 영재들의 지능을 설명하고 있다. 달라진 지능 개념을 고려하면 영재성이란 여러 지능이 잘 조화를 이룬 상태라고 볼 수 있다. 지금까지 분석적 지능의 영재가 중심이었다면 앞으로의 미래 사회는 다중지능, 정서지능, 성공지능이 높은 영재가 더 필요한 사회가 될 것이다. 그러나 아무리 좋은 지능을 가지고 태어났다고 하여도 체계적인 교육을 받아야 잠재된 영재성이 발현될 수 있다(김홍원, 윤초희, 2004).

(1) 다중지능

Gardner(1983)는 언어능력과 수학능력 중심의 전통적인 지능에 관한 개념을 바탕으로 지능을 측정하는 것은 우리가 살아가는 현실에서 필요한 인간의 다양한 능력을 평가하는 데 어려움이 있다고 주장하면서 다중지능이라는 새로운 지능 개념을 제시하였다. 모든 인간은 이와 같이 다양한 지능을 소유하고 있고, 각 개인마다 그들만의 방식으로 이들 지능을 조합하여 사용한다는 것이다. Gardner의 다중지능이론은 지능을 언어지능, 논리-수학지능, 시각-공간지능, 음악지능, 신체운동지능, 대인관계지능, 자연친화지능, 자기이해지능의 여덟 가지 지능으로 나눈다(이신동, 2006).

Gardner의 다중지능이론은 과거의 지능이론보다 인간의 지능을 더욱 확장시켰으며 지능의 정의를 새롭게 하는 데 기여하였다. 대다수의 사람은 여덟 가지 다양한 지능을 소유하고 있으며, 그것들을 매우 개인적인 방식으로 조합하여 사용

한다. 그러나 언어지능과 논리-수학지능만을 중시하는 기존의 제한된 학교교육
은 다른 지능의 중요성을 상대적으로 경시하는 경향이 있었다. 전통적으로 중시
되는 학업적 지능에서 실패한 많은 학생은 낮은 자아존중감을 가질 수 있고, 그들
의 장점은 실현되지 못한 채 소멸되었다고 주장한다(이신동 외, 2009).

(2) 정서지능

또 다른 지능 개념은 1980년대 후반에 심리학자, 진화생물학자, 정신의학자,
컴퓨터 과학자들이 인간이 지닌 역량 중 상당 부분이 정서를 판별하고 이해하는
것과 관련되어 있음을 발견하면서 시작되었다. 이러한 발견을 통해 정서와 관련
된 연구들이 활발하게 시작되었고 1990년도에 Salovey와 Mayer에 의해 정서지
능이 개념화되었다. 정서지능은 정서를 감지하고 통제하고 평가하는 능력을 의
미하는데, 이는 정서에 대한 지각, 동화, 표현, 조절 그리고 관리와 연관이 있다.
Salovey와 Mayer(1990)의 정서지능에 대한 정의에 따르면 정서지능은 지혜롭게
생각하는 능력과 숙고된 결정을 내리는 능력을 의미하며 개인의 성격 특성들의
많은 요소를 포함하고 있다(Graves, 1999).

(3) 성공지능

Sternberg(1997)는 자신의 삼원지능이론을 발전시켜 성공지능(successful
intelligence)이라는 개념을 소개하며 학교교육과정에서 학습능력과 관련된 전통
적 지능 개념이 비활성 지능(inert intelligence)이라고 비판했다. 그는 그동안 IQ에
서 제외되었던 창의적 영역과 실천적 영역을 지능에 포함·확대하여 이론을 완
성하였다. 성공지능이론에서는 개인의 삶의 기준, 사회문화적 맥락 속에서 성공
을 얻어 낼 수 있는 능력을 다룬다. 성공지능은 자신이 정의한 성공의 기준에 따
라 자신의 사회문화적 상황 속에서 자신의 강점을 활용하고 자신의 약점을 수
정·보완하여 인생에서 성공을 거두는 능력을 말한다. 이를 위해서는 환경을 선
택하고 적응하고 조성하며, 분석적 능력, 창의적 능력, 실천적 능력을 조합하여
사용해야 한다(Sternberg, 1997, 1999a, 1999b). 성공지능은 성공을 얻어 낼 수 있

표 2-1 Sternberg의 세 가지 성공지능

	특징	강점
분석적 지능	성분적 요소로서 개인 내부에서 어떻게 지적 행동이 발생하는가에 초점을 둠	분석, 평가, 비판
창의적 지능	경험적 요소로서 새롭고 흥미로운 아이디어를 창안해 내는 능력	발견, 창조, 발명
실천적 지능	맥락적 요소로서 실제 생활에서 경험으로 습득될 수 있는 지식을 인생의 성공을 위하여 활용하는 능력으로 외부 상황과 관련해서 환경에 적응하고 변화하며 선택함	활용, 적용, 실천

는 인간 능력의 총합으로, 중요한 목표를 달성하기 위해 사용되는 세 가지 지능
(〈표 2-1〉 참조)으로 구성되어 있다(이신동 외, 2009).

2) 창의성

창의성은 새롭고 가치 있는 산출물을 만들어 내는 능력이라고 정의된다(이신동
외, 2009). 창의성 연구의 초기에는 주로 창의성이 유창성, 융통성, 독창성, 정교
성을 포함하는 확산적 사고의 관점에서만 연구되었으나, 그 후에는 수렴적 사고
와 확산적 사고를 포함하는 다양한 지적 능력, 인성, 지식, 환경의 총체적인 관점
에서 연구되고 있다. 창의성은 의식적 사고와 노력뿐만 아니라 무의식적인 사고
와 노력의 영향을 받아 일어나기도 한다. 창의성은 비판적 사고, 창의적 사고, 초
인지적 사고, 의사결정 사고 등과 같은 여러 가지 사고 유형의 하나로 간주되기도
하고, 모든 사고 유형이 총체적으로 결합되어 나타나는 가장 고차적인 사고능력
으로 간주되기도 한다.

Sternberg(1997)는 앞서 소개한 성공지능이라는 개념을 주장하며 창의성을 성
공지능의 구성요인 중 하나로 보았다. 그는 지금까지는 분석지능의 영재가 중심
이었다면 앞으로의 미래 사회는 창의지능의 영재, 즉 창의성을 가진 영재가 더

표 2-2 창의성의 특성

창의성		특성
인지적 능력	유창성	특정한 문제 상황에서 주어진 시간 내에 많은 아이디어를 내는 특성
	독창성	기존의 것과는 다른 독특하고 새로운 아이디어를 산출하는 특성
	융통성	고정적인 사고방식이나 시각을 변화시켜서 다양한 종류의 해결책을 찾아내는 특성
	정교성	기존의 아이디어를 보다 자세하고 실용적인 것으로 발전시키는 특성
정의적 능력	민감성	주변 환경에 예민한 관심을 보이고 이를 통해 새로운 탐색을 하려는 특성
	개방성	자신의 경험에 제한받지 않고 모든 가능성을 수용하려는 특성
	도전성	어려운 과제여도 도전하여 성취하고자 하는 특성

필요한 사회가 될 것이라고 주장하였다(Sternberg, 2003a). 이정규(2005)는 영재성이 발현된 국내 성인 영재를 대상으로 한 연구에서 일반 집단과 비교할 때 유의미한 차이로 영재 집단의 창의성이 더 높다는 결과를 보고하였다.

영재의 지능과 창의성 간의 관계에 대한 연구 결과들을 종합·분석해 보면 일반적으로 지능과 창의성의 상관관계는 0.2~0.3 정도이며, IQ 120 이하에서는 지능과 창의성의 상관관계가 어느 정도 높고 비례관계이나, IQ 120 이상에서는 상관관계가 아주 낮은 것으로 나타났다. 이것을 창의성의 역치[1]이론이라고 한다(이신동 외, 2009).

---

1 역치란 정신물리학적 접근으로 모든 권역대에서 우리에게 자극이 주어지지만 우리가 어떤 자극을 지각할 수 있는 최소한의 수치를 말한다.

3) 메타인지

　메타인지(meta cognition)는 상위인지, 초인지라고 불린다. 메타인지란 '학습자 자신의 학습, 이해, 사고, 기억과정에 대한 사고능력을 의미하며, 개인의 지식과 정보, 인지 활동의 통제 및 관리 능력'이라고 정의된다(Brown et al., 1983: 이신동 외, 2009에서 재인용). 즉, 메타인지란 개인으로 하여금 그들의 생각을 잘 통제하여 더욱 효율적인 학습자가 되게 하는 능력이다. 많은 연구에서 메타인지는 영재에게 나타나는 인지적 능력 중의 하나라고 말하며, 메타인지가 영재들의 뛰어난 학습전략과 정신적 활동 전반에 영향을 미친다고 믿는다.

　영재성과 메타인지에 관한 연구들을 분석한 Rogers(1986)는 메타인지를 잘 활용할 줄 아는 영재는 과제를 신속하게 인지하고, 문제해결을 위한 계획을 세우고 적절한 전략을 선택하며, 문제를 해결하는 데 필요한 자원을 배분하는 데 일반학생들보다 뛰어나다는 사실을 밝혔다. Davidson과 Sternberg(1984)도 영재는 문제를 해결할 때 계획 단계에서 시간을 많이 투자하고, 새로운 전략을 쉽게 학습하고 다른 장면에도 쉽게 전이시키며, 자신이 사용한 전략에 대한 자기보고능력이 뛰어나다고 하였다. Benito(2000)는 영재는 정보를 처리할 때 신속하게 처리하며, 누가 가르치지 않아도 효과적인 전략을 자발적으로 사용하는 경향이 있다고 하였다. 우리나라의 초등 영재학생을 대상으로 초인지에 대한 연구를 한 김홍원 등(2004)은 메타인지가 학생의 연령 증가에 따라 발달하지만 메타인지능력의 차이가 연령에만 관련된 것이 아니라 학습 경험의 차이에 따라 달라질 수 있다고 밝히며, 학습전략과 관련된 다양한 문제해결 과제나 수업을 통해 메타인지능력이 향상될 수 있다고 하였다.

표 2-3 영재의 인지적 특성과 행동 특성

인지적 특성	긍정적인 행동 특성	발생 가능한 부정적인 행동 특성
높은 지적 호기심	• 정보 습득이 빠름 • 호기심과 궁금함이 많음 • 진지함 • 질문이 많음 • 풍부한 양의 정보를 소유함 • 다양한 책을 읽음	• 과다한 질문을 하고 의욕이 넘쳐 지시를 따르기를 거부함 • 인내심 부족 • 정규 학교생활을 지루해함

발달된
언어능력
	• 어휘력이 풍부함
	• 앞선 정보력을 가짐
	• 유머 감각이 있음
	• 언어발달이 앞서 있음
	• 어휘 수준이 높음
	• 책을 많이 읽음
	• 언어로 비판함
		• 학교나 또래와 맞지 않는 언어 사
		  용으로 의사소통이나 대인관계가
		  어려움
		• 잘난 체를 함
		• 따지거나 논쟁하기를 좋아함
		• 장황한 핑계를 자주 댐

높은 창의성	• 상상력이 풍부함
	• 새로운 발명과 방식을 추구함
	• 독특함
	• 자기 해석과 자기 스타일을 추구함
	• 아이디어나 해결책 내기를 좋아함
	• 심리적이고 예술적 감각이 풍부함
		• 복잡한 규칙 설정으로 친구들이
		  기피함
		• 파괴적이거나 보조를 깨뜨리는 것
		  으로 보임
		• 반복학습과 연습을 기피
		• 동조하지 않음

우수한
사고능력
	• 사고력이 우수함
	• 사고과정이 빠르고 판단력과 문제해
	  결을 즐김
	• 추상화 및 종합 능력이 우수
	• 원인-결과 관계에 대한 파악을 잘함
	• 사물과 사람을 조직화시킴
	• 도전적임
	• 논리적임
		• 단순 연습을 기피
		• 전통적 교수-학습 방법을 거부
		• 자세하거나 세부적인 것을 놓침
		• 지나치게 복잡하게 생각하는 경향
		  이 있음
		• 불분명하거나 비논리적인 것을
		  따짐
		• 논쟁적임

높은 주의집중력	• 흥미 영역을 지속시킴 • 복잡함 속에서도 자기 일에 몰두함 • 선택적 주의집중이 우수 • 목표 지향적 행동을 함	• 하던 일을 멈추지 못함 • 타인에 대한 관심이 부족 • 일상생활의 일들에 무관심함 • 제한된 시간을 넘김 • 자기 일에만 편중됨

(윤여홍, 2000)

2. 영재의 정의적 특성 및 사회적 · 정서적 특성

일반적으로 영재의 지적 능력이 높다는 것은 널리 인정되고 있지만 정의적 및 사회적 · 정서적 특성은 긍정적 또는 부정적 측면으로 나타나는 경우가 많기 때문에 인지적 특성과 조화를 이루거나 부조화를 이룰 수도 있다. 이에 영재의 재능을 발현하고 건강한 발달을 이룰 수 있도록 돕는 영재상담이 필요하다.

영재는 정의적 특성으로 동기, 자아개념, 자기효능감, 성취목표지향성이 있고 사회적 · 정서적 특성으로 과흥분성, 완벽주의, 자기통제력, 리더십이 있다.

1) 정의적 특성

영재들의 지적 능력이 높다는 것은 일반적으로 알려진 사실이지만 영재를 연구하는 대부분의 연구자는 영재들이 인지적 특성뿐 아니라 동기, 자기효능감, 성취목표지향성과 같은 독특한 의지적(motivational) 특성을 지니고 있다고 말한다(Neihart, Olenchak, 2002). 영재의 정의적 특성은 영재가 수행 중 어려움을 극복하고 수행을 계속하게 하는 과제집착력을 구성하는 하위요소이며, 따라서 영재가 탁월한 성취를 이룰 수 있기 위해서는 결국 뛰어난 능력뿐만 아니라 정의적 특성도 잘 발달되어 있어야 한다(윤초희, 2005).

(1) 동기

동기(motivation)란 인간의 행동을 설명하고 예측하는 중요한 심리학적 개념이다. 동기는 개인의 행동을 유발하고, 일정한 목표로 지향하게 만들며, 목표에 도달하면 유발된 행동을 더욱 강화시켜 주는 기능을 한다. 영재에게서 보이는 높은 학습동기는 높은 수준의 지적 호기심, 사고력, 논리적 능력과 결합되어 나타난다.

내적 동기이론은 인간의 행동에 대한 동기를 내적 동기와 외적 동기로 나눈다. 내적 동기(intrinsic motivation)는 외부 보상이 없어도 일에 대한 열정으로 행동하는 동기를 말한다. 이것은 일하거나 공부하는 자체가 즐겁고 그것에 흥미와 관심이 있어 도전하고 스스로 만족스럽게 행동하는 동기다. 외적 동기(extrinsic motivation)는 일이나 공부 자체와는 다른 어떠한 외부 보상이나 타인의 인정, 승진, 상벌, 통제, 압력, 지시 같은 것으로 행동하는 동기다(이신동 외, 2009).

Terman의 지능 상위 1%를 대상으로 한 종단연구 결과 연구 대상자 일부는 성공적이지 못한 결과를 낳았는데, 그 이유는 동기의 차이 때문이었다(이경화, 최병연, 2006). Renzulli(1986)가 세 고리 모형에서 영재의 특성으로 제시한 것 중 하나인 과제집착력은 동기와 관련이 있다. 과제집착력이란 과제를 수행하는 도중에는 주위의 사물이나 상황에 의해 영향을 받지 않는 것, 문제가 쉽게 해결되지 않아도 포기하지 않고 끝까지 노력하는 것, 관심 있는 문제에 사로잡혀 있을 때 떼어 놓기가 힘든 것, 오랫동안 한 가지 일에 집중할 수 있는 것을 말한다(임진현, 전미란, 최승언, 2012). 영재에게서 보이는 높은 학습동기는 지적 호기심이 높은 수준의 사고력, 논리적 능력과 결합되어 나타나는데, Delcourt(1993)는 창의적 · 생산적 사고력이 우수한 영재 고등학생들을 연구한 결과 도전적인 프로그램이 흥미와 호기심, 자기만족감, 향학열, 도전의식, 자기표현과 같은 욕구를 충족시켜 준다고 하였다. 그러나 과도한 동기를 가진 영재들은 친구가 별로 없을 수 있다. 그들은 다른 사람에게 특별한 것을 이끌어 내며 또래 집단을 잘 이끌 수 있지만, 지나치게 고집이 세고 목표를 향해 집착하는 것 때문에 동료들에게 거부당할 수도 있다(이신동 외, 2009).

(2) 자아개념

자아개념(self-concept)이란 자신의 능력, 흥미, 목표 등에 대한 체계화된 내적 생각과 태도의 복합체를 의미한다(Dai, Moon, & Feldhusen, 1998). 자아개념은 긍정적 자아개념과 부정적 자아개념으로 나뉘며 그 내용에 따라 학업적 자아개념, 신체적 자아개념, 사회적 자아개념 등으로 구분된다.

영재들의 자아개념은 대체적으로 긍정적 자아개념의 성향이 강하다는 특징이 있다. Delcourt(1993)는 자아개념 검사의 점수를 영재가 자신을 표현하기 위해 사용한 형용사와 비교하는 연구를 하였는데, 영재는 긍정적인 자아개념을 갖고 있다고 하였다. 그러나 자신의 높은 기대로 인한 실패 경험, 자신의 능력에 대한 비판적 태도, 우수한 영재끼리의 비교를 통해 자신을 열등하게 평가한다면 부정적 자아개념을 가질 수 있다. 영재들은 학업적 자아개념이 높은 반면에, 사회적 자아개념은 낮은 편이다. 영재들은 교사나 일반아동들이 자신을 부정적으로 생각할 것이라고 믿는 경향이 있다(Colangelo & Kelly, 1983). 이로 인해 영재는 사회적 고립감, 독특성, 이질감 등을 경험하며, 자기분석적 능력으로 자신이 누구이며 어떤 인간이 되어야 할 것인가와 같은 정체성 문제를 심각하게 경험하게 된다.

Betts와 Neihart(1988)는 긍정적 자아개념과 부정적 자아개념을 가진 여섯 개의 영재 프로파일 유형을 작성하였다. 긍정적 자아개념 영재는 성공적 영재 유형과 자율적 학습자 영재 유형이 있고, 부정적 자아개념 영재는 도전적 영재 유형, 잠복되어 있는 영재 유형, 중도 탈락 영재 유형, 이중낙인 영재 유형이 있다. 따라서 모든 영재가 긍정적 자아개념을 가지고 있는 것은 아니며 영재도 부정적 자아개념으로 인한 위험에 노출되어 있다.

(3) 자기효능감

Bandura(1997)는 자기효능감을 "어떤 과제를 수행하는 데 있어서 일정한 수준의 목표를 달성하기 위한 활동을 조직하고 실행해 나가는 자신의 능력에 대한 판단"으로 정의했다. Bandura에 의하면 자기효능감은 행동의 선택과 추진에 영향을 미친다. 행동의 선택에 있어서는 어떤 과제에 대해서 자기효능감이 낮으면 그 과제를 회피하고, 자기효능감이 높으면 적극적으로 수행한다. 높은 자기효능감을 가진 영재는 높은 수준의 성취를 이루지만, 낮은 자기효능감을 가진 영재는 미성취의 위험에 놓여 있다.

(4) 성취목표지향성

성취목표지향성은 학생들의 목표에 대한 통합적인 신념 형태를 중요시한다. 성취목표는 숙달목표 대 수행목표의 두 개의 구조에서 시작되었지만, 회피와 지향의 개념이 혼합되어 4개의 구조로 발전되었다. 숙달목표를 지향하는 학생은 새로운 기능과 지식을 학습하는 데 초점을 두고 자신만의 학습목표를 달성하려고 노력한다. 수행목표를 지향하는 학생은 다른 사람들과의 비교를 통해서 자신의 능력을 입증하는 데 초점을 두어 타인의 기대와 반응에 더 관심을 가진다. 영재들은 숙달목표를 지향하며 다른 사람들과 자신을 비교하기보다는 자신이 설정한 목표를 자신의 계획에 따라 수행하고 성취하는 데 집중한다(박혜영, 이신동, 2015).

2) 사회적 · 정서적 특성

영재들은 사회적 · 정서적 측면에서도 일반학생들과 다른 특징을 지니고 있는 것으로 밝혀졌다. 영재의 정서적 특성은 정서적 강렬함과 정서적 민감함의 두 단어로 표현될 수 있다(Piechowski, 1991; Silverman, 1993). 정서적 강렬함이란 강한 집중력이나 능력, 힘을 의미하고, 정서적 민감함이란 자극에 대한 반응으로 예민함을 의미한다. 정서적 강렬함과 민감함은 영재로 하여금 주변의 자극을 민감하게 받아들이고 여러 자극에 동시에 주의를 기울이도록 만들며, 때로는 자신의 감정을 보다 강하게 느끼게 한다. 이러한 정서적 강렬함과 민감함을 갖고 있기에 영재는 작은 변화나 차이점 등을 지각하면서 민감한 반응을 보이게 되고, 이로 인해 또래 아이들이나 일반교사들과 심리적 거리감을 갖게 될 수 있다(윤초희 외, 2004). Terman(1925)의 연구 이후에 수행된 영재의 사회적 · 정서적 연구에서 영재는 긍정적인 정서적 특성이 많을 뿐 아니라 적응력도 높다는 주장도 하고 있으나 여전히 관심을 두어야 하는 면이 많다. 영재는 일반학생과는 다른 정서적 민감성, 과흥분성, 완벽주의, 지나친 자기통제 성향과 같은 사회적 · 정서적 측면을 가지고 있어 사회에 적응하기 어렵거나 자신에 대한 지나친 기대나 비판으로 스트레스를 경험할 수도 있다.

(1) 과흥분성

많은 연구자가 영재들은 평균보다 높은 수준의 정서적 과흥분성을 갖는다고 제안했다(Gallagher, 1985; Piechowski & Colangelo, 1984; Piechowski & Cunningham, 1985; Schiever, 1985; Silverman, 1998). Dabrowski는 과흥분성을 더 상위의 성격발달의 기초가 되는 잠재성으로 보았고, 영재는 과흥분성을 갖는다고 하였다. 따라서 과흥분성을 가진 사람들은 보통 사람들과는 달리 자극이 주어졌을 때 그것을 더 민감하게 경험하게 되고 세상을 더 풍부하고 더 복잡한 방식으로 경험하게 된다는 것이다. 과흥분성의 다섯 가지 영역은 심체적 과흥분성, 감각적 과흥분성, 상상적 과흥분성, 지적 탐구 과흥분성과 감성적 과흥분성이다(강영자, 이신동, 2014).

심체적 과흥분성(psychomotor overexcitability)은 개인의 신체 활동, 움직임 그리고 충동적 행동을 일으키는 에너지 수준을 말한다. 이는 과도한 에너지와 강렬한 신체적 활동의 추구, 빠른 말, 활동에 대한 압력, 충동성 그리고 차분하게 앉아 있지 못하는 것과 강한 경쟁심으로 표현된다.

감각적 과흥분성(sensual overexcitability)은 시각, 후각, 미각, 촉각, 청각의 오감이 극도로 민감한 특징이 있다. 감각이 과민한 아동은 특정 음식 냄새 때문에 건강 상태가 나빠지거나 특정 직물에 민감하게 반응하기도 한다. 이런 사람들은 선호하는 음식의 맛이나 촉각으로 인해 과식할 때도 많다. 또한 글, 음악, 미술, 자연의 아름다움을 추구하여 보석 같은 물건을 좋아하고 공해에 민감하며 쾌락이나 안락함의 욕구가 강하다.

상상적 과흥분성(imaginational overexcitability)은 환상과 꿈, 극적인 것, 발명, 활발한 연상, 특이한 것을 선호하는 것을 말한다. 이는 심상과 인상, 독창성, 생생함과 생동감 있는 시각화, 언어를 사용할 때 심상과 은유를 풍부하게 사용하는 것으로 표현된다.

지적 탐구 과흥분성(intellectual overexcitability)은 가장 두드러진 영재 특성으로 정신 활동, 사고, 상위인지 사고와 관련된다. 지적 탐구 과흥분성을 지닌 학생은 항상 깊은 사고를 통해 답을 추구한다. 이들은 때때로 학교에서 선생님에게 끊임없이 답을 요구하기 때문에 건방진 태도로 오해받아 문제에 휘말리기도 한다. 호기심이 많으며 지식과 학습, 문제해결을 좋아하고 독서를 즐긴다. 또한 탐색하는 것 같은 질문을 즐기며 이론적 사고, 분석적 사고, 독립적 사고를 선호하고 집중력이 뛰어나며 끊임없이 지적 활동을 추구한다.

감성적 과흥분성(emotional overexcitability)을 지닌 사람은 다른 사람의 감정을 쉽게 알아챌 수 있으며, 정서를 통해 자신이 경험하는 모든 것을 지각한다. 이로 인해 감성적 과흥분성은 위통, 두통, 얼굴 붉어짐, 심장 두근거림과 같은 강한 신체적 증상으로 드러날 수 있다. 감성적 과흥분성은 종종 복잡하게 혼합되어 매우 강력한 정서적인 형태로 드러나게 된다(강영자, 이신동, 2014).

(2) 완벽주의

영재는 완벽주의를 가지고 있다. 영재의 완벽주의는 어린 시절부터 우수한 성적을 기록하여 왔기 때문에 교사나 부모로부터 뛰어나야 한다는 피드백을 끊임없이 받은 데서 기인한다(이신동 외, 2009). 이러한 완벽주의는 수행에 대해 과도하게 높은 기준 혹은 기대를 부여하는 사고와 행동이 결합된 정서적 구인으로서(Burns, 1980), 성공적인 수행을 하려면 제거해야 하는 부정적인 특성으로 간주되어 왔다. 그러나 완벽주의는 부정적인 면만 있는 것이 아니라, 높은 수준의 성취를 낼 수 있는 건설적이고 긍정적인 면도 있다(박혜영, 이신동, 2015). 완벽주의는 자신에 대한 실망과 좌절을 느끼게도 하지만, 영재에게는 만족감과 높은 수준의 창의적 산출물을 이끌어 내는 원동력이 될 수 있다(이미순, 권지숙, 2008).

그러나 과도한 완벽주의 성향은 영재의 성장 · 발달에 심각한 문제를 초래한다. Schuler(1999)는 건강하지 못한 완벽주의는 덜 생산적이며 고독, 인간관계 문제, 제한된 자기수용 그리고 우울증을 야기할 수도 있다고 하였다. 완벽주의는 나타나는 형태에 따라 세 가지로 구분해 볼 수 있다(Hewitt & Fleff, 1993). 즉, 자기 자신을 위해서 개인적 기준을 높게 설정하고 그에 비추어 자신의 수행을 평가하는 자기지향 완벽주의, 자신의 삶에서 타인을 위해 매우 높은 준거를 설정하는 타인지향 완벽주의, 중요한 타인이 자신을 위해 과도하게 높은 표준을 설정하고 자신은 타인의 기쁨을 위해 그에 도달해야 한다고 생각하는 사회적으로 규정된 완벽주의가 있다.

(3) 자기통제력

자기통제력은 미래에 더 큰 보상을 얻기 위해 현재의 일시적인 욕구를 억누르고 이러한 과정에서 나타나는 부정적인 감정과 인지적인 자원 소모를 참아 내는 능력을 말한다. 이러한 자기통제능력은 단순하게는 미래에 더 큰 보상을 얻게 하며, 사회적인 관계와 학업적인 성취에도 영향을 준다. 높은 수준의 성취를 나타낸 영재들은 성취 자체를 보상으로 여기고 성취를 위해 만족을 지연한다.

(4) 리더십

리더십의 사전적 정의는 '어떤 과정에 있어 안내하고 방향을 제시함'이다. 여러 학자가 서로 다르게 리더십을 정의하고 있지만, 학자들의 정의를 요약하면 '집단이나 조직의 비전과 방향을 제시해 주고, 이를 성공적으로 달성할 수 있도록 구성원의 다양한 활동에 영향을 미쳐 변화시켜 나가는 것'이라고 할 수 있다.

Karnes와 Bean(1996)은 유능한 리더와 영재학생의 두 집단 모두 언어능력이 뛰어나고 비전을 가지고 있으며 문제를 해결하고 논리적 · 비판적인 사고를 할 수 있으며 창의적이고 책임감과 융통성 있는 선도자라는 점에서 유사하다고 하였다. 사실상 유능한 리더와 영재성을 가진 사람을 묘사하는 데 사용되는 특성들 사이에는 여러 가지가 서로 관련되어 있는 경우가 많다. 유능한 리더와 영재학생들의 공통적인 특징은 언어 감각과 사회성이 좋고 미래 지향적이며 문제해결능력이 탁월하다는 것이다. 또한 비판적 · 창의적으로 사고하고 새로운 것을 시도하며, 책임감이나 자기충족감이 있다는 것이다(한국교육개발원, 2006).

영재가 사회적 리더가 되기 위해서는 창의적 문제해결능력과 함께 미래에 대한 비전, 의사소통, 학제 간 통합을 통한 시너지 효과의 창출, 타인에 대한 배려 등이 함께 계발되어야 한다(이신동 외, 2009).

3) 영재의 정서적 취약성

정서적 취약성이란 정신병리를 일으킬 수 있는 위험요인에 대해 반응을 강하게 만드는 특성을 의미한다. 정서적 취약성은 정신병리의 발생을 직접적으로 결정하는 요인은 아니지만 위험요인과 함께 존재하면 정신병리적 증후를 강하게 유발한다. 위험요인이란 정신병리가 발생할 가능성을 높여 주는 모든 조건이나 상황을 의미한다(Wenar, 1994: 윤여홍, 2000에서 재인용).

영재의 정서적 취약성에 대해 논란이 되는 점은 영재의 심리적 특성 자체가 정서 및 행동상의 부적응을 유발하는 요인이 되는가 하는 점이다. Terman과 Oden(1947)의 연구에서는 영재들이 일반아동들보다 더 정서적인 문제의 발생 빈도가 낮음을 보고하였다. 이 밖에도 많은 연구에서 영재 프로그램에 참여하는 영재들은 강한 자존감, 가족의 지지, 조숙한 사회적 기술과 자기방향성을 나타내며 통제 소재, 자아개념, 인기도, 행동문제에서 영재가 일반아동보다 우월하다고 보고하고 있다. 반면, 영재가 정서적으로 취약성을 가지고 있다는 입장에서 많은 연구자는 영재의 특성으로 인해 영재가 여러 가지 문제를 가지고 있으며 이를 위한 특별한 서비스를 받아야 한다고 주장하고 있다. Hollingworth(1942)의 연구에서는 IQ 155 이상의 고도 영재의 경우 일반아동보다 정서적으로 더 취약하고 고립당할 확률도 더 높다고 했다(홍종관, 2014에서 재인용). 이에 Hollingworth는 영재들이 일반학교에서 적절한 교육적 환경을 제공받지 못하기 때문에 사회적·정서적 결핍이 있으며 교육자와 상담자는 이에 대해 관심을 기울여야 한다고 주장하였다(Colangelo, 1991).

영재의 정서적 취약성은 개인적인 내적 요인과 환경적인 외적 요인으로 나누어 볼 수 있다. 개인적인 내적 요인으로는 발달의 비동시성, 내향적 성격, 정서적 민감성과 과흥분성, 완벽주의와 과도한 자기비판, 위험 회피 욕구, 다재다능함, 실존적 우울감 등이 있다. 환경적인 외적 요인으로는 부모의 이해와 양육, 형제관계, 또래관계, 획일화된 교육과정과 학교환경, 타인의 기대, 사회적·문화적 가치 등이 있다(윤여홍, 2000; 홍종관, 2009).

(1) 정서적 취약성의 내적 요인

첫째, 발달의 비동시성이다. 영재의 발달 특성 중 하나는 신체, 인지, 정서, 사회적 성장이 동시에 이루어지지 않고 서로 다른 빠르기로 발달하여 한 개인 안에서 내적 불일치를 일으키는 비동시성이다(Terrassier, 1885: 윤여홍, 2000에서 재인용). 이러한 발달의 비동시성은 영재의 정서적 안정감을 깨뜨리기 쉽다. 부모와 교사는 영재의 정서적 수준이 지적 수준만큼 성숙하기를 기대하기 때문에 영재는 심각한 스트레스를 받게 된다. 영재는 또래에 비해 높은 지적 수준을 갖고 있기에 또래들과 어울릴 수 없게 되고, 이로 인해 정서적으로 불안정하게 되며, 이러한 사회적 · 정서적 문제들이 지적인 과업 수행에도 영향을 주게 된다.

둘째, 내향적 성격이다. 영재는 또래들과 지적 수준이나 흥미, 관심이 서로 맞지 않기 때문에 독립적으로 혼자서 일하기를 좋아하는 내향적 성격을 가진다. 내향적인 성격의 영재는 특히 창의성을 키워 주는 사려 깊은 생각을 하고 여러 가지 아이디어를 통합한다. 예술가, 음악가, 발명가, 작가 등 창의적인 성취를 이룬 사람들은 혼자인 것을 즐기고 견딘다(Schmitz & Galbraith, 1985). 하지만 영재는 또래들에게 맞추어야 한다는 동조의 압박감과 자기만의 특성을 갖는 것 사이에서 갈등을 하는데 이러한 것이 영재에게는 큰 스트레스가 된다.

셋째, 정서적 민감성과 과흥분성이다. 영재의 두드러진 정서적 특징은 정서적 민감성과 강렬함이다(Piechowski, 1991; Silverman, 1993b). 정서적 민감성이란 자극에 대한 유기체의 반응성으로 예민함을 의미하고, 정서적 강렬함이란 대단히 강한 집중력이나 능력, 힘 또는 에너지를 의미한다(정현남, 김동혁, 고병오, 2004). 이러한 민감성과 강렬함은 과제를 수행하는 데 있어 훨씬 높은 수준의 정신 활동을 하게도 하지만, 지나치게 민감해하거나 지나치게 흥분하는 경향이 있으므로 스스로 많은 불편함을 느끼게 된다. 영재는 이러한 남다른 민감성과 과흥분성으로 인해 정서적으로 불안정한 느낌을 받을 수 있으며 다른 사람들로부터 오해받기 쉽다.

넷째, 완벽주의와 과도한 자기비판이다. 영재는 높은 성취 욕구와 주위의 높은 기대로 인해 완벽주의 경향이 있다. 영재부모가 갖는 '우수아 신드롬'과 경쟁 사회가 요구하는 최고의 성취수준은 영재로 하여금 높은 수준의 기대를 설정하게 하고 완벽주의를 실현하는 일 중독자로 만든다(윤여홍, 2000). 완벽주의가 성취를 향한 힘과 에너지와 동기를 유발하는 측면도 있지만, 비현실적 기대와 목표에 따르다 보면 목표 달성에 실패하고 이는 과도한 자기비판으로 이어진다. 영재는 자신이 추구하는 이상적인 이미지를 상상하며 그에 따라 자신을 비판하고 평가한다. 그리고 과도한 자기비판으로 결국 자신에 대한 분노와 실망감을 느껴 자존감이 낮아지고, 심하면 우울증을 앓게 되는 심각한 정서적 문제를 일으킨다.

다섯째, 위험 회피 욕구다. 영재는 일반적으로 위험을 감수하는 모험심을 가지고 새로운 일을 적극적으로 시도하기도 하지만, 동시에 영재에게는 위험을 피하려는 욕구도 잠재되어 있다(윤여홍, 2000). 영재는 어떤 과제에 임하여 성공 가능성도 보지만 동시에 실패 가능성도 정확하게 인식하기 때문에 실패의 위험을 무릅쓰려 하지 않는다. 이러한 위험 회피 욕구는 영재를 점점 무기력하게 만들고 정서적 어려움을 겪게 한다.

여섯째, 다재다능함이다. 영재는 여러 영역에서 다른 사람들보다 앞선 능력을 가지고 있고 다양한 영역에서 활동 중심으로 자신의 다재다능함을 즐긴다. 그러나 다재다능함은 초기에는 학습에 두각을 보이지만 한 영역에 깊게 집중하는 것을 방해하거나 진로 및 직업 선택에서 어려움을 겪게 하는 원인이 된다. 많은 흥미와 관심을 가진 영재가 한정된 시간 안에 한 가지의 일을 선택하고 다른 것은 차단해야 하는 결정 상황은 불안과 우울을 겪게 한다(Colangelo, 1991).

일곱째, 실존적 우울감이다. 영재는 또래들보다 더 이상적인 세계관, 인류애, 인생의 의미, 삶의 가치를 추구하는 높은 이상주의적 경향을 보인다. 이로 인해 영재는 이상과 현실의 괴리 속에서 많은 심리적 갈등을 겪고 스트레스를 받으며 우울증을 앓게 된다. 특히 신체적·정신적 변화가 심한 청소년기에 우울증이 오게 되면 자살까지 하려는 심각한 정서적 어려움에 직면하게 된다.

(2) 정서적 취약성의 외적 요인

첫째, 부모의 이해와 양육이다. 영재부모는 영재자녀에게 높은 성취를 기대하면서도 어떻게 지도하고 교육해야 하는지 잘 몰라 불안해하며, 보통의 또래 아이들과 다른 영재자녀의 욕구에 어떻게 대처해야 하는지에 대해 속수무책인 경우가 많다. 그리고 부모가 영재자녀를 통해 자신이 이루지 못한 꿈을 이루려는 대리만족으로 자녀를 밀어붙일 경우 영재는 심한 압박감과 정서적 어려움을 겪는다.

둘째, 형제관계다. 형제가 영재형제에 대한 이해가 부족하게 되면 형제관계에 많은 문제가 발생하여 서로 정서적 어려움을 겪는다. 영재가 아닌 형제는 영재와 자신을 비교하며 위축되고 열등감을 갖게 되며, 영재는 이로 인해 형제간 갈등을 경험하며 많은 정서적 어려움을 겪는다.

셋째, 또래관계다. 영재는 높은 지적 능력을 갖고 있고 다재다능하기에 자기보다 나이 많은 사람이나 어른에게 강하게 끌린다. 그러나 영재는 자기와 맞는 또래를 찾기 어렵기 때문에 어려움을 겪는다. 같은 학년과 나이의 또래가 요구하는 사회적 기대와 다른 또래의 요구 사이에서 갈등을 조정하는 일은 영재에게 스트레스가 된다(윤여홍, 1996).

넷째, 획일화된 교육과정과 학교환경이다. 영재의 독특한 인지능력은 일반아동과 다른 교육 경험을 필요로 한다. 일반학생을 위주로 편성된 획일화된 교육과정에서 영재는 학습에 대한 흥미를 잃게 되고 학습에 집중하지 못하게 된다. 또한 영재는 자신의 지적인 욕구에 부응하지 못할 뿐만 아니라 이러한 자신을 이상한 학생으로 보는 교사나 또래들과 좋은 관계를 맺지 못하게 되어 정서적 어려움을 겪는다.

다섯째, 타인의 기대다. 사회는 영재가 모범생으로 성장하기를 기대한다. 그러나 영재는 전통이나 규범에 무조건 따르기보다는 그러한 전통과 규범을 이상적이고 현실적으로 바꾸고자 시도하는데, 이러한 영재의 도전적인 행동은 다른 사람들의 기대를 벗어나게 되고, 이로 인해 영재는 주위 사람들과 갈등을 겪고 정서적 어려움을 겪는다.

여섯째, 사회 · 문화적 가치다. 영재의 재능발달에는 가족과 사회의 지지 및 가치 인정이 필요하다(윤여홍, 2000). 능력은 시간과 지역에 따라 가치가 부여되기도 하지만 무시되기도 한다. 영재의 다양한 능력이 모두 가치를 인정받는 것은 아니기 때문이다. 그 시대와 문화가 인정하지 못하는 재능을 가진 영재는 자기 재능의 성취 가능성이 어려워지고 정서적인 어려움을 겪는다.

표 2-4 영재의 정의적 특성 및 사회적·정서적 특성과 행동 특성

발달적 특성	긍정적인 행동 특성	발생 가능한 부정적인 행동 특성
정서적 민감성과 열정	• 정서적 예민함 • 공감성 • 타인으로부터 사랑과 수용받기를 열망함 • 타인의 기대에 부응하려 함 • 에너지가 높음	• 과잉 욕심 • 과잉 행동 • 과민반응 • 활동하지 않는 것을 못 견디함 • 현실적인 목표를 맞추기 어려워함 • 해석의 주지화
완벽주의와 자기비판	• 자신에 대한 기대가 높음 • 최선을 다함 • 성공과 인정에 대한 욕구가 강함 • 목표 지향적 행동을 함	• 우울 • 자기비판과 자기비하로 무기력해지거나 용기를 잃음 • 타인의 평가나 비판에 예민해짐 • 우수아 신드롬 • 일중독(공부벌레) • 미성취 영재 가능성
자아개념과 자기통제력	• 자신과 타인에 대한 기대가 높음 • 남과 다르다는 자의식과 자신감이 있음 • 자신의 것을 명확히 주장함 • 자기 일에 책임감을 갖고 처리함 • 과제집착력이 있음 • 인내심이 있음	• 고집스럽고 의지가 강한 사람으로 보임 • 타인에 대한 배려가 부족함 • 비판이나 또래 거부에 예민함 • 자기가 설정한 기준에 타인이 따르기 힘들어함 • 목표를 달성하지 못했을 때 좌절함
뛰어난 유머 감각	• 날카로운 유머 감각을 가짐 • 자기 유머로 타인에게 영향력을 행사하려고 함	• 또래의 유머 이해 부족으로 '웃기는 아이'로 인식됨 • 적대적인 유머로 타인을 공격하기도 함 • 대인관계에 안 좋은 영향을 미치기도 함
내향성과 독립성	• 깊이 사색하고 혼자만의 시간을 즐김 • 자신의 목표와 가치가 옳다면 타인과 타협하지 않음	• 고집이 세며, 타협이 어려움 • 자기주장이 강함, 지시를 거부함 • 타인에게 무관심함 • 부모나 교사에게 동조하지 않음 • 스스로 고립하여 외톨이가 됨 • 사회성이 결여됨, 책에 몰두함

도덕발달과 정의감	• 진실함 • 평등, 공평을 추구함 • 인류에 대한 관심과 근심이 있음 • 자기가치를 실현하고자 함 • 도덕적 행동을 함	• 비현실적 목표를 설정하여 개혁을 시 도하다가 좌절과 우울에 빠짐
도전성과 회피성	• 일상생활의 틀을 싫어함 • 평범한 것보다는 새로운 것과 도전적인 일을 선호함 • 적극성, 노력 • 위험 피하기	• 전통과 권위에 도전하는 것으로 비 춰짐 • 실패 가능한 일은 시도조차 안 하려 고 함
다재다능함	• 다방면에 흥미가 있음 • 열심, 열정 • 의욕이 넘침	• 과잉 욕심으로 일을 벌임 • 시간 부족에 따른 좌절을 겪음 • 신체적 · 정신적으로 피곤함

(한국교육개발원, 1983)

생각할 문제

1. 영재의 인지적 특성을 지능과 창의성을 중심으로 정리해 본다.
2. 영재의 정의적 특성을 동기, 자아개념, 자기효능감, 성취목표지향성을 중심으로 정리해 본다.
3. 영재의 사회적 · 정서적 특성을 과흥분성, 완벽주의, 자기통제력, 리더십을 중심으로 정리해 본다.

영재의 유형별 상담적 요구

학 습 목 표

1. 영재상담에 대한 일반적 요구를 이해한다.
2. 영재성의 유형 및 수준에 따른 요구를 이해한다.
3. 학교 급의 수준에 따른 영재상담의 요구를 이해한다

영재의 상담적 요구에 대해 Ford, Harris, Brown 그리고 Carter(1989)는 "영재들은 뛰어나고자 하는 강한 욕구를 가지고 있는 한편, 주목받지 않고자 하는 열망도 가지고 있다."라는 말로 정리했다. 이 말은 영재의 상담적 요구가 상당히 모순이라고 느껴지게 한다. 그러나 영재는 사회에서 적응도 잘하고 꽤 성공적이어도 자신이 정한 성공의 기준에 조금이라도 미치지 못한다면 자신에 대해 부정적인 느낌을 가지게 된다. 이러한 모순적인 영재의 모습을 모두 담아내야 하는 것이 영재를 위한 상담적 요구다.

1. 일반적 요구

영재는 동질적인 집단이 아니다. 영재는 어느 집단에 속한 사람들처럼 다양하

고 영재를 대표할 만한 어떤 한 가지 유형이나 틀은 없다. 따라서 영재가 겪는 어려움은 다양하고 영재의 상담적 요구도 영재 개인에 따라 다르다. 그러나 Galbraith(1985)는 영재상담의 일반적 요구를 파악하기 위해 400명이 넘는 영재를 대상으로 영재가 일반적으로 겪는 어려움에 대하여 다음과 같이 정리하였다.

- 영재성이 무엇인가에 대해서 듣지 못하는 것에 따른 영재성의 의미에 대한 혼란
- 다른 또래 아이들과의 인지적 · 정서적 차이
- 다른 사람으로부터 수용되지 못하는 이질감
- 부모, 교사 그리고 친구들의 기대감과 실패에 대한 두려움
- 자신을 이해해 주는 친구의 부재
- 너무 많은 직업 선택안으로 인한 당혹감
- 어떻게 할 수 없는 세계문제에 대한 고민
- 사회적 권위에 대한 저항

이상의 어려움은 영재의 내부에서 기인하기도 하지만, 몇몇은 사회의 영재에 대한 이해 부족과 같은 외부에서 기인된 어려움이다. 모든 영재상담 프로그램은 이와 같은 어려움을 해결하기 위한 노력을 포함해야 하는데 그 첫 번째는 영재학생이 영재성을 이해하도록 돕는 것이다. 영재가 '나만 다르다.'라는 생각으로 내가 무엇인가 잘못되었다고 생각하면 영재는 영재성에 대한 의미의 혼란뿐만 아니라 자기정체성에 대한 혼란도 겪게 된다. 영재에게 자신이 특별한 능력을 가지고 있고 자신이 가진 능력이 성공에 기초가 될 수 있다는 사실을 인식하게 해야 한다. 영재는 영재상담 프로그램을 통해 자신의 능력에 대한 사람들의 오해와 기대를 다룰 수 있도록 준비되어야 한다. 부모와 교사는 영재라면 모든 것을 잘할 것이라는 비현실적인 기대를 하기도 하고 영재가 보내는 도움에 대한 요청을 쉽게 간과하기도 한다. 영재상담 프로그램은 영재가 자신의 강점과 약점을 이해하고, 자신이 할 수 있는 일과 할 수 없는 일에 대한 구체적인 아이디어를 갖도록 해

야 한다. 이를 통해 영재는 자신의 실패를 받아들이고 자신에게 관대해질 수 있게 된다. 영재는 또한 사회적·정서적으로 매우 민감하다. 영재상담 프로그램은 영재가 지닌 정서적 민감성을 정서적으로 불안정하거나 부정적인 정서장애가 아닌 영재가 지닌 사회현상과 환경에 대한 높은 관심 그리고 높은 동기와 강렬한 감정과 욕구로 인식하도록 도와야 한다. 영재의 요구에 적합한 상담 프로그램을 고안하기 위해서는 영재성에 대한 분명한 이해와 영재의 정서적 요구에 대한 이해가 결부되어야 한다.

1) 인지적 요구

영재의 특성에 관한 연구 중 인지적인 면의 특성을 살펴보면 영재는 모든 분야에 걸쳐 지적으로 우수한 특징을 보이며, IQ와 관련하여 영재의 지적 특징이 더욱 잘 나타난다(Silverman, 1993b). 영재는 통찰력이 뛰어나며 높은 지적 호기심과 새로운 자극에 대한 요구를 가지고 있어 이미 알고 있는 내용을 여러 번 반복하는 활동을 싫어하며 어려운 내용의 책을 읽거나 어려운 과제를 해결하는 것을 선호한다. 대부분의 영재는 복잡한 생각을 선호하고 일상적인 것에 짜증을 내고 지루해한다(Parkinson, 1990). 영재는 높은 지적 호기심 때문에 지식을 추구하게 되는데 영재의 이러한 지적 호기심은 영재부모들이 가장 빨리 발견하는 특징이다. 영재는 호기심을 충족시키기 위하여 연구하기를 좋아하고 예리한 질문을 하며 더 알기 위해 끊임없이 조사한다. 영재는 또래 아이들이 배우고 있는 문제보다 심화되고 깊은 내용에 대한 탐구를 원하기 때문에 학교생활에 적응하지 못할 수 있다. 상담자는 영재의 뛰어난 인지적 능력, 기억력과 빠른 학습능력 그리고 정신적 자극에 대한 요구를 학교환경과 상담과정에서 효과적으로 다뤄야 하며, 상담자는 그 상황에 따라 교육과정 및 교수법을 수정할 수 있다. 교사는 영재학생을 위한 현재 상태를 진단하고 같은 것을 또 배우지 않도록 처방할 수 있으며, 영재학생이 지적인 자극을 받고 도전을 계속할 수 있도록 독립 프로젝트, 속진, 상급수준의 과목, 심화수업 등을 적용할 수 있다.

표 **3-1** 영재의 인지적 요구와 관련된 문제

인지적 요구	관련된 문제
빠른 정보의 습득과 보존	• 다른 학습자의 느린 속도를 참지 못한다. • 반복 연습과 틀에 박힌 일을 싫어한다. • 기초능력 숙달을 무시한다.
탐구하는 자세, 지적 호기심, 내재된 동기 의미 추구	• 당황스러운 질문을 한다. • 고집이 세다. • 지시에 따르지 않거나 타인도 자신과 똑같기를 바란다. • 지나친 관심을 보인다.
우수한 개념화, 추상화, 통합능력, 문제해결능력	• 개념을 복잡하게 만든다. • 세부 사항을 거부하거나 생략한다. • 교수과정에 의문을 갖는다.
풍부한 어휘력, 유창한 언어 구사	• 상황을 모면하고자 변명을 이용한다. • 학교와 또래집단을 따분해한다. • 남에게 아는 체하는 아이로 인식된다.
다양한 관심과 재능	• 산만하고 부주의해 보인다. • 시간이 부족해 좌절한다.
비판적 사고	• 타인을 쉽게 비판하거나 용납하지 않는다. • 완벽주의적이다.
강렬한 집중력	• 방해받지 않으려 한다. • 관심분야에 집중할 때는 다른 일이나 사람을 무시한다. • 고집불통이다.

2) 정의적 요구

영재의 특성을 정의적인 면에서 살펴보면 우선, 영재는 자신의 정서적 민감성 때문에 학교 적응에 어려움을 호소하며 특히 학교에서 이방인과 같은 느낌을 갖는다(Schmitz & Galbraith, 1985). 또한 자신이 우수해야 한다는 강한 성취동기로 인해서 완벽주의가 생기기 쉽다(윤여홍, 1996). 반면에 공평하고 정직하게 행동함으로써 학교나 또래와의 관계에서 문제행동을 덜 일으킨다(Ludwig & Cullinan, 1984). 이 같은 영재의 정의적 특성을 정서적 민감함과 열정, 완벽주의와 자기비판, 자아개념과 자기통제력, 뛰어난 유머 감각, 내향성과 독립성, 도덕발달과 정의감, 도전성과 회피성, 다재다능함으로 구분하였다(이승주, 2011). 상담자는 영재의 정의적 특성에 대한 요구를 학교환경과 상담과정에서 효과적으로 다뤄야 한다. 상담자가 영재의 독특한 내적 심리적 상황을 이해하고 있다면 이러한 특징으로 인해 영재에게 심리적 장애가 일어나는 것을 막을 수 있다. 또한 영재의 정의적 요구를 충족시키는 데는 부모가 매우 중요한 역할을 한다. 교사가 아무리 잘 가르치고 도와준다고 해도 부모의 부적절한 정서적 보살핌을 상쇄하기는 어렵

표 3-2 영재의 정의적 요구와 관련된 문제

정의적 요구	관련된 문제
창의적 · 독창적 성격	• 계획을 뒤엎고 이미 알려진 사실을 거부한다. • 뭔가 다르고 보조를 맞추지 못하는 사람이 된다. • 이해의 부족으로 의기소침해지거나 낙담한다.
감정이입, 인정받고 싶은 욕구	• 비판이나 집단 따돌림에 민감하다. • 타인이 자신과 같은 가치관을 갖길 기대한다. • 성공하고 인정받고 싶은 욕구를 가지고 있다. • 이질감과 소외감을 느낀다.
높은 에너지, 경계심, 열정	• 아무 활동도 하지 않으면 좌절한다. • 지나친 열정으로 타인의 일정을 방해한다. • 지속적인 자극이 필요하다. • 비정상적일 만큼 활동적인 모습을 보인다.
완벽주의	• 자신에 대한 높은 기대로 실망과 좌절한다. • 타인에게도 높은 기준을 제시한다.
독립적, 개별학습 선호	• 부모나 친구의 도움을 거절한다. • 비순응적 · 비관습적이다.
유머 감각	• 또래 친구들의 유머를 이해하지 못한다. • 주목받기 위해 교실광대가 되기도 한다.
민감성	• 어쩔 수 없는 사회문제 때문에 우울감, 불안을 느낀다. • 상황의 부조리함을 알고 지나친 이상주의를 꿈꾼다.

(류은주, 김정은 백성혜, 2011)

다. 따라서 영재의 정의적 문제를 예방하기 위해 영재학생들을 위한 상담 프로그램뿐만이 아니라 학부모 상담 프로그램과 학부모 교육을 통해 영재에 대한 구체적인 지식과 균형 있는 시각을 갖도록 할 필요가 있다.

2. 영재성의 유형 및 수준에 따른 요구

앞서 말했듯이 영재는 동질적인 집단이 아니다. 일반적으로 영재는 선천적인 재능의 영역에 따라 수학영재, 과학영재, 언어영재 등으로 분류되지만 영재성의 유형은 이같이 지능, 학문적 재능, 학습양식 등의 인지적 특성으로만 나뉘는 것이 아니다. 영재는 뛰어난 인지적 특성을 가지고 있지만 동시에 신체적·정서적 어려움을 가지고 있을 수 있다. 이런 영재 집단을 특수영재라고 명명하는데, 특수영재는 영재가 가지고 있는 어려움에 따라 학습장애 영재, 주의력결핍 과잉행동장애(ADHD) 영재, 미성취 영재, 고도 영재, 창의 영재 등의 다양한 유형으로 존재한다. 영재상담의 주된 목적인 영재의 사회적 적응을 질적으로 높이기 위해서는 이와 같이 전문적인 관심이 부족한 특수영재와 같은 소수집단의 영재에 대한 이해가 필요하다.

1) 학습장애 영재

학습장애란 사람이 보고 들은 내용을 이해하거나 뇌의 여러 부위에서 생성되는 정보를 연결시키는 능력에 영향을 끼치는 장애다. 즉, 학습장애는 인지, 사고, 기억, 학습과 관련된 처리과정이 손상되어 나타나는 장애이므로 학습장애를 가진 영재는 아무리 지능지수가 높더라도 학업이나 사회적 상황에서 학습장애가 분명히 드러나게 된다. 영재집단 속에서 학습장애 아동의 출현율은 일반아동 중에서 학습장애 아동의 출현율과 유사하게 10~15% 정도이고, 학습장애의 출현은 IQ가 증가함에 따라 증가한다(이신동, 2006). IQ가 160이 넘는 아동을 대상으로 한 연구에서 아동들의 아버지의 16% 정도가 난독증과 같은 학습장애를 가진 것으로 보고되었다(Rogers & Silverman, 1997). 이처럼 높은 지능지수를 가진 아동은 종종 주의력 결핍과 감각 통합의 문제를 보이며 읽기, 쓰기 학습장애를 보이기도 한다. 일반적으로 영재성이 학업성취와 대등한 것으로 인식되기 때문에 학습장애를 가지고 있는 영재는 영재로 잘 판별되지 못하는 경향이 있다. 영재성이 있다면 학업성취가 높을 것으로 생각되지만 학습장애 영재의 경우는 장애가 영재성을 가려 높은 학업성취를 나타내지 못하기 때문에 교사들의 관심을 받지 못한다. 학습장애 영재에는 감각통합장애를 가진 영재, 주의력결핍 과잉행동장애를 가진 영재, 청각 또는 시각 장애를 가진 영재, 난독증을 가진 영재, 공간지각장애를 가진 영재 등 다양한 유형이 있다.

감각통합장애란 글을 쓰거나 그림을 그릴 때 사용하는 미세한 운동기능, 소리에 대한 반응 및 냄새, 맛 등에 대한 반응과 같은 감각 양태에서 나타나는 장애를 포함한다. 어떤 영재는 이 감각통합장애를 가지고 있어 훌륭한 운동선수이지만 글을 잘 쓰지 못하며, 신체적 에너지와 근육의 힘이 약해 똑바로 앉아 있는 것이 불가능한 경우도 있다. 주의력결핍 과잉행동장애(Attention Deficit and Hyperactivity Disorder: ADHD)는 두 가지로 나뉘는데 하나는 과잉 행동적이며 충동적인 것이고, 다른 하나는 주의력 결핍이다. 영재에게서 ADHD가 많이 나타난다는 견해가 일반적이지만 지금까지 영재를 ADHD로 진단한 일은 많지 않다. 주의력 결핍을 가진 영재는 자신이 좋아하는 과제에 대해서는 장시간 집중할 수 있고 교사와의 일대일 상황에서는 잘 집중할 수 있지만, 흥미를 갖지 못하는 과제에 대해서는 주의집중을 유지하기 어렵다. 청각장애를 가진 영재는 자신의 영재성으로 심각한 청각장애를 감출 수 있다. 일반학생의 경우 청각장애의 증후는 언어 표현으로 나타나는데 영재의 경우는 다르다. 즉, 영재는 청력 손상을 입었어도 어느 정도 언어표현 기술을 익힐 수 있다. 또한 영재의 높은 추상적 사고능력은 시각장애도 감출 수 있다. 많은 영재는 잘 볼 수 없는 대상에 대해서도 언어적으로 그 대상을 상상하면서 보고 있는 것처럼 그에 대해 말을 할 수 있다. 이렇게 청각이나 시각 장애를 가진 영재들은 흔히 자신의 문제점을 감출 수 있기 때문에 초등학교 저학년까지는 학교에서 우수한 성적을 얻기도 한다. 역사적으로 볼 때 아인슈타인과 에디슨 같은 발명가들은 난독증을 보였다(West, 1991). 많은 연구에서 이러한 현상은 우연이 아니며, 난독증을 가진 영재는 단어 대신에 그림으로 생각하므로 생생한 이미지를 가지게 된다고 설명한다. 이런 뛰어난 시각적 능력은 높은 창의성을 이끌 수 있지만 난독증은 읽기, 쓰기 장애를 동반하므로 영재로 판별되기가 어렵다. 공간지각장애는 난독증과 대비되는 장애다. 이런 장애를 가진 영재는 시각-공간적 조직과 비언어적 문제해결 기술에 문제를 가지지만 문자언어의 해독, 언어 분류 등에서 뛰어난 재능을 보인다.

2) 미성취 영재

영재는 대개 학문 영역에서 성공할 인지적 잠재능력을 소유하고 있으나, 이들 중 많은 학생이 그들의 능력 수준 만큼의 성취를 보이지 못하고 있는 미성취가 영재교육이 당면한 문제 중 가장 심각한 문제 중의 하나다(Borkowski & Thorpe, 1994; Vlahovic-Stetic, Vidovic, & Arambasic, 1999; 한기순, 신정아, 2007). 미성취의 개념 정리에 대한 논쟁은 계속되고 있지만 '미성취(underachievement)'는 자신의 잠재적 능력만큼과 실제적 수행의 차를 의미하며 대체로 미성취를 판별하는 데 있어서는 교사에 의한 학교 성적과 표준화된 성취도검사 결과를 실제적 수행의 기준으로 사용한다. Hall은 지능지수가 130 이상인 영재일지라도 모든 것에 흥미가 없고 수동적이며 의존적이나 수다스럽고 남의 의견을 듣지 않고 시간을 낭비하며 쉽게 싫증을 내는 성향을 지닌 학습자의 경우 미성취 영재로 간주할 수 있다고 주장하였다. Whitmore는 미성취 영재를 영재의 부족한 능력에 따라 세 가지 범주로 나누었다. 첫째는 한 가지 구체적인 능력에서의 미성취 영재다. 이 범주의 미성취 영재는 수학, 과학, 예술 영역 등의 한 가지 영역에서 능력이 뛰어나지만 관심이 부족하거나 동기 유발의 결여로 성취를 제대로 하지 못한다. 둘째는 한 가지 포괄적인 영역에서의 미성취 영재다. 이런 미성취 영재는 언어 영역에서 주로 나타나는데 읽기, 철자법, 언어 과목 등 언어 영역 전반에 걸쳐 낮은 성취를 나타낸다. 셋째는 전체적인 학업 영역에서 평가된 학업 성적이 예상되는 능력보다 낮은 전반적인 미성취 영재다.

현재 우리나라의 영재교육이 성취 영재를 중심으로 이루어지고 있는 상황에서 미성취 영재들은 영재교육 대상자 선발에서 줄곧 제외되어 왔다. 수학과 과학 분야의 영재교육에 치중하고 있는 영재교육은 아직도 객관적인 측정과 확인에서 논란이 많은 창의성 수준이나 교사, 동료의 추천보다는 객관적인 측정 자료의 제공이 가능한 학업성취 수준을 선발 기준으로 사용하는 경우가 많다. 이에 따라 학업성취가 낮은 영재아는 영재교육 대상자로 추천되거나 선발되지 못한다(한기순, 신정아, 2007). 이러한 성취 중심의 영재 선발로는 선발에서 탈락된 영재아들이 그들의 지적 수준에 맞는 적절한 영재교육을 받지 못해 미성취 영재가 될 가능성도 매우 높다. 또한 영재는 도전적이지 않은 교육과정이나 자기규제 전략을 충분히 발휘하지 않고도 좋은 성적을 거둘 수 있는 쉬운 교육 내용의 경우 동기 저하와 노력의 부족을 경험하고 미성취 영재가 되기도 한다. 미성취 영재의 발생은 개인적으로는 자기만족의 결여나 패배감을 경험하게 하고, 사회적으로는 영재의 재능을 활용하지 못한다는 점에서 그 손실이 매우 크다. Bulter-Por(1987)는 미성취 현상이 주로 초등학교 시기의 남아에게 잘 나타나고 중등학교에서는 그 미성취의 폭이 더 분명해진다고 주장하고 있으며, Shaw와 McCuen(1960) 그리고 Whitmore(1980) 역시 초기 단계에서 나타나는 미성취를 초등교육 단계에서 치료하지 않으면 후속 교육 단계를 통해 미성취가 계속 누적될 수 있다고 지적하였다.

3) 고도 영재

고도 영재란 일반 영재보다 훨씬 뛰어나고 창의성과 지적 능력이 탁월하여 특수한 교수법이 필요한 학생이다. 흔히 고도로 예외적인 영재성을 지닌 영재를 천재라고 부른다. 천재성은 극단적으로 높은 지능으로 나타나고 지능검사로 판별할 수 있다. Hollingworth는 자신의 연구에서 극도로 높은 지능지수의 상한선을 180으로 설정했다. 그리고 지능지수가 180 이상인 12명의 고도 영재를 연구하면서, 그의 연구 대상이 일반 영재와 다르다는 점을 발견했다. Hollingworth의 고도 영재들은 친구를 사귀기 어려운 성격을 지녔고 또래와 비교했을 때 놀이에 관한 관심이 완전히 달랐다. 따라서 고도 영재들은 대체로 소외당하고 권위에 대해 부정적인 태도를 드러냈으며 평범한 학교생활을 시간 낭비라고 생각했다. Terman과 Oden(1947)도 비슷한 연구에서 지능지수 170 이상의 고도 영재가 사회적으로 잘 적응하지 못하는 점을 발견했다. 이들은 고도 영재가 그들과 비슷한 수준의 또래 영재를 만날 기회가 드물었기 때문에 자연히 사회성 발달이 부분적으로 떨어진다고 주장했다.

아이디어에 대한 열정, 주제에 대한 집중 그리고 높은 수준의 에너지 때문에 학습자의 학습 공간이나 생활공간이 지저분해지는 경우가 흔하다. 고도 영재가 쉽게 수용하는 지저분함은 다른 사람들에게는 무질서로 보인다. 또한 관심거리와 능력에 큰 차이를 가지는 또래와 함께 수업을 받기 때문에 학교에서 행동 또는 성취에 문제가 발생한다. 몇몇의 고도 영재는 생각과 표현을 정확하게 하려는 욕구가 광범위한 분야에서 논쟁하려는 욕구로 이어지기 때문에 따지기 좋아하는 학생으로 여겨지기도 한다. 대부분은 학생과 성인은 자기 잘못을 지적하고 자기와 논쟁하려는 학생을 좋아하지 않는다. 또한 고도 영재는 감정이 너무 강렬해 정서적 문제를 일으킬 수 있다. 따라서 여러 감정을 극단적으로 표현하면서 다른 학생들과 원활하게 감정적 상호작용을 하지 못한다. 많은 고도 영재는 자기가 바라거나 필요한 것을 배웠다고 생각하면 과제를 마무리할 흥미와 가치를 느끼지 못해 과제를 끝마치지 않고 그만두는 경향을 나타내기도 한다. 이렇듯 고도 영재가 지닌 탁월한 지적 능력이 언제나 긍정적 결과를 가져오지는 않는다.

4) 창의 영재

높은 수준의 창의적 성취를 이루는 창의 영재의 정서적 특징은 일반학생의 정서적 특징과 구별된다. 창의 영재는 높은 호기심으로 끊임없이 질문하고 상상력이 풍부해 재빨리 다양한 방법을 생각해 낸다. 이들은 문제에 대해 민감하고 문제를 그대로 받아들이지 않고 문제 아래에 숨겨진 의미를 찾아내며 일반학생에겐 무관하다고 생각되는 사물 사이의 연관성을 찾는다. 또한 놀랄 만한 비범한 아이디어로 현상을 꿰뚫어 보는 통찰력이 있다. 반면, 창의 영재는 학업적 영재보다 심리적으로 상처 입기 쉽다고 말한다. 뛰어난 창의 성취를 이루고자 노력하면 인기가 줄어들고 주변의 또래 집단에서 고립될 가능성이 커지는데, 일정한 창의적 성취에 이르려면 혼자 보내는 시간이 필요하기 때문이다. 특히 창의 영재의 독특한 생각과 자기표현은 다른 사람들에게 이해받지 못하고 가치 있게 여겨지지 않거나 받아들여지지 않기도 한다. 따라서 창의 영재의 성향을 이해하고 그에 따른 상담과 그룹 활동이 필요하다.

표 3-3 창의 영재의 긍정적 특징과 부정적 특징

긍정적 특징	부정적 특징
• 자신의 창의성을 인식한다. • 독창적이다. • 독립적이다. • 기꺼이 위험을 감수한다. • 에너지가 넘친다. • 호기심이 많다. • 유머 감각이 풍부하다. • 복잡함과 새로움에 끌린다. • 예술적이다. • 생각이 개방적이다. • 통찰력이 있다.	• 규칙과 권위에 문제를 제기한다. • 고집이 세다. • 사소한 일에 별로 관심이 없다. • 건망증이 있다. • 중요하지 않은 일에 대해서는 무심하고 정리하지 못한다. • 방심 상태가 있다. • 사회 관습에 무관심하다. • 감정적인 경향이 있다.

(이신동 외, 2009)

3. 학교 급에 따른 요구

아동이 신체적·인지적·정서적으로 발달함에 따라 영재성과 재능도 함께 발달한다. 영재아의 경우 인지적 능력과 재능 영역에서 일반아의 발달 지표보다 빠른 속도로 발달하며, 각 영역에서 발달 속도가 동일하지 않은 특성을 보인다. 이러한 영재성 및 재능의 발달 과정을 각 학교 급에 따라 살펴봄으로써 영재의 발달에 따른 상담적 요구를 이해할 수 있다.

1) 영유아부터 초등학교 저학년 시기

영재아동은 일반아동보다 재능이 있는 각 영역에서 빠른 발달 특징을 보인다. 언어에 재능이 있는 아동은 또래 아동보다 어휘력이 높으며 어릴 때 이미 문장을 구사한다. 또한 많은 경우 글자를 가르치지 않아도 스스로 깨우치고 추상적인 개념의 언어도 이해한다. 수학에 재능이 있는 아동은 또래보다 빨리 수의 개념과 계산의 개념을 습득한다. 음악에 재능이 있는 아동은 음높이와 음색의 차이를 이해하고 악기에 흥미를 느끼며 정확한 음정과 박자로 노래를 부르며 음악을 듣는 것을 좋아한다. 신체적 움직임에 재능이 있는 아동은 뛰어난 운동감각과 순발력을 보인다. 또한 영재아동은 영유아기 때부터 뛰어난 암기력을 보이며, 흥미가 있는 것에 높은 집중을 보인다. 이렇게 영재아동은 비동시적(dyssynchrony) 발달을 보이는데, 이는 앞에서 예로 든 모든 영역이 고르게 발달하는 것이 아니라 영역에 따라 발달 속도가 다르기 때문이다. 예를 들어, 언어에 재능이 뛰어난 3~4세의 영재아동은 초등학교 수준의 글을 읽지만, 손의 운동기능은 발달하지 못해 글을 잘 쓰지는 못한다.

학업적 영재인 경우 영유아기부터 높은 주의집중, 호기심, 높은 기억력 등의 인지적 특성을 나타낸다(Lewis & Louis, 1992). 높은 지능을 가진 영아기의 아동은 쉽게 싫증을 내는 경향이 있고, 말을 빨리 배우기 시작하며, 따로 가르치지 않아도 스스로 글을 읽는다. 또한 고등 어휘를 사용하며 질문을 많이 하고 기억력이 뛰어나다. 이러한 영아기 아동의 초기 행동 특성은 부모와 교사에게 관찰될 수 있고 부모와 교사는 영재아동의 행동발달을 예측할 수 있다.

영재아동이 유아기에 이르면 뛰어난 언어 표현 이외에도 평화와 자유 같은 추상적 개념과 미래에 대한 시간 개념을 이해한다. 특이한 것은 또래 아동보다 덜 자기중심적이고 주위 사람과 환경에 관심을 보인다는 것이다. 이러한 행동은 몇 살 위의 아동과 유사한 행동이며 유아기의 영재아동은 그들과 같은 수행수준을 보인다. 이러한 영재아동의 인지적·정서적 발달은 또래보다 몇 년 앞서므로 나이가 비슷한 또래와의 관계에서 어려움을 겪을 수 있다.

유치원과 초등학교에 입학하면서 영재성이 나타나는 영역이 세분화되기 시작하며, 어떤 아이는 특정한 학문적 영역에 뛰어난 재능을 보인다. 학령기부터는 공식적인 교육이 시작되는 만큼 아동이 자신의 재능에 적합한 교육을 받는 것이 더욱 중요해지며, 따라서 영재성에 대한 조기 판별이 필요하다. 아직 아동이 자신의 재능을 가시적으로 드러내기에는 어리고 표현이 미숙하므로 이 시기에는 교사나 부모와 같은 성인의 주의 깊은 관찰과 평가가 중요하며, 이에 기반을 둔 판별과정이 필요하다.

2) 초등학교 고학년에서 중학교 시기

초등학교 고학년에서 중학교에 다니는 학생들은 학년이 올라가면서 자신에게 재능이 있는 분야에 따라 그 특징 등이 달라진다. 이 시기는 또한 사춘기를 겪고 자아가 강해지는 시기다. 따라서 학생에 따라 일반학교에 잘 적응하는 경우도 있지만 학교에 적응하지 못하며 또래 학생들이나 교사를 당황스럽게 하기도 한다. 초등학교 고학년부터는 여자, 남자의 성별 차이가 명확하게 나타나고 성역할에 대한 사회화도 급속히 일어난다. 일반적으로 여학생은 음악과 문학에 재능이 있고 남학생은 과학과 수학에 뛰어나다는 사회적 고정관념이 있지만, 이러한 고정관념은 고정된 성역할과 반대되는 영역에서 재능을 나타내는 영재에게 낮은 자존감을 갖게 하고 재능을 숨기려는 경향을 보이게도 한다. 이러한 성역할에 대한 사회화는 교사와 부모의 상호작용에서 발생하며 교사와 부모도 성역할에 맞는 분야에서 재능을 보일 때 더 지지하는 것으로 연구된다. 따라서 영재학생은 자신의 재능을 발현할 수 있는 교사와 학교환경, 부모와 가정의 교육적 지지가 필요하다.

중학교 시절에 영재학생들이 직면하는 가장 큰 문제는 도전적인 교육과정이 제공되지 않는다는 것이다. 이 시기의 영재학생들은 높은 사고수준과 추상적인 사고를 필요로 하는 과제를 요하지만 대부분의 중학교 교과과정은 매우 구체적이고 상대적으로 낮은 수준의 사고를 요구한다. 따라서 영재학생들은 학교생활에 관심이 없어지고 학업 자체에도 흥미를 잃을 수 있다. 그러므로 교사는 영재학생들을 위한 교육과정의 변화를 시도하여야 한다. 즉, 영재학생들이 또래 학생들과 인지적으로나 감정적으로 다르다는 것을 인정하고 이를 지지하는 학습 분위기를 제공하며, 이들의 필요와 욕구를 충족할 수 있는 상담과 개별적으로 차별화된 학습과정을 제공해야 한다.

3) 고등학교에서 대학교 시기

영재가 고등학교를 졸업하고 대학이나 직업을 시작하는 이 시기에는 보다 구체적이고 집중적인 진로 지도가 필요하다. 영재의 재능을 낭비하지 않게 하기 위해 교사와 부모는 영재의 진로에 대해 고민하고, 영재의 진로를 교사나 부모가 결정하기도 한다. 교사나 부모는 의사, 법조인, 엔지니어 등의 직업군이 영재에게 어울린다고 믿지만 사실 그렇지 않을 수 있다. 모든 영재가 평생 무엇을 하며 살고 싶은지 정확히 아는 것은 아니다. 영재의 학업적인 우수성이 자신의 진로에 대한 정보가 풍부하고 계획이 분명하다는 것을 의미하지는 않는다. 영재의 진로 지도와 상담을 위해서는 가장 먼저 그들이 가진 재능과 흥미 분야를 주의 깊게 살펴보아야 하며, 이를 위해서는 학과 성적뿐 아니라 그들이 즐기는 취미나 과외 활동들을 고려해야 한다.

이 시기의 영재는 뛰어난 학문적 역량을 나타내기 때문에 한 가지 특수 분야를 선택해 전념하거나 또는 많은 일을 매우 높은 수준으로 성취해 내기도 한다. 반면에 매우 어린 나이에 한 가지 분야를 고수해 다른 분야에 관심을 가질 기회조차 얻지 못한 영재들도 있다. 이러한 영재는 예상치 못한 상황에 유연하게 대처할 수가 없다. 또한 다양한 분야에서 뛰어난 재능을 나타내는 다중재능 영재는 자신의 다양한 재능 때문에 무엇에 초점을 맞춰 진로를 선택해야 할지 모른다. 상담교사는 이러한 영재들에게 유일한 선택이 아닌 다양한 선택 중 한 가지 선택을 할 수 있도록 도움을 주어야 한다. 너무 성급한 진로결정은 향후 영재에게 부정적인 영향을 줄 수 있다. 따라서 영재의 특성을 고려한 진로상담이 필요하다.

영재의 몇몇 사회적·정서적 특성은 고등학교에서 대학으로 진학하는 영재의 진로상담에서 특별히 고려되어야 한다. 첫째는 영재의 완벽주의 성향이다. 완벽주의 성향이 있는 영재는 부모, 교사, 친구 등 자신에게 중요한 타인을 기쁘게 하기 위하여 진로선택을 완벽하게 해야 한다는 압박감에 시달린다. 그 때문에 실패할까 두려워 진로를 결정하지 못하고 진로에 대한 결정을 미루거나 대학 전공을 바꾸기도 한다. 따라서 영재에게 자신이 관심 분야나 직업을 바꿀 수 있다는 것을 깨닫게 해 주어야 한다. 또한 영재는 사회적 정의에 대한 의식이 강해서 사회적으로 중요한 일이라고 생각되는 사회사업이나 환경사업 쪽에 관심을 둔다. 그러나 주변의 가치관이 물질주의이거나 개인적인 보상에 치우친다면 영재는 자신의 도덕성과 윤리의식, 인간애에 대한 개념이 불안정해지거나 주변 사람들에게 실망하게 되어 사회적으로 고립될 수 있다.

4) 성인기

앞에서 아동 및 청소년 영재의 특성을 살펴보면서 영재가 성장함에 따라 다른 요구가 있음을 알 수 있었다. 따라서 아동 및 청소년 영재가 가진 특성이 성인이 되었을 때 어떻게 나타날지 살펴보아야 한다.

성인 영재는 다음의 다섯 가지 특성 때문에 사회적·정서적 갈등을 겪을 수 있다. 첫째는 비범하고 독창적이며 창의적 반응을 좋아하는 확산적 사고다. 확산적 사고는 일반적으로 대인관계를 비롯한 사회생활을 하는 데 창의적인 해결책을 찾고 다양한 측면에서 문제를 바라보게 하는 등 사회적·정서적으로 긍정적 가치를 지닌다. 그러나 확산적 사고를 하는 사람은 조직적 합의가 중요한 상황에서는 어려움을 겪는다. 자신의 아이디어에 열중하며 다른 아이디어를 옹호하기 힘들어하기 때문이다. 또한 평범한 보상이 확산적 사고를 가진 성인 영재에게는 보상이 되지 못하기 때문에 성인 영재의 동기를 불러일으키지 못한다.

둘째는 높은 에너지 수준, 정서적 강렬한 반응이 있는 흥분성이 특징이다. 흥분성을 가진 성인 영재는 흥미가 있는 다양한 분야에 자신의 에너지를 생산적으로 활용하며 많은 일을 훌륭히 수행한다. 그러나 이 특성을 지닌 성인 영재는 감수하거나 도전에 부딪히는 일을 좋아하여 한 가지 일에 집중하기 어렵고 지루해하며 끊임없이 자극을 필요로 하기 때문에 자기규제를 어려워한다. 확산적 사고와 높은 흥분성과 같은 특징을 가진 성인 영재는 사회의 순응과 자기조절에 대한 상담적 요구가 있다.

셋째, 자신을 타인과 동일하게 인식하는 심오한 민감성이다. 매우 민감한 성인 영재는 타인뿐 아니라 사회적 요인에도 관심이 많아 자기희생이 크더라도 남을 돕고 싶어 한다. 그러나 이러한 특성을 지닌 성인 영재는 타인이 자기처럼 깊고 강렬한 감정을 지니지 않았으며 삶의 우선순위가 자신과 다를 수 있음을 이해하지 못한다. 그래서 주변 사람들은 성인 영재의 예민함이 지나쳐 그와 문제를 공유하기 꺼린다. 타인과 함께한다고 느끼기 위해서 민감한 영재는 타인에게 사려 깊고 친절하며 감정적 반응을 적절히 조절하는 법을 배워야 한다.

넷째, 성인 영재는 뛰어난 직관과 깊은 통찰력을 가진다. 이러한 직관과 통찰을 통해 이들은 사회현상을 객관적으로 관찰하고 타인은 물론 자신의 문제 근원이 무엇인지, 진정 원하는 일이 무엇인지를 잘 깨닫는다. 그러나 타인에 대해 너무 잘 아는 성인 영재에 의해 주변 사람들은 상처받기 쉽고 성인 영재가 가진 여러 측면을 보고 혼란스러워한다. 이렇듯 성인 영재는 타인과 친하게 지내기 어려운 위험요소를 안고 있으므로 대인관계에 대한 상담적 요구가 있다.

성인 영재가 사회적 · 정서적 갈등을 가질 수 있는 마지막 특성은 지나친 목표지향성이다. 목표지향성은 동기부여와 성인 영재의 유능함을 키우는 원동력이다. 그러나 성인 영재는 지나친 목표지향성으로 자신의 목표를 달성하는 데만 집중함으로써 타인의 욕구를 충족시키는 데 자신을 허비하지 않고 자신의 목표를 발전시키는 데 타인을 이용하기도 한다. 이렇듯 성인 영재는 직장이나 다른 사회생활에서 적절히 자신의 역할을 다하지 못하는 경우가 있다.

성인 영재는 높은 지능과 앞에서 설명한 확산적 사고, 흥분성, 민감성, 뛰어난 직관과 통찰, 목표지향성과 같은 특성으로 환경에 적응하는 데 여러 가지 어려움을 겪을 수 있다. 그러나 학교에 다니는 아동 및 청소년 영재처럼 성인 영재는 자신이 가지는 어려움을 극복하지 못하면 좌절감과 만성적인 우울증에 시달릴 수 있다. 성인 영재는 복잡한 사회문제를 해결하는 데 유용한 사회적 자산이다. 이들이 사회적·정서적 갈등으로 자신의 재능을 발휘하지 못한다면 이는 커다란 사회적 손실이다. 따라서 성인 영재에게 사회와 원만한 상호작용을 하고 자기관리를 하는 데 도움이 되는 상담 프로그램이 필요하다.

생각할 문제 ▍▍▍▍▍▍▍▍▍▍▍▍▍▍▍▍▍▍▍▍▍▍▍▍▍▍▍▍▍▍▍

1. 영재상담에 대한 일반적 요구를 정리해 본다.
2. 영재성의 유형 및 수준에 따른 상담의 요구를 정리해 본다.
3. 학교 급의 수준에 따른 영재상담의 요구를 정리해 본다.

영재상담을 위한 모형

1. Mendaglio의 영재 정서-인지 상담모형

Mendaglio(2007)의 영재 정서-인지 상담모형은 상담 전문가가 영재에게 직면한 문제를 해결하도록 도와주어 영재의 현재 상황을 잘 이해할 수 있도록 하는 모형이다. 이 상담모형은 Rogers(1980)의 상담관계의 중요성, Perls, Hefferling 그리고 Goodman(1951)의 인식과 직면의 개념, Ellis(1593)의 성격과 과제 개념, Sullivan(1953)의 사회적 상호작용, Piaget와 Inhelder(1967)의 인지발달이론, Lewis(2000)의 정서인지이론, Dabrowski(1964, 1967)의 긍정적 분화이론의 영향을 받았다. 이 모형은 상담자와 내담자의 관계에 뿌리를 두고 있다. 따라서 영재상담을 내담자가 제시하는 영역에서 내담자에게 심리적 도움을 제공하기 위해 상담자가 지도하는 상호작용 과정으로 정의한다.

이 모형에서 영재성은 많은 발현 가능성을 가진 우수한 지적 잠재력을 의미한다. 또한 사회적으로 좋은 목적이나 나쁜 목적으로 모두 쓰일 수 있는 우수한 지적 잠재능력을 의미한다. 영재의 특성은 앞선 이해력, 빠른 정보 처리, 탁월한 기억력, 고조된 다측면적 민감성, 자기비판, 정서적 강력함이다.

인본주의적이고 인지-행동적인 이론 접근을 절충·혼합한 Mendaglio(2007)의 영재 정서-인지 상담모형의 목표는 심리학적 전문성을 토대로 내담자들로 하여금 자신에게 닥친 문제에 맞설 수 있도록 도와주는 것이다. 때로는 영재에게 현재의 상황을 이해하도록 도와주고 절대 변할 수 없는 상황에서는 묵묵히 수용하도록 도와주는 경우도 있다.

진단을 위해서는 내담자가 제기한 문제들에 대한 기술 분석을 통해 측정한다. 내담자 자신의 문제를 세심하게 기술하도록 하면서 다양한 상담의 개념을 통해 상태를 진단한다. 면담, 관찰, 내담자의 일상 경험에서의 개념적 틀의 경험적 평가를 통해서 상담을 위한 진단을 한다.

이 모형은 상담자의 역할은 상담과정을 이끌어 가는 것이고, 그것은 상담자의 책임이며 내담자의 몫은 아니라는 입장이다. 상담자는 비지시적인 역할에서 지시적인 역할로 의도적인 전환을 할 수 있어야 하며 상담과정의 관리자, 문제해결자, 교육자, 이야기 격려자 그리고 내담자의 관점을 바라보기 위한 개념 틀의 형성자다. 내담자는 반드시 상담을 받고자 하는 동기가 있어야 하며 상담과정에 적극적으로 임해야 한다. 또한 내담자는 자기에 대한 전문가이며 상담자에게 개념적 틀과 과제에 대한 솔직한 피드백을 제공해야 한다. 상담자와 내담자의 관계는 상담의 효과를 높이는 데 가장 중요한 요소다. 내담자에게 안전한 환경을 제공하며 상담관계가 좋을수록 내담자가 상담자에게 밝히는 자기 관련 정보가 더욱 타당해지기 때문이다. 상담관계는 오직 내담자의 요구를 충족하기 위해 이루어지며 요구 충족이라는 측면에서 볼 때 오직 일방적이다.

영재 정서-인지 상담모형은 6~12회기로 구성되며 개념, 활동, 평가, 종결의 4단계로 이루어진다. 초기 탐구에서는 상담자와 내담자의 제기된 문제에 대한 탐색, 상담관계의 발전, 개념적 틀의 구상 그리고 목표의 구체화가 중요하다. 첫 회기의 목표는 제기된 문제에 대한 일반적인 생각을 갖는 것, 상담에서 상담자의 접근 방식을 내담자에게 설명하는 것, 그리고 내담자가 생각하는 것을 말해 보게 하는 것이다. 그다음 회기부터는 내담자들에게 그들의 경험과 관련된 정서에 대해 집중적인 탐색을 해 보도록 권장한다. 이 모형에서 정서성은 가장 중심이 되는 접근 방식이다. 내담자들이 자신의 감정을 이해함으로써 자신의 감정에 대한 자기조절 능력을 키우도록 도와주기 위해서다. 이 상담모형에서는 내담자의 목표가 달성될 때까지 과정을 계속할 수도 있다는 것이 특징이다.

　상담기법으로는 기존에 사용되고 있는 공감, 비판단적 태도, 일치성, 직면, 인지적 재구성, 과제 등이 있다. 이 모형에서 새로 개발된 기법은 정서 인식, 정서 표현 기법, 경험적 태도, 내담자와의 협조로 생겨나는 다양한 전략이 이용되고 있

표 4-1 Mendaglio의 영재 정서-인지 상담모형의 상담 단계

단계	목표	상담자 활동
개념	• 관계성 발달시키기 • 제기된 문제 탐색하기 • 개념적 틀 공동 구상하기 • 목표 설정하기	• 핵심 조건의 사용(공감, 일치, 비판적이지 않은 태도) • 영재성(정의와 특성)과 정서성(인지이론: 일차적 및 이차적 정서) 개념의 교훈적 적용
활동	• 과제 • 목표 달성을 위한 개념적 틀 수행하기	• 인식 연습 • 직면 • 인지적 재구성 • 경험적 태도 • 정서 인식 연습 • 정서 경험 연습 • 기타(제기된 문제를 언급하기 위해 만듦)
평가	• 내담자의 향상 정도를 측정하기	• 전 단계로 돌아갈 것인지 혹은 종결할 것인지의 진행을 결정하기
종결	• 내담자에게 주체감을 강화하기 • 시간적 비교 • 내담자가 쉽게 상담과정에서 나오도록 하기	• 성공적인 상담의 결정적 요소로서 일상생활에서 내담자의 개념 수행 강조하기 • 상담의 초기 때와 현재의 기능을 대조하도록 내담자를 안내하기 • 추후 회기를 약속 잡기

(Mendaglio, 2007)

다. 특히 정서 인식 기법, 정서 표현 기법은 영재의 정의적 특성과 Dabrowski[1]의 개념에 관한 교훈적 관심을 가지고 개발되었다. 정서 인식 기법은 정서 인식이 정서 조절의 선행 조건임을 알게 하는 것이다. 제기된 문제와 관련된 감정을 묘사하는 것에서 더 나아가, 상담 회기 동안 일어나는 정서적 경험에도 주의를 기울이도록 초점을 둔다. 정서 표현 기법은 내담자에게 필요한 경우 감정을 표현하는 것이 중요하다는 것을 알게 하는 것이다. 그 목적은 감정의 표출이지 타인의 행동을 변화시키는 것이 아니다. 정서 표현 연습의 대상은 내담자의 중요 주변 인물들이다.

2. Thomas, Ray와 Moon의 영재 개인 및 가족 상담모형

Thomas, Ray와 Moon(2007)의 영재 개인 및 가족 상담모형은 영재학생과 가족의 관계를 증진시키는 모형이다. 이 상담모형은 가족체계 접근, 내담자중심 상담, 인지-행동적 접근, 인본주의 접근, 해결중심 접근, 이야기식 접근, 게슈탈트적 접근 방식의 영향을 받았다. 그리고 체계적 접근을 사용한 세 가지 상담 모델의 영향을 받았는데 그 세 가지는 Belin-Blank 모델(Colangelo & Davis, 1997), 구조적-전략적 모델(Haley, 1976; Minuchin, 1974), 가상의 포스트모던(Imaginative-Postmodern) 모델(de Shazer, 1985; Freeman et al., 1997; White & Epston, 1990)이다. Belin-Blank 모델은 정보를 수집하여 치료적 목표를 세우고 개념화와 영재가족의 문제해결력을 자원으로 하는 간략한 치료 모델이다. 구조적-전략적 모델은 관계문제를 어떻게 체계적으로 볼 수 있는지를 가르침으로써 가족의 지적 능력을

---

1 Dabrowski(1902~1980)는 폴란드 출신으로 정신과 의사, 심리학 박사, 정신병원 행정가, 연구자, 철학자, 교육학 석사학위 소지자, 시인, 음악가다. Dabrowski는 영재의 재능 개발에 정서적 요인이 중요하게 작용한다는 것에 대해 일찍이 연구를 시작하고, 그 중요성을 알리려고 노력한 대표적인 사람이다. 그는 그동안 창의적인 인물들이 갖는 강렬한 정서적인 특성에 대한 부정적인 시각을 긍정적인 시각으로 관점의 전환을 하게 하였는데, 그 이론이 긍정적 분화이론(Theory of Positive Disintergration: TPD)이다. 또한 Dabrowski는 영재에게는 예민하고 강렬한 인지 및 정서 특징인 과흥분성(overexcitability: OE)이 있다고 하였다.

강조한 모델이다. 가상의 포스트모던 모델은 이야기와 해결중심치료에 사고를 통합하여 상상력과 잘 결합한 모델이다. 체계적 시각에서 영재를 상담할 때 내담자의 요구에 맞추어 세 가지 모델 중 하나를 그대로 사용하거나 상담방법을 사용한다.

Thomas, Ray와 Moon의 영재 개인 및 가족 상담모형에서는 인간 발달과 건강 및 다양한 치료기법 분야에서 전문가인 상담자와 자신의 강점과 약점 그리고 삶에 전문가인 내담자와의 역동적인 상호과정으로 상담을 정의한다. 이 모형에서는 영재성을 여러 요소로 쉽게 분리할 수 없는 총체적인 개념으로 보고 현재 얻을 수 있는 다양한 정의와 여러 수준의 영재성을 포함한다. 영재의 특징은 복잡함과 정확함의 욕구가 있으며, 이른 추상적 사고를 하고, 복잡한 패턴을 빠르게 볼 줄 알며, 기억력이 좋고, 복잡한 지식 기반이 있다는 것이다.

가족체계 접근을 설명하고 있는 Thomas, Ray와 Moon의 영재 개인 및 가족 상담모형의 상담목표는 가족 구성원들 간, 한 가족과 그 가족이 상호작용하는 다른 체계 간의 관계를 개선하는 일이다. 이 모형은 상담의 과정에 중점을 두고 문제의 맥락을 변화시키는 것을 목적으로 한다.

이 모형에서 상담자의 역할은 상담과정 내내 지속적으로 변화하는데 교육자, 설득자, 협상가, 동맹자, 치어리더, 의장, 관찰자다. 내담자는 적극적이고 목표 지향적이며 자신의 목표 달성을 위해 자기만의 전문성을 사용할 줄 알아야 하는 사람이다. 내담자와 상담자의 관계는 가족치료에서 매우 결정적인 요소다. 상담자는 가족 구성원 개개인과 관계를 형성하고, 일시적으로 가족체계 안으로 들어가며, 가족의 기존에 영향을 주는 가족 외부 체계들에 대한 인식을 유지하거나 직접 개입한다.

Thomas, Ray와 Moon의 영재 개인 및 가족 상담모형은 6~10회기를 넘지 않는다. 초기 몇 회기는 내담자 간에 유사하게 진행이 되며 시각 공유하기, 상황 분석하기, 전개되는 것에 열린 마음 갖기의 단계로 이루어지고 이후의 회기는 내담자의 의사에 달려 있다. 주요 상담기법으로는 밀착 감소시키기, 친근감 증가시키기, 결속력 증가시키기, 참여하기, 정보 제공과 코칭, 현재를 다루기, 재구성하기,

동맹과 경계를 다루기, 약속 제정하기, 위험요인 감소시키기, 보호요인 증가시키기, 상호작용 패턴을 재구성하기, 검사하기, 경이로운 질문하기, 깊은 설명하기, 독특한 결과를 밝히기, 이야기가 가득한 문제를 재인증하기 등이 있다.

　Thomas, Ray와 Moon의 영재 개인 및 가족 상담모형이 방법적으로 사용하고 있는 체계적 접근을 사용한 세 가지의 상담 모델을 자세히 살펴보면 다음과 같다. Belin-Blank 모델(Colangelo, 1997)은 5~6회기의 단기 회기로 구성되어 있으며 가정의 결속, 통제력, 친밀함과 연관된 가족의 정서적이고 관계적인 역동성에 초점을 둔 강점기반 모델이다. 가족 적응력과 응집력 척도 III(Family Adaptability and Cohesion Scales III: FACES III; Olson et al., 1985)와 가족환경척도(Family Environment Scale: FES; Moos & Moos, 1986)에 근거한 진단을 하며, 상담의 목표에 대해 가족의 동의를 얻어 낸 후에 다음 단계로 넘어간다. 그리고 다루고 있는 상담문제에 맞게 여러 가지 상담기법을 사용하여 상담을 한다. 구조적-전략적 모델(Haley, 1976; Minuchin, 1974)은 관계문제를 어떻게 체계적으로 볼 수 있는지를 가르침으로써 가족의 지적 능력을 강조하고 제정한 약속과 역설적인 개입을 통해 주지화를 피한다. 이러한 접근은 진단을 위해 가정과 학교에 대한 정보를 충분히 수집해야 한다. 따라서 상담자가 학교체계와 영재교육에 관한 전문 지식을 가지고 활동하는 것이 중요하다. 상담치료 과정 전체 중에서 가장 중요한 상담기법은 합류하기다. 상담자는 가족 내에 참여할 때 가족 구조 내의 규칙을 유지하고 문제에 대해 말하는 방식, 가족의 스타일, 속도, 기분을 맞추어야 한다. 가상의 포스트모던(Imaginative-Postmodern) 모델(De Shazer, 1985; Coll & Freeman, 1997; White & Epston, 1990)은 이야기와 해결중심치료에 사고를 통합한 것으로 세 가지 방식 중 가장 비형식적인 진단을 하는데 가족 구성원들과의 면담을 통해 이루어진다. 이 모델은 내담자들이 소개하는 자신과 타인들에 관한 이야기를 변화시키는 것이 상황을 직접적으로 변화시킬 수 있기 때문에 해결중심의 틀을 가지고 내담자들의 이야기를 재구성하는 것을 도와준다.

표 4-2 영재 개인 및 가족 상담을 위한 세 가지 체계적 모델 비교

	Belin-Blank 모델	구조적-전략적 모델	가상의 포스트모던 모델
영향	가족 체계 접근, 영재 교육 개념	구조적 가족치료, 전략적 가족치료	포스트모던 철학자, 이야기치료, 해결중심치료
상담의 초점	가족의 정서 및 관계적 역동성, 특히 결속력, 통제력 및 친밀감과 관계 있는 응집력과 적응력	위험 요인 경감시키기, 보호 요인 증가시키기, 가족 구성원 간과 다른 체계 간의 상호작용 패턴	고려하지 않은 가능성을 고려하기 시작하기 위해 현재의 상황에 대한 깊은 설명을 촉진하기, 예외적이면서 독특한 결과를 발견하기
목표	가족 구성원 간의 관계성 개선, 가족과 다른 체계 간의 관계성 개선	가족 구성원 간의 관계성 개선, 가족과 다른 체계 간의 관계 개선	가족 구성원 간의 관계성 개선, 가족과 다른 체계 간의 관계성 개선
상담자 역할	전문성과 방향성 제공자, 자문가, 가족 체계의 임시 구성원, 동맹자	전문성과 방향성 제공자, 가족의 상호작용을 관찰하고 참여함, 상호작용 패턴을 적극적으로 변화시킴	촉진자, 공동 창조자, 치어리더로서 가족 구성원들의 힘을 북돋워 주는 사람, 부당한 일에 도전하는 사람
내담자 역할	문제를 개념화하고 해결하기, 제안점을 시행하기	상호작용 패턴을 변화시키는데 가족이 개방적이고 체계적으로 사고하는 것을 배우기 위해 지적 능력 사용하기	인생을 재인증하기, 장점을 재발견하기, 장점에 따라 행동하기
관계성	상담에 결정적인 요소로서의 관계성, 가족 체계의 임시 자문가, 그 결과 다중 체계 내에서 기능함, 변화를 가능하게 하는 치료적 동맹	상담에 결정적인 요소로서의 관계성, 가족 체계의 임시 자문가, 그 결과 다중 체계 내에서 기능함, 변화를 가능케 하는 치료적 동맹	상담에 결정적인 요소로서의 관계성, 가족의 재인증 과정에서의 임시 자문가, 변화를 가능케 하는 치료적 동맹
진단	가족 적응력과 응집력 척도 III (Olson et al., 1985), 가족환경척도(Moos & Moos, 1986)	학교 기록에서 정보를 얻음, 상담 진행 중에 가족을 관찰	진단 정보를 얻기 위해 가족과 상의
기법	밀착 감소시키기, 친근감 증가시키기, 결속력 증가시키기	참여하기, 정보 제공과 코칭, 현재를 다루기, 재구성하기, 동맹과 경계를 다루기, 약속 제정하기, 위험 요인 감소시키기, 상호작용 패턴을 재구성하기	검사, 경이로운 질문, 깊은 설명, 독특한 결과를 밝힘, 이야기가 가득한 문제를 재인증하기

상담에서 성격	특별히 관련 있지 않음	개인의 접근에 대한 정보를 제공	상상력, 창의성 및 언어적 강 점이 꼭 필요한 것은 아니지 만 도용이 됨
과 정	사무적, 정보 기반	상담 회기는 가족의 전형적인 기능을 반영하고, 그로 인해 때로는 강렬해짐	창의적이고, 예견할 수 없으 며, 에너지 넘치는 과정

3. Peterson의 발달적 영재 상담모형

　Peterson(2008)의 발달적 영재 상담모형은 영재학생 집단이 자신이 가지고 있는 문제를 제시하여 해결책을 찾는 것에 중점을 두고 있다. 이 상담모형은 개인심리(Adler, 1954; Gilliland & James, 1998)의 관점, 인간발달에 대한 Erikson(1968)의 관점, Minuchin(1974)의 구조적 체계 틀, Breunlin, Schwartz와 MacKune-Karrer(1992)의 상위 틀, Rogers(1951)의 개인의 자기실현 능력에 대한 신념, Satir(1988)의 가족 내에서의 분명하고 직접적인 의사소통, White와 Epston(1990)의 내담자에게 편지 쓰기 기술, Littrell(1998)의 간결한 해결중심 상담에 영향을 받았다. 이 모형은 영재의 발달문제에 초점을 둔 과정으로 자신이 갇혀 있다는 느낌이 아니라 삶을 효과적으로 살아가고 사물에 대한 감각을 바꾸어 자신의 문제를 해결하고 문제가 악화하지 않게 예방하도록 도와주는 것으로 상담을 정의한다.

　이 모형은 여러 수준의 영재성을 총체적으로 포함하며, 현재 얻을 수 있는 다양한 영재성의 정의를 모두 인정한다. 영재의 특징은 확산적 사고, 과흥분성, 민감성, 지각력 그리고 목표 지향적 생명력이다. 인본주의 및 가족체계 이론에 근거를 둔 Peterson의 발달적 영재 상담모형은 영재청소년의 교정 및 예방 상담에 모두 적용이 가능하다. 상담의 목표는 증가된 자기인식, 향상된 기술 그리고 개인적인 성장이며, 이 모든 것은 건강한 사회적·정서적 발달을 촉진해야 한다.

　영재가 상담을 요구하는 경우는 여러 가지 문제가 겹치거나 교차될 때나 발달적인 문제, 교실문제, 사회문제, 환경적인 요소로 인한 문제, 자기 기대와 타인 기대로 인한 스트레스 그리고 과민감성으로 인한 문제들이 있을 때다. 이때 상담자는 발달적이고 체계적인 방법으로 영재의 문제를 개념화하고 해결중심적인 접근을 해야 하며 건강한 발달을 돕기 위해 발달문제 예방 및 정서적인 부분에 관심을 가지고 상담해야 한다.

이 모형에서 상담자의 역할은 자기 반성하기, 내담자의 세계로 들어가기, 발달적 관점 갖기, 부정적인 면을 긍정적인 면으로 타당화하기, 어려운 시기 동안에 안전하고 존중하고 비판단적이고 공감적인 항구가 되기다. 내담자의 역할은 공동 작업에 참여하기, 숙제 완성하기, 반성하기, 통찰과 새로운 기술 적용하기, 좀 더 효율적인 삶을 살아가도록 주도권 갖기다. 협조적이고 편안한 상담관계는 효과적인 상담의 기본이다. 그러나 영재는 과민감하며 특히 심리적 외상이 있는 경우에 두터운 불신이 있기 때문에 신뢰성 있는 관계를 형성하는 일이 어렵다. 따라서 상담은 지속적인 주의를 필요로 하며 적절한 상담기술의 적용과 함께 필요한 경우 공손한 유머를 사용하는 것이 좋다.

Peterson의 발달적 영재 상담모형은 1~10회기로 주로 5회기 미만의 단기상담으로 이루어진다. 상담은 문제 설정하기, 제기된 문제에 의거하여 해결중심 형태로 이동하여 상담 종결에 대해 미리 다루어 주기, 자기반성과 사고, 감정을 명확히 하는 상담을 정기적으로 진행하기, 종결의 단계로 이루어진다. 상담자는 내담자의 이야기에 자주 끼어들며 모든 구성원에게 말할 기회를 준다. 주요 상담기법으로는 간략 상담하기, 문제를 외현화하기, 강점과 탄력성에 초점을 두기, 다양한 활동과 반구조화된 소집단 활동이 있다.

4. Boland와 Gross의 고도 영재 상담모형

Boland와 Gross(2007)의 고도 영재 상담모형은 영재에게 직접적인 기술을 제공하고 위험요소를 제거하며 보호요소를 증진시키도록 하는 모형이다. 이 상담

모형은 영재와 심리학 문헌으로부터 이론적이고 경험적인 영향을 받았다. Colangelo(2002)의 예방상담, Neihart, Reis, Robinson 그리고 Moon(2002)의 고도 영재 특성과 경험, Seligman과 Csikszentmihalyi(2000)의 긍정심리학, Miller와 Rollnick(2002)의 동기강화 상담에 영향을 받았다. 이 모형은 심리적 고통을 치료하는 증거기반 상담과 영재아동의 독특한 인지 및 사회적 · 정서적 특성에 대한 지식을 결합하는 시도로 상담을 정의한다.

이 모형에서 영재성을 보는 관점은 Gagne의 영재성과 재능의 차별화 모델에 근거한다. 이 모형에서는 영재성을 뛰어난 수행이 아닌 뛰어난 잠재성으로 정의한다. 즉, 영재는 특별하게 뛰어난 수행을 하지는 못하더라도 뛰어난 잠재성을 가지고 있다고 정의한다. 고도 영재의 인지적 특징으로는 몇 년 이상 나이 많은 학생이 주로 획득하는 수준과 복잡성을 지닌 지적 과제에 참여하는 능력, 반성적이고 철저하게 캐묻고 때로는 도발적인 질문을 하는 능력, 특별한 능력 분야에서 패턴과 관계성을 보고 창조하는 능력, 이례적으로 빠른 학습 속도, 극도로 잘 발달된 기억력, 느린 속도의 과제를 싫어함의 특징이 있다. 고도 영재의 정의적 특징은 정서적 강렬함, 나이 많은 사람들과의 우정을 선호함, 현저하게 잘 발달한 정의감과 공평함, 다른 학생이나 어른들의 감정에 공감하는 뛰어난 능력, 현저하게 성숙한 유머 감각이다.

고도 영재 아동과 청소년을 대상으로 하는 Boland와 Gross의 고도 영재 상담 모형은 심리적 고통을 치료하기 위한 증거기반 치료를 다룬다. 상담의 목표는 영재청소년에게 직접적으로 기술을 제공하며 영재의 환경에서 위험요인을 감소시키고 보호요인을 증가시키는 데 있다.

진단은 영재에 대한 철저한 다면적 이해와 제기된 문제의 빈도, 심각성 그리고 지속 기간을 파악하는 데 주안점을 둔다. 실시하는 진단의 종류도 아동의 연령과 상담 의뢰의 형태에 따라 달라진다. 가족 진단의 중요한 목표는 아동의 어려움을 함께 지각 · 공유하며, 부모와 함께 협동적인 파트너 의식을 창조하는 것이다. 영재 아동과 청소년의 진단목표는 아동의 기능, 심리적 고통의 정도, 세상에 대한 깊은 이해를 제공하는 것이다. 고도 영재청소년의 진단은 정확한 공감을 형성하고 고도 영재청소년과 그의 세계에 대한 공동의 이해를 시작하는 기회가 된다.

이 모형에서 상담자의 역할은 반영적이고 적극적인 경청자, 원인이 되고 유지요인의 역할을 하는 요인들의 조사자다. 내담자의 역할은 문제를 해결하고 숙제를 하며 실존적 의문에 능동적으로 참여하는 자다. 영재상담에서 본질이 되는 것은 상담자와 내담자 간의 협조적이고 적극적인 관계다. 고도 영재를 상담할 때 특히 중요한 점은 전문적인 관계와 라포의 균형을 유지하는 것이다.

Boland와 Gross(2007)의 고도 영재 상담모형의 상담과정은 모두 4단계로 구성되어 있으며 진단, 인지 및 행동 학습, 연습하기, 재발 방지와 치료 종결의 순서로 이루어진다. 1단계는 진단의 단계로 내담자는 자신의 문제에 대한 점검에 적극적으로 참여한다. 2단계는 인지 및 행동 학습 단계로 변화를 도모하기 위해 명시적 교수법과 적절한 행동적·인지적 중재를 다룬다. 3단계는 연습하기의 단계로 적극적인 상담의 단계다. 이 단계는 행동적 실험과 노출을 포함한다. 4단계는 재발 방지와 치료 종결의 단계로 내담자에게 치료 종결을 준비시키고, 미래의 목표와 재발을 방지하기 위한 개인의 장점 알기에 초점을 둔다.

주요 상담기법으로는 소크라테스식 질문법, 명시적 교수법, 자동적 사고와 도식 유발하기, 사고 도전, 포인트-역포인트, 직면, 과장, 인지-행동 접근법이 있다. 소크라테스식 질문법은 인지행동 상담자가 사용하는 기본적인 기법으로 더 깊은 사고와 설명을 필요로 하는 적극적 경청과 개방형 질문이 포함되어 있다. 명시적 교수법은 치료 단계에 대한 자세하고 복잡하며 정확한 근거를 갖고 있다. 자동적 사고와 도식 유발하기는 내담자에게 표준 점검표를 사용하여 주요 사건과 정서 반응 및 연관된 사고를 기록하도록 한다. 사고 도전 기법은 자동적 사고의 재평가를 격려하기 위한 다양한 기법을 말한다. 포인트-역포인트 기법은 특히 언어영재 학생의 상담에 유용한 기법으로 논리적인 수평적 사고를 필요로 한다. 직면 기법은 내담자가 특정한 주제나 사고 또는 행동을 회피하려는 것으로 보일 때 조금만 적절하게 사용한다면 유용할 수 있다. 과장 기법은 내담자가 상황에 관해 염려함을 언급한 것보다 훨씬 더 강조하는 방식으로 제시하는 것을 말한다.

표 4-3   Boland와 Gross의 고도 영재 상담모형의 상담 단계

단계 1: 진단
치료는 적합한 치료사가 의료한다. 상담자와 내담자는 공동으로 문제를 형성한다.
부모면접 아동면접 심리측정적 자료 수집 자기보고서
단계 2: 인지 및 행동 학습
행동 기법 　　점진적 근육 이완 운동 　　보상 유관성 　　즐거운 사건 계획하기 인지 기법 　　인지적 모델 소개 　　사고 인식 　　사고 도전 　　포인트-역포인트 　　직면 　　과장
단계 3: 연습
행동 실험 체계적 노출 체계적 위험 감수 인지적 재평가
단계 4: 재발 방지 및 치료 종결
고위험 상황 계획 인지적 역진술 요약 외부 기관으로 의뢰

(Boland & Gross, 2007)

5. Ziegler와 Stoeger의 11단계 영재상담 순환모형

Ziegler와 Stoeger(2007)의 11단계 영재상담 순환모형은 특별히 영재학생에게 사용하도록 개발된 모형으로 개인상담과 집단상담에 모두 적용될 수 있다. 이 상담모형은 체계적 접근과 Csikszentmihalyi(1998)의 영향을 받았다. 이 모형에서 영재상담은 지지적인 분위기에서 이루어지는 대화를 의미하며, 영재 개인을 상담하는 일은 그 사람의 인생 중 한 순간에 고정하는 것이 아니라 재능 영역에서 그 사람의 주관적 행동 공간(Actiotope) 발달 역동성에 부응하는 것이다.

이 모형에서 영재성에 관한 견해는 학습이론에 근거하고 있다(Ericsson, 2002). 영재성 개념은 지능을 집중적으로 다루는 연구의 관례를 거부하고 개인의 행동으로 관심을 전환시킨다는 특징을 가지고 있다. 영재성은 1개 이상의 재능 영역에서 행동의 수월성이 나타나야 한다.

생물학과 사회학에서 유래된 개념에 뿌리를 두고 있으며 학습이론, 전기적 연구와 체계이론으로부터 나온 Ziegler와 Stoeger(2007)의 11단계 영재상담 순환모형의 목표는 주관적 행동 공간을 안정화하고 혹은 수정하기 위한 것이다. 이는 수월성으로 가는 학습 경로는 확인되었지만 재능 영역에서는 좀 더 효과적인 행동을 형성하기 위한 목적으로 진행된다. 이 모형에서 상담자의 역할은 상담과정 내내 내담자를 안내하는 안내자이며, 내담자의 역할은 과정에 능동적으로 참여하며 학습 경로를 공동 창조하는 자다.

Ziegler와 Stoeger의 11단계 영재상담 순환모형은 5단계로 구성된 ENTER 진단 모델 안의 검사하기 단계에 있는 상담 순환모형이다. 'ENTER'는 진단의 5단계를 의미하는 Explore(탐색하다), Narrow(좁히다), Test(검사하다), Evaluate(평가하다), Review(검토하다)의 첫 글자를 따서 만든 약자다. 검사하기 안에 있는 영재상담 과정의 11단계는 ① 잠재적 학습 경로 심사숙고, ② 학습 경로 평가, ③ 대안적 목표의 중요성 인식, ④ 자원의 명료화와 참여 의지, ⑤ 유사 상황에 근거한 가능한 지원 탐색, ⑥ 예견되는 문제, ⑦ 해결책 경험과 문제해결 발달, ⑧ 학습 경로에서 영재의 참여 기술, ⑨ 영재의 생활 속에서 학습 경로에 대한 논의, ⑩ 해결 안 형성과 해결책 강화, ⑪ 검토로 구성되며, 이 11단계는 순환된다.

　단계 1은 잠재적인 학습 경로의 심사숙고다. 진단 결과를 제시하고 내담자의 원래 의도와 계속 교류하는 것이 중요하다. 단계 2는 내담자의 학습 경로 평가하기다. 학습 경로에 대한 내담자의 지각을 자세히 조사해야 한다. 단계 3은 대안적 목표의 중요성 인식이다. 단계 2에서 합의에 도달할 수 있지만 대안적 목표가 존재하는지 물어봐야 한다. 단계 4는 자원의 명료화와 참여 의지다. 상담자와 내담자가 모두 학습 경로의 장점에 동의하면 내담자의 참여 의지와 더불어 이용 가능한 자원의 조사가 자세히 이루어져야 한다. 단계 5는 유사 상황에서의 가능한 지원 확인하기다. 상담자는 내담자의 주관적 행동 공간 속으로 가장 잘 통합할 수 있는 학습 경로를 발달시키기 위해 고통을 감수한다. 단계 6은 예견되는 문제다. 의도된 학습 경로에 부딪히는 문제가 어떤 종류인지 예상하도록 내담자에게 요청해야 한다. 단계 7은 가능한 해결책 경험하기와 문제에 대한 해결책 발달시키기다. 이러한 주제를 토론하는 일은 적절한 반응을 발전시키기 위한 유용한 출발점이 된다. 단계 8은 내담자가 학습 경로에서의 참여를 기술하기다. 내담자가 학습 경로에서 자신의 참여를 구체적으로 기술하는 것은 활기를 주는 일이다. 단계 9는 내담자 삶의 맥락 내에서 학습 경로 논의하기다. 이러한 학습 경로를 따라가기 위해서는 의사결정이 관여된 모든 사람에게 끼치는 효과를 고려해야만 한다. 단계 10은 해결안 형성하기와 해결책 강화하기다. 학습 경로에 맞게 결정이 이루어지면 상담자는 내담자에게 해결안을 고안해 내도록 요구해야만 한다. 단계 11은 자세히 검토하기다. 상담자는 상담 회기 전체를 자세히 조사한다. 단계 1~11은 반복될 수 있으며 경우에 따라서는 ENTER의 탐색하거나 좁히기 단계로 되돌아가는 것도 필요하다. 상담기법으로는 개인상담 외에 필요시 내담자와 그들의 삶에서 중요한 사람들과 함께 집단상담을 실시한다.

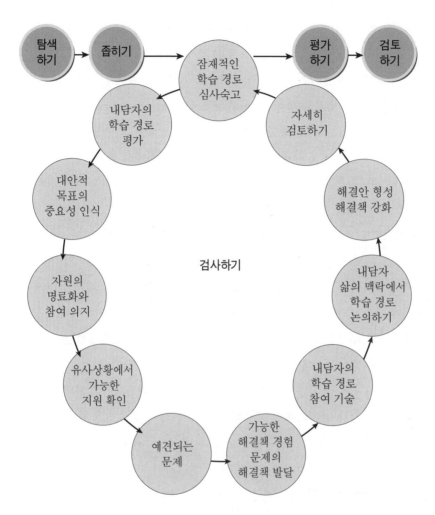

[그림 4-1] 11단계 영재상담 순환모형(Ziegler & Stoeger, 2007)

6. Saunder의 미성취 영재와 부모 상담모형

Saunder(2007)의 미성취 영재와 부모 상담모형은 인본주의적 전통에 속한 이론가들, 학업적 미성취에 대한 이론적 견해 그리고 여러 영재교육 연구가의 영향을 받았다. 상담에서의 핵심조건(Carkhuff, 1984), 치료에서의 자기노출(Jourard,

1964), Maslow(1970)의 위계적 욕구 그리고 교류분석(Berne, 1964; Harris, 1969)의 이론을 참고하였다. 이 모형에서 영재상담이란 내담자가 사고, 감정, 반응 그리고 동기를 탐색할 수 있게 상담자가 분위기를 조성하는 독특한 관계를 의미한다.

이 모형에서는 영재를 지속적으로 개념을 빨리 이해하며 독창적이고 창의적인 방식으로 응용하는 사람으로 본다. 영재는 비슷한 만큼 서로 다를 수 있으며, 따라서 영재를 규정하는 것 자체가 어렵다. 정서적인 견지에서 볼 때 영재성은 사건, 감정의 깊이, 정확한 관찰력 그리고 완벽주의에 대한 반응에서 좀 더 강렬함이 있다. 미성취 영재는 자신의 능력만큼 생산하지 못하는 경우이며, 그들은 학업적·심리적으로도 위험하면서 동시에 자존감이 낮고 수동적인 학습 태도를 취한다.

미성취 영재와 부모 상담모형의 목표는 학생의 자존감과 자율성을 향상시키기, 책임자로서 부모가 타고난 가족의 위계를 재건하기, 숙제문제를 둘러싼 구조와 한계를 설정하기, 가족 내에서 전반적인 의사소통을 증진하기, 하나의 통합된 팀이 되도록 부모를 돕고 서로를 지지해 주기, 미성취가 꼭 필요한 표현 형태가 되지 않도록 돕기 등이다.

진단의 과정은 실제 만남을 통해 처음 한 달 정도 이루어져야 하며 부모면담, 표준화검사, 검사 결과에 따른 피드백, 중재 고안하기 등이 포함되어야 한다. 일반적으로 이 상담모형에서 진단은 Mandel과 Marcus(1988)가 제시한 부모와 자녀용 진단적 면담 모델을 따른다. 영재학생을 진단하기 위해 학교에서 실시하는 표준화검사가 있는데 그것의 결과 표시 방법은 유용하지 않다. 영재학생의 학업성취에 대한 평가보다는 교수방법과 학교 수행에 대한 평가가 진단에 더 유용하다. 진단에 가족 역동성 평가를 하는데 이것은 주로 교류분석의 입장(Berne, 1964)에서 부모 사이와 각 부모와 자녀 사이의 갈등에 따른 상호작용을 평가하기 위해 경청과 관찰을 통해 이루어진다.

이 모형에서 상담자는 연구자, 반영자, 관계자, 부모 모델 그리고 개인 탐색을 지지해 주는 사람의 역할을 담당한다. 내담자는 참여자의 한 사람으로 사고와 감정의 진정한 표현자 역할을 한다. 영재학생과 상담자의 관계는 영재학생이 진정한 관계를 경험하도록 상담자가 자신의 감정과 반응을 솔직하게 표현하면서 내

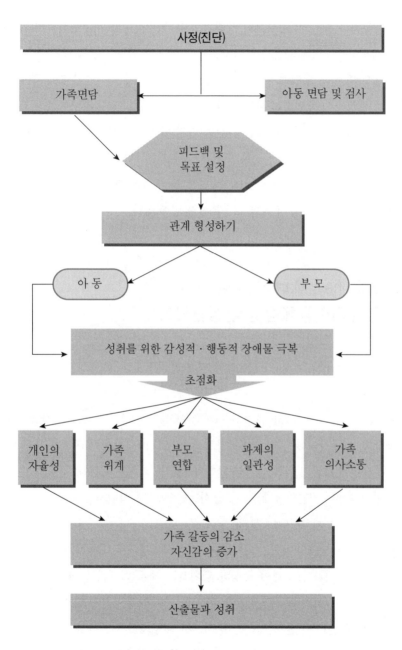

〈그림 4-2〉 미성취 영재와 부모 상담모형 단계(Saunder, 2007)

담자를 존중하는 관계다. 부모와 상담자의 관계는 상담자가 부모의 멘토와 안내자가 되어 양육능력에 자신감을 되찾을 수 있도록 도와주는 관계다.

Saunder의 미성취 영재와 부모 상담모형의 상담과정은 정보 수집과 부모와 자녀 관계 형성을 시작으로 순차적인 과정으로 이루어져 있다. 부모에게 변화를 위한 제언을 제공하며, 학생에게는 자신의 이전 및 새로운 행동의 결과를 탐색하게 한다. 정보 수집과정은 항상 진행 중이며 그 결과는 부모와 학생에게 지속적으로 제공된다. 주요 상담기법으로는 정기적으로 공부시간 형성하기, 통일된 부모 지도, 가족 모임, 의사소통에 대한 교류분석 방법이 있다.

7. Mahoney, Martin과 Martin의 영재 자아정체감 형성 상담모형

Mahoney, Martin과 Martin(2007)의 영재 자아정체감 형성 상담모형은 Framo (1982)의 원가족 상담, Satir(1986)의 가족상담의 정의적 초점, 구조적이고 체계적인 치료의 변화 전략, Wolin과 Wolin(1993)의 탄력성 이론과 체계적 개념에 영향을 받았다. 영재상담에는 영재의 복잡성과 영재가 상담과정에 내놓는 욕구 및 영재의 복잡성에 응하기 위한 다양한 형태의 개입과 과정을 포함해야 한다. 이 모형에서 영재상담은 내담자에게 자문, 공식적인 상담과 심리치료 과정, 멘토링, 가르침, 옹호, 대체 치료를 제공한다.

이 모형에서 상담의 목표는 자아정체감 형성과정에서 내담자를 도와주기, 내담자의 자아정체감과 영재의 속성과 일치하는 체계 내에서 자아정체감 형성의 네 가지 구성요인(타당화, 확언, 친애, 친화)을 충족하고 조정하도록 상담하기, 개인이 영재 자아정체감을 반영하는 방식에서 내담자를 지지하고 존중하기, 정보에 입각한 결정을 근거로 할 때 내담자에게 재능을 활용할 기회를 제공하기, 영재 집단의 다양성을 반영하는 복잡한 모델을 갖도록 상담자와 교사와 부모 그리고 다른 전문가들을 움직이기, 상담과정에서 평가하고 안내하고 개입하기 위해 영재성과 연관된 편차를 고려하는 틀을 상담자에게 제공하기다.

진단을 위해 영재 자아정체감 형성 상담모형은 가능한 형태의 측정과 정보를 사용한다. 이 모형은 개인의 영재성이 확인된 이후에 적용한다. 영재성은 인간 행동의 연속선상에서 측정하는데 타당화, 확언, 친애, 친화의 네 가지 구성요인은 자아정체감 발달을 측정하는 틀을 제공한다. 각각의 구성요인은 12개의 체계인 자기, 가족, 원가족, 문화, 직업, 환경, 교육, 사회, 심리, 정치, 유기체의 생리, 발달에 따라 측정된다.

상담자의 역할은 협력적이고 광범위하다. 상담자는 전형적인 상담보다는 좀 더 유동적이고 융통성 있는 접근을 하며, 영재의 자기지각과 영재성 지각의 타당화에 결정적인 역할을 한다. 영재 내담자는 자아정체감 형성에 어려움과 혼란을 야기하는 자기발달 영역을 인식할 필요가 있다. 또한 상담의 목표 인식하기, 목표의 방해물과 방해물 공략을 위한 장점을 공유하기, 이런 방법이 좀 더 효과적이고 개인적인 삶을 조절할 수 있다고 믿기, 패배주의적 행동을 변화시키기, 신뢰성 있는 관계를 형성하고 개방적으로 의사소통하기의 역할을 한다.

상담관계에서 상담자는 내담자에게 희생자의 역할에서 벗어나 외부 환경과 기능적으로 상호작용하도록 도전을 제공한다. 상담과정에서 정서적인 연결을 가지려는 욕구는 상담자와 내담자 상호작용의 핵심이 된다. 상담관계는 이상적으로 공유하기에 안전하고도 신뢰성 있는 환경을 제공한다. Mahoney, Martin과 Martin의 영재 자아정체감 형성 상담모형의 상담과정 초기에는 영재성이 전반적인 안녕감과 발달에 어떻게 영향을 끼치는지를 조사한다. 다음으로는 영재의 자아정체감 상담모형에서 네 가지 구성요인에 관한 가치를 느끼도록 내담자를 도와주는 상담을 진행한다. 영재가 영재성을 이해하고 그것을 자기의 견해 속으로 통합하도록 조력과정을 시작하는 것이 상담자의 과제다. 주요 상담기법으로는 공동 작업하기, 영재성을 자기 시각 속으로 통합하는 것에 초점 두기, 내담자의 능력 양육하기, 교육환경 탐색하기, 변화의 수단으로서의 집단과정이 있다. 집단의 다른 구성원들의 발달과정을 이해하는 학습은 영재에게 자신의 비동시적 발달을 이해하도록 도와줄 수 있다.

영재 자아정체감 형성 상담모형의 평가표는 자아정체감 발달 구성요인이 영재에게 영향을 주는 12개의 기본 체계와 상호작용하는 정도를 상세히 기록하도록 도와준다. 이것은 상담을 계획하는 데 결정적인 정보를 제공해 준다. Mahoney(1998)는 영재의 자아정체감 형성에 형태를 만들고 영향을 주는 힘으로 영재성의 네 가지 구성요인을 말하고 있다. 이것은 타당화, 확언, 친애 그리고 친화다. 타당화란 인간 행동, 정서, 인지 그리고 민감성에서의 편차를 인정하는 것을 말한다. Dabrowski의 긍정적 분화이론에서는 타당화가 발달적 잠재력을 반영하는 과흥분성이라고 한다. 확언은 영재 개인의 자아정체감 발달 기간 동안 영재성이 내적·외적으로 통합된다는 것이다. 친애는 자아정체감의 상실 없이 집단 속으로 통합되는 동안 비슷한 관심을 지닌 사람들과 연합하는 것을 말한다. 친화란 개인이 인생의 목표를 달성하기 위하여 세상과 연관을 맺을 필요가 있는데 이러한 연관성을 말한다.

또한 Mahoney(1998)는 영재의 성격발달에 영향을 끼치는 12개의 체계를 밝혀냈다. 이것은 자기, 가족, 원가족, 문화, 직업, 환경, 교육, 사회, 심리, 정치, 유기체의 생리, 발달 체계다. 자기 체계는 개인의 가치와 믿음을 말한다. 가족 체계는 직계가족, 배우자, 부모, 형제, 자녀 그리고 동거인을 포함한다. 원가족 체계는 대가족의 돌아가신 세대가 지닌 가치, 믿음, 전통을 말한다. 문화 체계는 유산, 성별, 인종, 종교 그리고 민족성의 맥락에서 영재성의 정의를 포함한다. 직업 체계는 영재의 진로 선택, 진로 발달, 직업 그리고 직업 노출 형태를 말한다. 환경 체계는 영재 개인의 환경과 그 환경이 성격 형성에 끼치는 영향을 말한다. 교육 체계는 영재 개인의 공식적 또는 비공식적 교육을 말한다. 사회 체계는 또래와 가족 그리고 공동체와의 중요한 관계를 말한다. 심리 체계는 성격발달과 영재가 된다는 것에 대한 심리적 충격을 말한다. 정치 체계는 영재 개인에게 영향을 끼치는 정치적 어젠다(agenda)를 말한다. 유기체의 생리 체계는 개인의 영재성과 행동적 또는 생리적 관계가 있는 곳을 탐구한다. 발달 체계는 영재 개인의 생활 주기를 말한다.

표 4-4 Mahoney, Martin과 Martin의 영재 자아정체감 형성 상담모형 평가표

구 분	타당화	확언	친애	친화
자 기				
가 족				
원가족				
문 화				
직 업				
환 경				
교 육				
사 회				
심 리				
정 치				
유기체의 생리				
발 달				

(Mahoney, Martin, & Martin, 2007)

생각할 문제

1. 영재의 정서-인지 상담모형을 정리해 본다.

2. 영재 개인 및 가족 상담모형을 정리해 본다.

3. 발달적 영재 상담모형을 정리해 본다.

4. 고도 영재 상담모형을 정리해 본다.

5. 영재상담 순환모형을 정리해 본다.

6. 미성취 영재와 부모 상담모형을 정리해 본다.

7. 영재 자아정체감 형성 상담모형을 정리해 본다.

영재에게 자주 발견되는 특성

1. 강렬함, 민감성, 과흥분성

초등학교 6학년인 연우는 평소 생각이 엉뚱하고 기발하며 호기심이 많아 질문을 많이 한다. 수업시간에 보여지는 다양한 연우의 모습은 여러 가지 면에서 일반학생과는 다른 양상을 보인다고 선생님들은 입을 모아 말한다. 언젠가 1교시 수학시간에 색종이를 접어 직각이 몇 개 나오는지 찾아보는 활동을 하는 중이었다. 직각을 가장 많이 찾는 한 학생에게 상을 준다고 하는 교사의 지나가는 말에 다른 아이들은 별다른 관심 없이 수업을 마쳤다. 그런데 연우는 5교시 수업이 끝날 때까지 계속해서 색종이를 접고 직각을 집요하게 표시해서 결국 100여 개의 직각을 찾아내어 교사에게 들고 왔다. 연우는 이처럼 뭔가에 꽂히는 '강렬한' 정서적 동요가 일어나면 좀처럼 거기서 헤어나지 못하고 그 속에 빠져들곤 한다. 이 사건 외에도 다른 과목 등에서 이런 식의 사건들이 종종 있었다.

연우는 현재 지역공동 영재학급에 선발되어 수학 분야 영재교육을 받고 있다. 그런데 이러한 연우의 독특하고 민감한 과흥분적 양상 때문에 영재교육원 선생님 역시 매우 당황할 때가 많다고 한다. 연우는 자신의 관심사에 대해서 특별한 '초자극적' 반응을 보이는데, 이 반응은 좀처럼 잘 조절되지 않아 다른 활동에까지 큰 지장을 초래하는 경우가 다반사이기 때문이다. 소위 뭔가에 꽂히면 그 활동으로부터 다른 활동으로의 전이가 제대로 이루어지지 못한다. 또 래관계 면에서도 문제가 발생해 현재 담임교사의 권유로 학교 내 위 클래스에서 '자기 분노조절 상담 프로그램'을 마친 상태인데, 상위 클래스 선생님은 연우의 독특하고 민감한 주위 현상 지각 양상과 과도한 반응 등이 보통의 주위 사람들과의 관계 면에서 다양한 문제를 초래하는 것 같다고 했다. 그리고 지금은 초등학생이니까 그래도 큰 문제가 없지만 체득해야 하는 학습량이 늘어나는 중·고등학교 시기를 거치면서 연우가 과연 학교생활 및 학습성취 면에서 잘 적응할지 걱정스럽다는 의견을 보였다.

폴란드의 정신과 의사 Dabrowski는 영재학생에게서 자주 발견되는 정서적 특성으로 '강렬함'과 '민감성'에 주목했다. 그는 'overexcitability(국내에서는 일반적으로 '과흥분성'으로 번역되고 있음)'라는 특별한 용어를 사용해 영재의 독특한 심리적·정서적 기제를 설명하였다. Dabrowski가 말하는 '과흥분성'이란 단순히 과도하게 흥분한다는 의미가 아니며, 그 이상의 독특한 복합적 특성을 내포하고 있다. 즉, 특정 영역에서 '고양된 민감성(a heightened sensitivity)'을 보이는 양상을 가리키는 전문 용어다. 한편, Dabrowski가 언급했던 폴란드 용어를 직역하면 과흥분성보다는 초자극성(superstimulatability)이라는 용어에 가까운 의미다 (Piechowski & Colangelo, 1984). 즉, 영재학생은 일반학생에 비해 자극에 대한 민감성이나 인식의 강도가 훨씬 높은 양상이 자주 관찰된다는 의미다. 그리고 이러한 맥락에서 영재의 독특한 심리적·정서적 특성으로 '과흥분성'이라는 용어와 함께 '강렬함' '민감성' '초자극성' 등의 용어가 함께 혼용되고 있다.

그간 영재교육 관련 많은 학자도 재능을 타고난 사람들이 모두 '과흥분성' 또는 '초자극성'을 보이는 것은 아니지만, 높은 지능 혹은 비범한 재능을 가진 사람들이 평균적인 일반인들에 비해 과흥분성이나 초자극성의 경향이 높게 나타났음을 보고해 왔다(Cross, 2011b; Mendaglio & Peterson, 2014). 이는 영재성을 보유한 사람들은 동일한 자극에 대해 일반인들이 기대하는 것 이상으로 과도하게 느끼고 체감하며 반응하는 경향이 많음을 시사한다. 영재들의 심리적·정서적 특성에 관해 많은 연구를 수행했던 학자들 중 Whitmore(1980)도 『영재성, 갈등과 미성취(Giftedness, Conflict and Underachievement)』라는 책에서 영재의 정서가 인지와 결코 분리될 수 없는 연관성이 있음을 강조하였다. 따라서 영재들의 '과흥분성' 또는 '초자극성'과 같은 독특한 심리적·정서적 기제에 대한 이해가 매우 중요한데, Dabrowski는 영재학생의 과흥분성을 다음의 다섯 가지로 분류해 설명하였다.

대표적인 정신적 과흥분성의 유형

- 심리적·운동적(psycho-motor) 과흥분성
- 감각적(sensual) 과흥분성
- 상상적(imaginational) 과흥분성
- 지적(intellectual) 과흥분성
- 정서적(emotional) 과흥분성

한편, 그 외의 많은 학자도 Dabrowski가 제안했던 영재의 과흥분성에 대해 학문적으로 많은 공감을 표방했는데, 과흥분성의 유형에 따른 양상을 살펴보면 다음과 같다.

표 5-1 정신적 과흥분성의 유형과 특성

분류	주요 특성	관련 연구물
심리적 · 운동적 과흥분성	• 에너지가 많음('잉여에너지' 또는 '신체적 또는 정신적으로 높은 추진력'이라고도 표현됨) • 일반인에 비해 열정과 에너지가 훨씬 많고 행동화가 빠름, 말도 많고 빠르며 빨리하는 게임이나 경쟁 등에 동기화가 잘 됨 • 다른 사람들의 말을 미처 끝까지 듣지 못하고 자신의 생각이나 말을 흥분해 표현함 • 충동적인 행동과 말이 많으며 말도 빠른 편임 • 끊임없이 일을 찾고 실행하다 보니 일중독 양상이 자주 나타나기도 함 • 행동화, 강박적 조직화, 경쟁심 등의 양상이 나타날 수 있음	Piechowski (1991), Schetky (1981)
감각적 과흥분성	• 감각이 예민하고 매우 반응적임 　– 시각, 후각, 미각, 촉각, 청각 등의 감각이 일반인에 비해 훨씬 예민하고 감각적임 • 고양된 감각으로 인해 상이한 감촉이나 느낌, 냄새 등을 좋아하거나 집착하기도 함 • 특정 음식이나 옷감 등의 질감을 싫어한다거나 일반인보다 훨씬 잘 느끼고 선별하는 특징이 있기도 함 　예) 좌우 양말의 조임이 다를 경우 예민해져서 집중을 잘 하지 못하거나 방해를 받기도 함	Freed (1990), Meckstroth (1991), Piechowski (1979)
상상적 과흥분성	• 유연하고 풍부한 상상력 　– 선명한 시각적인 기억력을 토대로 머리로 상상하고 그려 내는 능력이 매우 풍부함. 　– 글로 읽은 것, 시와 극 속에 담긴 이미지 등을 매우 유연하게 상상하다 보니 현실과 가상을 혼합하기도 함 • 물활론적 상상(사물이 살아 실재한다고 생각) • 현실과 허구가 혼합되어 어디까지가 현실이고 어디까지가 허구인지 잘 구분을 못함 • 아주 정교한 꿈과 환상에 대한 표현(때로는 비현실적인 허풍쟁이나 거짓말쟁이로 비추어질 수 있음), 상세한 시각적 회상, 미지의 세계에 대한 공포감, 상상력이 풍부하다 못해 극화하는 경향도 있음 • 예술가와 창의적인 아동에게서 보편적으로 관찰되는 과흥분성이기도 함	Gallagher (1985), Piechowski & Colangelo (1984), Piechowski, Silverman, & Falk(1985)

지적 과흥분성	• 높은 호기심과 지적인 파고들기 　– 영재성을 가진 학생들은 일반학생보다 호기심, 집중력, 이론화하려 　　는 사고방식, 성찰적 사고, 광범위한 독서, 지적 활동에서의 지속 　　력, 학습과 문제해결에 대한 도전정신과 열정 등이 매우 높은 편임 • 단순히 지능이 높은 것을 의미하지 않고 지적인 호기심과 흥분도가 　높다는 의미로서, 지적 영재나 예술분야의 영재들에게서 많이 나타 　나는 양상이라고 연구 · 보고되고 있음 • 이런 학생들은 단순한 질문보다는 근원적인 '파고들기'식 사고와 열 　정이 매우 두드러짐 　예) 영재들은 '왜 이럴 땐 이런데, 저럴 땐 왜 이렇게 안 되는 거지? 　　　무엇이 이 문제 속에 감추어진 핵심 열쇠지?' 등의 '깊이 파고드 　　　는' 질문을 자주 함	Piechowski (1979), Piechowski & Cunningham (1985), Rogers & Silverman (1988)
정서적 과흥분성	• 예민한 정서적 인식과 깊은 공감 　– 영재는 일반인에 비해 정서적 인식이 예민하며 감수성이 풍부하고 　　깊은 편임 　– 사람이나 동물 등에 대해 애착을 많이 가지며, 정서적으로 매우 강 　　렬하고 민감함 　– 자신과 타인에 대한 연민이나 비판, 죄책감 등을 많이 느끼는 편임 • 감정이나 정서 면에서 사소한 것까지도 그냥 지나치지 못하고 마음 　에 담아 두는 경향이 많음 　예) 다른 사람들의 감정이나 기분 등을 잘 알아채고 공감력도 뛰어남 • 한편, 지나치다 싶을 정도로 감정적 · 정서적으로 민감하게 반응하기 　도 함 • 다른 사람들에 비해 정서적으로 훨씬 예민하고 깊게 느낀다는 것은 　장점일 수도 있지만, 매우 두렵고 고통스러운 감정을 불러일으킬 수 　도 있음	Gallagher (1985), Piechowski & Colangelo (1984), Silverman (1983)

강렬함, 민감성, 과흥분성 관련 상담 및 조력의 기본 방향은 다음과 같다.

• 있는 그대로 수용하고 인정하기

영재학생은 자신이 남들보다 훨씬 민감하고 격정적으로 느낀다는 것을 스스로 알기 때문에 그 자체로 매우 고통스럽고 두려워하는 경향이 있다. 따라서 그들에 게 내재된 과흥분성, 즉 예민함과 민감함, 강렬함과 열정 등의 복합적인 심리적 ·

정서적 기제를 있는 그대로 인정하고 자연스럽게 수용해 주는 것이 중요하다. 이럴 때 영재학생은 자신이 남과 다르다는 것에 두려움과 걱정스러움을 덜고 한결 편안하게 느낄 수 있게 된다.

> 예) 내담자: 선생님! 어제 학교에서 급식을 먹는데 새우볶음에서 화학물질 맛이 났어요. 원전 사고로 해산물이 많이 오염됐고 그 오염된 해산물이 우리나라에도 많이 유입된 것 아시지요? 사실 저는 음식을 먹을 때마다 너무 걱정돼요. 근데 어제 먹었던 새우볶음은 정말 확실한 것 같아요. 제가 이런 얘기를 하면 사람들은 별 걱정을 다 한다고 하고, 나는 그런 맛이 안 느껴지는데 너만 혼자 이상한 맛을 느끼는 것 같다고들 해요. 제가 좀 이상한 것일까요? 저는 이런 경험이 참 많아요.
>
> 상담자: 우리 ○○가 새우볶음을 먹고 이상한 맛을 느꼈을 때 많이 걱정됐구나. 평소 먹던 맛과 냄새가 아니고 특히 화학물질 맛 같은 느낌이 나서 방사선에 오염된 해산물이 아닐까 생각했어? 내 입맛에는 느껴지는데 다른 사람들은 별 걱정을 다 한다고 하면서 이상한 애 취급을 하면 많이 속상하지. …… 선생님이 ○○의 얘기를 들으니 네 마음이 많이 이해가 가는구나. 선생님은 그 음식을 먹어 본 것도 아니고 그 맛도 모르지만 그런 말을 들을 때의 마음은 잘 안단다. 그런데 네가 말한 것처럼 사람마다 느끼고 지각하는 수준은 다르단다. ○○야, 네가 평소에 다른 사람들보다 훨씬 민감하게 느끼는 것은 결코 이상하거나 나쁜 것이 아니란다. 다만, 내가 느끼는 것을 다른 사람들은 나와 다르게 느낄 수 있다는 것에 대해 아는 것은 중요하단다. (생략)

• 상황별 대처방법 배우고 익히기

과흥분성은 매우 다양한 유형이 존재하며, 각 영재학생에게서 나타나는 과흥분성은 그 유형과 강도상에 큰 차이가 있다. 따라서 영재학생과의 진솔하고 편안한 대화를 통해 언제 어떤 어려움을 겪었는지를 하나하나 짚어 보며, 각 상황에서의 부적응 행동을 보다 긍정적인 대처로 전환할 수 있도록 상황별 대처방법을 배우고 익히는 과정이 필요하다.

예) 내담자: 민영이는 만 2세(4세) 유아로 지능이 높으며(K-ABC 지능검사상으로 인지처리과정 척도 142, 습득도 척도 148), 얼굴이 동그랗고 하얀 아주 귀여운 남자아이예요. 평소 기억력이 보통 아이보다 뛰어나서 수업시간에 배운 것은 다 기억하는 편이랍니다. 수업활동시간에 늘 먼저 대답하고 친구들이 모르는 것도 혼자 대답할 때가 자주 있답니다. 지적으로 또래 아이들보다 훨씬 빠른 민영이의 특성을 고려해 민영이가 궁금해하는 것이 있으면 수업을 잠깐 멈추고서라도 설명을 많이 해 주는 편이에요. 근데 민영이는 꼬리에 꼬리를 물고 자꾸 질문을 이어 가는 성향이 있어요. 아이가 하나라 평소에 엄마가 집에서 늘 친절하게 대답해 주고 설명해 줬다는데, 주의가 쉽게 흩어지는 보통의 다른 영아들까지 모두 돌봐야 할 책임이 있는 저로서는 민영이의 질문을 저지할 수밖에 없게 되더라고요.

상담자: 수업시간에 그런 일이 자주 발생하는군요. 말씀하신 것처럼 민영이가 꼬리에 꼬리를 물고 자꾸 질문을 하면 수업 진행이 어려워지시니 그럴 때는 민영이에게 "지금은 친구 모두에게 들려줄 이야기가 많이 있으니 민영이가 궁금한 것은 수업 마치고 선생님이 설명해 줄게. 그때 궁금한 것 물어보자." 라고 말씀해 주세요. 영재유아의 경우 지적 호기심이 높고 주위 상황에 대한 인식력과 판단력이 아직 충분히 발달되지 못해 상황에 따라 자신이 어떻게 행동하는 것이 좋은지를 배우고 익혀 갈 필요가 있답니다.[1]

• 과흥분성을 활용해 창조적인 열매로 승화·발전시키기

영재학생의 과흥분성은 실제로 많은 일반인과의 사이에서 적지 않은 부적응과 문제행동을 초래한다. 그러나 실제 이들의 타고난 과흥분성은 오히려 영재성 발현을 위한 씨앗과도 같다. 즉, 풍부한 상상력과 변화무쌍하며 강렬한 내적 세계는 일반인과 다른 높은 창조적 성취의 원동력이 될 수 있는 잠재력이라고도 볼 수 있다. 따라서 실제 영재성을 성취했던 인물들의 사례를 함께 살펴보면서 과흥분성이 긍정적으로 분화·표출된 경우를 주목할 필요가 있다. 긍정적 성취의 인물 사

1 태진미(2012: 35-56)에서 발췌한 사례임.

례를 분석하는 과정에서 영재학생 스스로가 자신의 정서발달을 위해 성취 인물들을 본보기로 삼을 수 있도록 폭넓은 자료와 환경을 구성하고 제공할 필요가 있다.

> 예) 내담자: 저는 어린 시절에 봤던 장면이 인상적이여서 잊혀지지 않아요. 성인이 된 지금까지도 그때의 그 장면이 너무나 생생하게 떠올라 정말 괴로울 지경입니다. 그 기억들 중에는 돌아가신 어머니가 동네 사람들에게 질질 끌려가며 욕과 매를 맞았던 장면이 있어요. 정말 잊고 싶은데 30년이 지난 지금까지도 그때 차가웠던 땅바닥과 엄마의 얼굴에 흐르던 눈물과 사람들의 목소리가 아직까지도 금방 벌어진 일처럼 생생하게 떠올라요. 선생님! 저는 사실 이런 제가 많이 싫어요. 저는 책을 읽거나 사람들의 어떤 얘기를 들을 때 그 얘기가 머릿속으로 막 그려져요. 무서운 상황인 경우는 제가 그 한복판에 있는 듯 너무 무섭게 느껴지기도 하고요. 말은 편하게 하지만 정말 힘들어요. 제 가족들도 제가 좀 이상하다고 하고요.
>
> 상담자: 선생님의 경험을 들으니 정서적으로 풍부한 감성이 때때로 정말 힘겨울 수 있겠다는 생각이 드네요. 맞아요. 다른 사람들보다 훨씬 생생하게 격정적으로 느끼고 상상한다는 것은 때때로 큰 부담이 될 거예요. 한편, 선생님은 현재 예술 감독으로 일을 하고 계시잖아요. 선생님의 작품을 볼 때 저는 그 표현력에 정말 감탄할 때가 많았습니다. 학술적으로도 영재성을 성취했던 많은 인물에게 보통 사람과 다른 민감한 정서적 감수성이 많이 보고되고 있습니다. 단점 같지만 이것이 남과 다른 선생님의 특별한 재능을 만드는 씨앗이기도 합니다. 나 자신의 심리적 특성을 부정적으로 보게 되면 한없이 속상하고 피하고 싶어지지요. 그렇지만 이러한 자신의 정서적 감수성이 오히려 선생님의 작품 세계에 발판이 된다고 생각하시면 그래도 한결 자신을 바라보는 시선이 편해지실 수 있을 것 같습니다. 선생님 자신을 수용하고 내면의 자신과 어우러져 행복감을 찾고 키워 가는 것이야말로 어쩌면 현재 풀어야 할 중요한 숙제 중의 하나가 아닐까 싶네요.

• 시간을 두고 점진적으로 성장해 가기

정서적 과흥분성은 쉽게 조절되거나 교육을 통해 변화하기 어려운 심리적 특성 중의 하나다. 따라서 조급하게 생각하지 말고 시간을 두고 점진적으로 성장해 갈 수 있도록 여유 있는 마음과 격려, 지원이 필요하다. 영재학생들 중에 특히 고도의 영재성을 가진 학생들은 과흥분성의 강도와 빈도가 매우 커서 어쩌면 일반인들과 적지 않은 괴리감을 느낄 수 있다. 한편, 이러한 괴리감은 어쩔 수 없는 것일 수도 있다. 자꾸 고치고 수정·보완하려는 주위의 시선이 영재학생으로 하여금 심리적으로 큰 부담과 고통으로 다가설 수 있다. 따라서 보다 성공적이고 효율적인 소통을 위해 노력하고 개선해 갈 부분과 있는 그대로 인정하고 수용할 부분에 대한 구분과 존중이 동반되어야 할 것이다.

　예) **내담자**: 선생님! 저희 아이를 보면 저는 영재성이 축복이 아닌 저주라는 생각이 들 때가 있어요. 주위 사람들은 저희 아이가 어릴 때부터 남다르게 책을 좋아하고 지능도 뛰어나 많이 부러워합니다. 하지만 저는 이렇게 독특한 아이를 키운다는 것이 얼마나 힘겨운지 모르겠어요. 한번은 저녁 시간에 학원에서 전화가 온 거예요. 아이가 학원에 오지 않았다고요. 그래서 저희는 너무 놀라 여기저기 아이를 수소문하면서 학교 근처를 다 찾아 다녔어요. 보통 학교 수업을 마치고 학원에 가기 위해 버스를 타는 장소가 있어요. 아이를 찾아 거기에도 가 보고 학교 근처 아이가 갈 만한 곳을 다 뒤지고 있었는데, 결국 아이를 어디에서 찾았는지 아세요? 학교 안 구석의 한 벤치 위에 앉아 책을 보고 있더라고요. 어둑어둑해진 시기라 책 보기도 어려웠을 텐데 등에 맨 가방의 지퍼가 열린 채 책을 보고 있는 아이를 보면서 정말 할 말을 잃었습니다. 얘는 수업시간에도 지가 뭘 봐야겠다고 생각하면 그 책이 머리를 떠다녀서 도저히 수업을 못 한다네요. 그날도 도서관에서 꼭 읽고 싶던 책을 빌렸는데 너무 급한 나머지 책을 읽다가 시간이 어떻게 갔는지 잊어버리고 거기에 앉아서 그때까지 책을 읽었다는 거예요. 가방을 닫을 여유도 없이. …… 정말 이렇게 행동하는 제 아이를 보면 저는 얘가 세상을 어찌 살아 나갈까 싶어 걱정입니다.

　상담자: 그래서 어머니는 아이에게 어떻게 말씀하셨나요?

　내담자: 너는 왜 도대체 이렇게 너 하고 싶은 대로만 행동하냐고 하면서 너무 화가

나서 아이 등짝을 세게 때렸어요.

상담자: 너무 놀라고 그간의 일들이 속상하시다 보니 많이 화가 나셨을 거예요. 그럼에도 아이가 어떤 행동이 잘못된 것이고 앞으로 어떻게 하는 것이 좋을지, 어떤 노력을 해야 할지에 대해서 말씀해 주신 적이 있으신가요?

내담자: 왜 안 했겠어요. 정말 속이 터집니다. 해도 소용이 없는 것 같아요. 저희 아이는 뭔가에 몰입하면 정말 세상과는 단절이 되는 것 같은 때가 많아요.

상담자: 영재학생에게 자주 발생하는 특징 중의 하나랍니다. 사실 이 몰입능력이 매우 좋은 재능도 되지만 일상생활에서 큰 문제가 되기도 합니다. 따라서 어머니의 속상하신 감정이 너무나 공감이 됩니다. 그런데 이런 특성이 금방 달라지거나 고쳐지지는 않는답니다. 또 꼭 고쳐야만 한다고 볼 수도 없고요. 다만, 일상생활을 하는 데 문제가 되지 않도록 상황에 따라 어떻게 행동하면 좋을지에 대한 규준은 형성할 필요가 있어요. 따라서 너무나 보고 싶은 책이라도 지금 해야 할 일과 하고 싶은 일을 할 수 있는 시간을 구분해 참고 지킬 수 있도록 지도하는 것이 필요합니다. 중요한 것은 시간을 두고 점진적으로 발전해 가야 할 부분이라는 것을 인식하는 것입니다. '왜 금방 바뀌지 않지? 내 말을 제대로 듣기나 하는 건가?' 하고 걱정하고 조급해하다 보면 오히려 또 다른 관계에서 문제가 발생할 수 있기 때문이지요.

지금까지 영재학생의 과흥분성에 대해 살펴보았고 과흥분성의 유형이 매우 다양하므로 그 유형에 따른 특성을 정리해 보았다. 영재학생의 과흥분성은 저마다 다르게 나타날 수 있는데, 어떤 학생은 심리적 · 운동적 과흥분성과 감각적 과흥분성이 두드러지게 나타나고, 어떤 학생은 상상적 과흥분성과 정서적 과흥분성이 두드러지게 나타날 수 있다. 어떤 경우는 다섯 가지 유형의 과흥분성이 모두 나타날 수도 있고, 한 개의 유형만 나타날 수도 있다. 이렇듯 영재학생의 과흥분성은 표출 양상도 다르고 그 강도도 다르기 때문에 과흥분성에 대한 전반적 이해가 중요하고 필요하다. 각 영재학생이 표출하는 과흥분성의 특성에 대한 이해를 토대로 그 학생에 맞는 지도가 이루어져야 하기 때문이다.

종합해 볼 때, 일반인들과 다른 독특한 심리적·정서적 특성으로서의 과홍분성은 영재성을 발현하는 매우 중요한 씨앗이기도 하지만, 동시에 일상생활에서 적지 않은 부적응을 초래할 수 있는 특성이다. 따라서 잘못되거나 고쳐야 할 문제로서 인식하기보다는 해당 학생의 영재성에 대한 이해와 적응의 차원에서 다루어져야 할 문제로 해석되어야 할 것이다.

2. 독특한 사고와 학습 방식

> 2년 전 담임교사와 학생으로 만난 동환이는 전형적인 모범생과는 여러모로 다른 점이 많았습니다. 성격도 많이 예민하고, 수학이 아닌 다른 수업시간에는 연습장에 작곡을 한다든지, 수업 중간에 소리를 지르는 등 다소 돌발적인 행동을 하여 교사 임용 후 첫 담임을 하던 시기의 저에게 많이 힘든 학생 중 하나였습니다. 그러나 자습시간에 영재교육원 숙제를 하는 동환이의 수학 문제풀이 과정을 보면서 놀랐던 기억이 납니다. 유클리드 호제법을 이용하여 정수의 한 이론을 적극적으로 이용하고 있었으며, 지레의 법칙이라고 불리는 정리에서 아르키메데스가 구슬을 이용하여 증명하였던 것처럼 그 증명과정을 풀어 가고 있었습니다.
> 흔히 '모범학생'을 '영재학생'이라고 판단하는 오류를 범하기 쉬운데 어쩌면 동환이는 전형적인 '모범학생'이 아닌 '영재학생'일 수 있겠다는 생각이 듭니다.

모든 영재학생이 다 그렇다고는 볼 수 없지만 영재학생 중에 일반학생과 다른 독특한 학습 방식을 보이는 학생이 많은 것으로 보고되고 있다(Silverman, 2002). 어떤 학생은 순차적으로 정보와 과제를 제시해 줄 때 훨씬 잘 학습하는가 하면,

어떤 학생은 총체적으로 정보를 다루며 세부사항을 보기 이전에 전체적인 관점에서 보는 것을 선호할 수 있다. Webb 등(2009)도 영재학생의 정서적 강렬함과 민감성이 학습 방식과도 유의미하게 상호작용할 수 있음을 지적했다. 한편, 영재이기 때문에 무조건 독특한 사고와 학습방식을 갖고 있다는 의미로 접근하는 것은 바람직하지 않으며 영재학생 중에 일반학생과 다른 독특한 사고와 학습 방식을 가진 학생들이 종종 발견되므로 영재학생에게서 자주 발견되는 특성 중의 하나로서 이해할 필요가 있다.

한 예로 피카소가 인물화를 그릴 때 귀부터 그렸다거나, 여러 가지 색깔을 쓰지 않고 한 가지 색으로만 표현하고 싶다고 했을 때, 많은 사람은 그것은 바람직하지 않으며 그런 방식으로는 결코 좋은 작품이 나오기 어려울 것이라 우려했다. 그러나 그는 훗날 청색만으로 혹은 붉은색만으로 훌륭한 그림을 완성했다. 심지어는 인물의 앞모습과 옆모습을 동시에 입체적으로 그리는 그림을 시도하기도 했다. 물론 피카소의 경우 세계적인 미술가가 되었으니 별 문제가 되지 않지만 이러한 독특한 사고를 볼 때 일반인들은 흔히 이상하거나 잘못됐다는 평가를 내리기 쉽다. 한편, 매우 독창적으로 사고하고 창의적인 업적을 남긴 많은 영재의 실제 사례 속에서 일반인과 달랐던 독특한 사고와 학습 방식의 성향은 자주 발견된다. 만일 어린 영재학생에게서 이러한 특성이 관찰될 때 주위 사람들이 부정적으로 평가하고 지적한다면 영재학생의 독특한 사고와 창의성은 손상될 가능성이 크다. 따라서 영재학생의 독특한 사고와 학습 방식 면에서의 차이를 이해하고 적절하게 표출될 수 있도록 독려하는 양육과 지도가 필요하다.

Silverman(2002)은 어떤 영재학생은 청각-순차적 사고와 학습 방식을 가지고 있고, 어떤 영재학생은 시각-공간적 사고와 학습 방식을 가지고 있다고 했다. 어떤 영재학생의 경우 이 둘의 특성을 모두 가지고 있다고 보고되기도 하지만 대부분의 영재학생은 자신이 선호하는 방식을 가지고 있다고 보았다.

한편, 영재학생에게는 일반인보다 '극단적인 선호 경향성'이 더 자주 나타나기도 하는데, 이러한 극단성으로 인해 자칫 정신병리로 오해될 수 있는 측면이 있다(Webb et al., 2009). 영재 중에는 자신이 하는 작업과정에서 재료와 환경 면에

표 5-2 사고와 학습 방식

구분	청각-순차적	시각-공간적
정보인식 채널	주로 언어를 이용해 사고하며, 발음기호만으로도 쉽게 배움	주로 이미지를 이용하여 사고하며 과제가 입체적으로 시연되는 것을 선호함
정보수집 채널	말로 하는 설명을 '듣는 것'을 선호함	제시된 정보를 눈으로 '보는 것'을 선호함
정보처리 방식	순차처리(순차적으로 정보와 과제를 다룸)를 선호함	동시처리(총체적으로 정보를 다루며, 세부사항을 보기 전에 전치적인 관점에서 보는 것)를 선호함
학습 방식	사실과 세부사항을 배우는 것을 선호하며 구체적인 지시사항이나 가이드라인의 제시 등을 선호함	추상적으로 사고하는 과제를 선호하며, 기본적인 목표와 방향만 제시하고 세부사항은 본인 스스로 자유롭게 찾아가는 방식을 선호함
	한 번에 한 가지 과제를 순서에 따라 정해진 절차대로 다루는 것을 선호함	한 번에 여러 가지 과제를 다루는 것이나 다중 작업을 진행하는 과정에서 발생하는 혼돈이나 통합적 연계성을 즐김
	구조를 좋아하고 정리정돈이 잘 되어 있으며 적절한 작업 매체와 환경을 선호함	개방적이고 유동적인 상황을 선호하고, 스스로 일의 구조를 만들거나 즉흥적으로 작업하는 것을 선호하며, 본인 스스로 일정한 패턴을 찾아내기도 함
	분석적으로 사고하며, 함축적인 의미를 논리적으로 연역 추론함	종합하는 활동을 선호하며, 직관적으로 아이디어를 만들어 냄
	기존의 문제를 해결하는 것을 선호함	새롭거나 스스로 만든 문제를 해결하는 것을 선호함
	정답이 하나 있는 구체적인 해결형 과제를 선호함	정답보다는 개념을 선호하며 계산보다 추론을 더 잘함
	모든 상황을 진지한 태도로 접근함	문제에 즐겁게 접근함

(Silverman, 2002에 제시된 사고와 학습 방식의 내용을 재구성)

특별한 선호를 보이는 사람이 있을 수 있는데, 이런 사람들은 자신의 작업환경이 누군가에 의해서 방해받거나 손상되면 극단적으로 불안해하고 화를 내며 분노를 표출하기도 한다. 한 예로, 어떤 과학자는 잔뜩 어지럽혀진 자신의 연구실을 깨끗하게 정리정돈한 조교에게 불같이 화를 내고 해고했다는 일화도 있다. 어떤 수학자는 매우 시끄러운 소음, 특히 자신이 좋아하는 소음이 있는 환경을 찾아다녔다고 한다. 일반인은 그곳에서 집중이 훨씬 잘된다고 말하는 그의 행동을 충분히 이상하게 여길 수 있을 것이다. 따라서 만일 지도하는 영재학생의 독특한 사고나 학습 방식으로 인해 다양한 문제가 발생하고 있다면 구체적으로 어떤 상황에서 어떤 부적응 행동으로 표출되는지 관찰할 필요가 있다.

독특한 사고와 학습방식 관련 상담 및 조력의 기본 방향은 다음과 같다.

- 스스로 자신의 행동에 따른 결과를 인식하고 대처방식을 수정해 가도록 지도하기

영재학생에게 독특한 사고와 학습 방식의 문제를 무조건 고쳐서 일반학생과 비슷하게 행동하도록 지도하기보다는 영재학생 스스로 자신의 사고방식으로 인해 어떤 상황이 야기되는지에 대해 이해하고 효율적으로 반응하고 대처할 수 있는 능력을 기르도록 독려할 필요가 있다.

예) 선생님, 제 아이는 노트 필기를 거의 하지 않아요. 보통의 학생들은 학습할 때 노트 필기를 꼬박 하고 써 가면서 외우잖아요. 그런데 중학생인 아들이 거의 노트 필기를 하지 않으니 선생님들이 많이 안 좋아하시는 것 같아요. 하지만 실제로는 필기가 중요한 것이 아니라 아이가 선생님들이 설명한 내용을 이해하고 습득하기만 하면 되는 것 아닌가요? 왜 그렇게 노트 필기를 하라고 강요를 하는지. …… 저희 아이는 몇 번 보고 말로 해 보면 그것이 훨씬 학습이 잘 된다고 하는데 말이에요. 저희 아이의 독특한 학습 방식이 좀 존중되면 좋겠다는 생각이 들어요. 사실…… 부모로서 저도 걱정이 되지 왜 안 되겠어요. 왜 유독 그렇게 학습하는지. …… 좀처럼 쓰는 것을 싫어하는 모습을 보면 우리 아이도 보통 아이들처럼 일일이 써 가면서 어렵게 외웠으면 좋겠다는 부러운 마음까지 든다니까요.

• 자신과 유사한 사례를 통해 극복 전략 개선해 가기

영재성 또는 자신의 전문 분야에서 높은 성취를 이루어 낸 인물들과 내담 영재학생의 유사 사례를 함께 살펴보고 그들의 독특한 사고와 학습 방식이 영재성 발현의 중요한 잠재력으로서 긍정적으로 기능할 수 있도록 조력한다.

> 예) 임 모 변호사는 영국 수학회 정회원으로서 국제수학교육회의에 한국 대표로도 참석했으며, 현재는 변호사로 일하고 또 학습법 전문 저술서를 출간하기도 하였다. 그는 학창시절 기본기를 다지지 못해 수학문제에 대해 멋진 풀이과정을 쓸 수 없었다고 한다. 그러나 그는 포기하지 않고 변수를 변화시키며 노트에 그림을 그리기 시작했다고 한다. 함수의 변화를 죄다 이미지로 그리면서 들여다보자 점차 문제의 움직임이 눈에 들어오기 시작했다. 전체 윤곽을 잡으려고 집중하다 보니 어느덧 수학의 체계가 잡힌 것이다. 동시에 인수분해 등의 기초 개념을 왜 먼저 배워 둬야 하는지도 저절로 깨닫게 됐다. 한 문제당 많게는 수십 장의 그림을 그리면서 학습하는 이 방식은 결코 일반적인 방법이라고는 볼 수 없다. 이처럼 영재학생에게 자신 나름의 사고와 학습 방식으로 학습할 수 있는 환경을 조성하고 허용하는 것은 영재성 발현과 성취에 매우 중요하다.

3. 비동시적 발달과 흥미 패턴

> 민철(가명)이는 IQ가 137인 5학년 남학생으로서 학업 성적은 중상위권에 속한다. 담임교사의 관찰에 의하면 민철이는 수학, 과학 수업에서 놀라운 집중력을 보인다. 또래 학생들의 질문 수준을 넘어서 고교 수준의 전문적인 질문을 하기도 한다. 그런데 때때로 무엇을 생각하는지 수업시간에 혼자 멍하니 딴생각에 빠진다. 특히 민철이가 의외로 자신의 재능을 표현하는 면(쓰기, 발표력, 산출물)에서 충분히 능력을 발휘하지 못하는 점이 걱정스럽다. 읽고 쓰고 작문하는 능력에서 매우 부진해 발달 면에서 큰 불균형 상태에 있다.

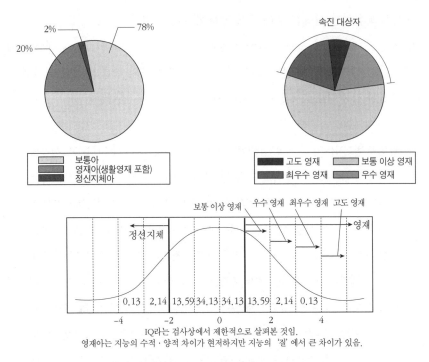

[그림 5-1] 편차 IQ와 지능의 정상분포

영재학생의 독특한 발달 특성으로 '비동시적(asynchronism) 발달'을 들 수 있다. '비동시성'이란 비슷한 연령의 또래들과 비교해 발달상의 동시성이 상이한 경우를 말하기도 하고, 한 개인의 내부에서의 서로 다른 요인들 간의 발달적 동시성이 불균형적인 경우를 말하기도 한다. 즉, 10세의 한 아동이 수학 성취도 면에서 18세의 학생보다도 월등하게 앞서 있을 수 있으나, 사회적 · 정서적 행동 면에서는 7세 유아의 수준에 머물러 있을 수 있다. 이런 학생의 경우 비슷한 연령의 또래 학생들과 비교했을 때 발달이 비동시적으로 이루어졌을 뿐만 아니라, 개인 내부에서도 인지력(수학)과 정서 면에서의 발달이 매우 비동시적으로 이루어졌음을 알 수 있다.

많은 영재교육 학자는 학생의 지적 수준이나 재능이 높아 일반인의 범주로부터 멀어질수록(고도 영재) 비동시적 성장의 가능성이 크다고 보고하고 있다

(Rogers, 2002; Silverman, 1993a; Winner, 1996). 이러한 비동시성 발달은 영재학생에 따라 저마다 각기 다른 조합으로 나타난다. 예를 들어, 어떤 학생은 매우 우수한 지적 발달을 보이지만 운동성과 사회성 부분에서는 뒤처져 있을 수 있다. 반면에 어떤 학생은 운동성은 매우 탁월하나 사회성 또는 지적 발달이 부진할 수 있다. 그런데 각 학생의 조합 양상이나 비동시성으로 인한 불균형적 발달의 문제들은 영재학생의 성공적 발달은 물론이거니와 내면의 자아관 형성과도 매우 밀접한 관계가 있다.

많은 경험적 연구를 통해 학자들은 영재학생들이 특별한 요구 집단이므로 특수교육적 지원이 필요하다고 강력하게 피력하고 있다. 그 대표적인 이유 중의 하나가 바로 이러한 비동시적 발달 양상인데, 영재학생 중에서도 특히 고도 영재, 즉 상위 2% 이상의 학생들은 평균에서 2 표준편차 이상(+)이 떨어진 학생이라고 설명했다.

예를 들어, 평균보다 2 표준편차 이상 아래(-)에 있는 학생은 IQ 70 정도에 해당하는데, 이 아래쪽의 학생들을 위해서는 개별지능검사, 종합심리평가, 교수요원, 개별화교육계획(Individualized Educational Program/Plan), 전문 교사, 수정된 교육과정 및 적절한 절차 등을 법적으로 마련해 놓고 있다(Silverman, 2008). 같은 맥락에서 설명할 때 고도 영재는 최소한 3 표준편차 이상(+)에 있고 이런 학생들은 아래쪽 방향으로 보면 IQ 55 이하의 학생들과 비슷한 분포에 위치한다. 따라서 어떤 수정도 가하지 않은 채 일반 정규학급에 배치하는 것은 교수학적 측면에서도 큰 문제가 아닐 수 없다. 물론 영재학급, 영재교육원 등의 풀아웃 형태의 영재교육을 받을 수도 있겠지만 영재교육 대상자로 선발되는 학생들은 극히 제한적 수에 해당할 뿐만 아니라 한국의 교육 현실상 고도의 영재학생은 높고 균형 있는 학업성취도를 충족하는 학생에게 유리한 기존의 영재교육 대상자 선발시험을 통과하기 어려운 상황이다.

최근 영재교육 연구의 패러다임이 변화하고 있으며 그중에서도 '차별화 패러다임(The Differentiation Paradigm)'은 정규 교육과정 내에서 영재학습자의 욕구와 필요를 기반으로 한 교육서비스가 제공되어야 한다고 강조하고 있다. 간헐적으로 잠시 이루어지는 풀아웃 형태의 영재교육 프로그램의 효과성에 대해 의문을 제기하면서 학교에서의 정규 교육과정 내에서 수준 높은 학습자들의 차별화된 특성을 진단하고 그 진단 결과에 부응하는 처방적 교육서비스가 이루어질 때 진정한 영재교육의 효과를 기대할 수 있다고 보고 있다. 이 패러다임에서는 영재성의 학습곡선이 확정적(영구적)이기보다는 과목에 따라서 혹은 상황에 따라서 얼마든지 가변적일 수 있음을 지적하였다. 따라서 개성과 욕구 성향이 일반학생에 비해 두드러진 영재학생의 경우 특히 개인적 발달 상태와 흥미, 사고, 학습 스타일을 고려해 '개인적 욕구'를 기반으로 한 영재교육을 추구해야 한다고 보는 것이다. 이 패러다임에서의 영재상담은 별도의 특별 서비스가 아닌 영재성의 발현 및 성장, 성취를 위한 기본 전제로서 이해되고 있다.

현재 국내에는 관찰추천제를 통해 영재선발이 이루어지고 있다. 이러한 선발제도는 잠재적 상태의 영재학생을 발굴하기 위한 취지로서 매우 중요한 의의가 있다. 그런데 현재는 선발과정에서 영재학생에 관한 일상의 다양한 정보로서 비동시적 발달이나 흥미 패턴의 문제를 관찰한 정보를 수집하였다 하더라도 그 자료가 실제 교육 장면에 활용되지는 못하는 실정이다. 즉, 국내의 영재교육 현장에서는 선발과정에서 수집한 영재학생에 대한 다면적 정보가 실제 교육 장면으로 제대로 연동되지 못한다는 것이다. 영재교육의 질적 성장을 강조하고 있는 제3차 영재교육진흥종합계획의 취지를 고려하더라도 영재학생의 발달 및 개인적 특성과 요구, 흥미에 대한 정보들은 실제 교육 장면으로 긴밀하게 연계될 필요가 있으며, 이때 수요자의 요구와 필요에 부응하는 영재교육이 실현될 수 있을 것이다. 영재에게서 자주 발견되는 발달 특성으로 비동시성 발달에 관한 정보 및 흥미 패턴에 대한 자료는 해당 영재학생을 위한 교육과정 수립에 매우 중요한 근거가 되는 자료이니만큼 향후 이 문제에 대한 구체적 개선이 요구된다.

영재의 비동시적 발달과 흥미 패턴 관련 상담 및 조력의 기본 방향은 다음과 같다.

• 비동시적 발달을 보이는 영역 관련 정보수집 및 관찰하기

내담 영재학생이 비동시성으로 인해 부적응 양상을 보인다면 구체적으로 어떤 측면에서 비동시적 발달을 보이는지 다양한 정보를 수집하고 관찰할 필요가 있다.

> 예) 민철이는 수학, 과학 분야에서의 성취도에 비해 읽고 쓰는 활동에서 매우 부진한 성취를 보이고 있다. 민철이의 비동시성 발달에 관한 정보는 학교 담임선생님이 평소 민철이의 학업 수행 결과를 기반으로 보고한 내용이다. 이러한 사실을 담임선생님은 민철이의 부모님과 영재담당 선생님과 공유했다. 따라서 영재담당 선생님의 전문적인 조력도 얻게 되었고 협의를 거쳐 민철이만의 개별화교육계획(IEP)을 수립하게 되었다. 이제는 정규 수업 및 자율학습 시간에 민철이의 비동시성 발달에 대한 구체적인 처방이 이루어지고 가정에서도 일관성 있는 협력적 양육을 펼치게 되었다.

• 비동시적 발달 양상에 관해 도식화해 보기

현재의 비동시적 발달이 어떤 문제를 초래하고 있는지 도식화하며 본인 스스로도 인지하고 가능한 효율적으로 대처할 수 있는 방안을 함께 모색한다.

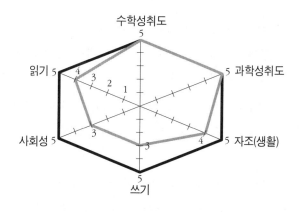

[그림 5-2] 비동시적 발달 양상 도식화의 예

• 개선을 위한 구체적 전략을 세우고 시도해 보기

인지적 측면에서의 비동시성에 대해서는 지적 수준에 맞는 도전적인 학습환경을 찾기 위한 적극적 노력이 필요하다. 고도 영재의 경우 교육환경이 영재학생의 지적 수준에 부합하지 못할 경우 학습에 흥미를 잃을 뿐만 아니라 다양한 유형의 불만족 양상이 심화될 수 있다. 따라서 도전적이지 못한 교육환경에 대해 학생에게만 인내하고 노력하라고 할 것이 아니라 학생의 능력과 지적 욕구에 부응하는 도전적 교육환경을 제공하기 위해 학교 안팎의 채널을 활용해 다각도의 기회를 발굴해야 한다. 실제로 멘토링이나 속진의 효과는 이미 많은 연구를 통해 검증되었다.

예) 선우는 학교에 다니기 싫어할 뿐만 아니라 친구들과 선생님과의 관계도 매우 좋지 않았다. 그런데 최근에 아버지 지인의 소개로 만난 김 박사님으로부터 컴퓨터 프로그래밍에 대해 멘토링 수업을 받고 나서는 너무나 즐거워했다. 전문가들이 보는 책과 자료들을 함께 보면서 자신도 이런 공부와 연구를 계속하고 싶다며 어떤 학교, 어떤 학과에 진학하면 이런 공부를 할 수 있느냐고 아주 적극적인 태도로 변했다. 진학하고 싶은 학교가 생기면서 선우에게는 공부해야 할 이유가 생겼다고 한다.

• 주변의 환경 및 조력자를 효과적으로 활용하기

발달의 비동시성이 크면 클수록 학교교육과정과 학생의 요구 간의 불일치 양상이 두드러질 수 있다. 따라서 교사와 학부모 간의 긴밀한 협력과 이해, 조력이 요구되며 내담 영재학생의 독특한 발달 양상(비동시성)에 대해 이해하고 효율적으로 지도하기 위해 부모교육, 교수 지도 및 상담 등이 필요하다.

예) 민철이의 어머니는 민철이의 담임선생님으로부터 학교에 방문해 줄 것을 요청받았다. 어린 시절부터 주위로부터 매우 똑똑하다는 평가를 받았던 아들이고 실제로 수학, 과학 분야에서 두각을 나타내는 아들인지라 나름 자부심도 컸다. 그렇기에 담임선생님으로부터 민철이의 발달에 관한 정보를 듣고는 많이 놀라지 않을 수 없었다. 민철이 어머니는 민철이가 똑똑하기 때문에 모든 과목에서 다 잘 할 것이라 생각을 했던 것이다. 초등학생의 경우 구체적인 성적표가 없는지라 아이의 읽고 쓰기 부분에서의 많은 부진을 잘 체감하지 못하고 있었던 터였다. 그래서 민철이의 평소 포트폴리오와 관찰사항 등을 꼼꼼하게 메모해서 보여 주며 민철이의 비동시적 발달에 대해 설명해 주시는 선생님이 매우 고마웠다. 처음에는 인정하고 싶지 않은 부분인지라 당황스럽고 피하고만 싶었지만, 아이의 발달 상태를 꼼꼼하게 체크하고 어떤 식의 중재가 필요해 보이는지 조언해 주시는 선생님께 정말 이루 말할 수 없이 감사했고 믿음직스러웠다. 민철이의 선생님은 교육대학원에서 영재교육을 전공하고 있다고 했다. 영재상담 과목을 들으며 영재학생의 비동시적 발달문제와 조기 개입의 중요성에 대해 알게 되어 민철이의 사례를 잘 관찰하게 되었다고 한다. 영재학생의 특성에 대해 이해하고 계신 선생님을 담임으로 만나게 된 것이 무척 고맙고 다행스럽게 여겨졌다.

4. 또래, 교사, 가족관계 및 학업에서의 경쟁

> ▶▶ 민성이의 고민[2]
>
> 　대학부설 중등 영재교육원에 다니는 민성이는 선생님이 조별 과제를 줄 때 화가 납니다. 조별 과제는 팀 친구들이 모두 같이 협력해서 활동한 후 그 결과물을 평가해 전체에게 점수를 주는 방식이기 때문입니다. 며칠 전 선생님은 조별 과제를 하라면서 조를 짜 주셨습니다. 아이들끼리 알아서 조를 짜라고 하면 친한 애들끼리 조를 짜게 되니까 아마도 선생님이 이를 방지하기 위해 직접 조를 짜 주신 것 같았습니다. 그런데 민성이네 조에는 반에서 공부도 못

---

2 서울시교육청(2013) 영재 인성교육 프로그램 개발 연구에 참여하면서 수업 자료 중에 첨부했던 사례임.

하고 조사도 잘 못하는 친구가 두 명이나 포함되어 있는 것이었습니다. 가만히 보니 다른 친구들 조에는 이렇게 못하는 친구들이 거의 없는데, 민성이네 조에 두 명이나 포함되어 있는 것이 정말 싫었습니다. 그래서 민성이는 거침없이 손을 들고 선생님께 항의했습니다. "선생님, 너무 불공평해요. 우리 조에 ○○와 ○○가 들어 있는데, 저는 이 아이들과 한 팀이 되는 것이 정말 싫어요. 애들 빼고 다른 친구로 바꿔 주세요." 민성이는 낮은 점수를 받으면 내가 손해인데 왜 이런 불공평한 상황을 그냥 넘어가야 하나 억울하다며 선생님께 솔직하게 항의했는데, 순간 교실 분위기가 싸했습니다.

민성이는 개인적으로 그 두 친구를 언급한 것은 미안하지만, 그래도 내가 손해를 볼 수는 없다는 생각에 자신은 마땅히 해야 할 말을 했다고 생각했습니다.

영재학생의 관계문제는 해당 학생의 인성 및 상황, 양육 방식과 환경 간의 조합을 통해 매우 개별적인 양상으로 나타난다. 즉, 영재학생이라고 해서 사회·관계 능력이나 리더십이 무조건 좋다고 볼 수도 없고, 일반적으로 교우관계에 문제

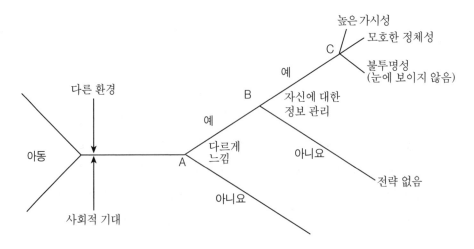

[그림 5-3] 영재학생의 사회적·정서적 발달(Cross, 2011a: 204)

가 있다고 추정하는 것도 바람직하지 않다. 즉, 영재학생에게 주어지는 다양한 선택 속에서 맥락적으로 형성되는 복합적인 조합이라는 것이다. [그림 5-3]은 영재학생이 사회적 · 정서적 발달을 하는 과정에서 이루어지는 다양한 선택의 양상을 도식화한 것이다.

민성이의 경우는 자신의 점수 관리가 매우 중요하다고 보고 있고 능력이 부족한 반 친구들이 자신의 조에 배정됨으로써 자신에게 손해를 끼친다고 인식하고 있는 경우다. 즉, 같은 반 친구를 친구로서 대하는 것이 아니라, 자신의 점수를 끌어내리는 저해 인물로서 인식하고 있는 것이다. 협업 과제를 통해 배우게 될 것의 가치나 의미를 전혀 모르고 있는 상태다. 세상에는 다양한 유형의 사람이 존재하고 그 속에서 영재학생은 자신의 재능을 펼치고 성장해 간다. 따라서 건강한 자아를 형성하고 가정과 학교, 또래, 나아가서는 지역과 사회, 국가와 세계에 참여하는 시민으로서의 공동체적 성장은 매우 중요한 성장 과업 중의 하나가 아닐 수 없다. 그러한 맥락에서 학생들에게 팀 과제를 부여하고 더불어 성장의 의미를 지도하고자 하는 것이다. 그런데 현재의 민성이는 이러한 이해가 부재한 채 이 활동을 단순한 과제로서 이해하고 있기 때문에 부족한 친구에 대해 부정적으로 인식하게 되는 것이다.

그간 영재학생을 위한 교육에서 고등 사고능력의 신장 및 창의성 계발의 중요성은 지속적으로 강조되어 왔다. 반면에 영재의 인성교육은 그 중요성에 대해 폭넓게 인식하고 있는 것에 비하여 실천적 측면에서는 자주 간과되어 왔다(이경화, 태진미, 2013). 영재교육 대상자들을 장차 미래 사회에서 긍정적으로 기여할 리더로 성장시키기 위해 구체적이고 실효성 있는 인성 및 사회관계 능력을 촉진하는 것은 중요하다. 자신의 재능을 사람들 사이에서 긍정적으로 활용하고 더불어 함께 성장하는 것을 배우고 마음으로 공감해 볼 수 있는 교육환경의 조성과 지도가 절실한 상황이다.

▶▶ 현민이의 고민

선생님: 요즘 영재학급에서 수업 듣는 건 어때?

현민: 재밌어요. 과학은 실험하는 것이 좋고요. 그런데 수학은 처음 배우는 내용이라 좀 어려워서 스트레스 받아요.

선생님: 중학교 가서도 영재수업 받을 기회 있으면 받을 거야?

현민: 뭐, 되면 하고요. 엄마는 계속 하라고 하세요. 그리고 엄마가 ○○국제중 준비하라고 해서 그것도 준비하고 있어요.

선생님: 너는 국제중 별로 생각 없어?

현민: 그냥 엄마, 아빠가 하라고 하셔서 하고 있어요. 엄마가 좀 무섭거든요. 아빠는 더 무섭고요.

현민이의 경우는 자신의 꿈, 내면의 욕구나 재능의 발현에 대한 이해는 부재한 채 부모님이 시키는 대로 수동적으로 이끌려 생활하고 있는 사례다. 영재학생의 관계에 대해서는 크게 자신, 또래, 교사, 가족 관계 등의 측면에서 논의해 볼 수 있는데, 현민이의 경우는 부모와의 관계 면에서 건강하지 못한 상태에 있음을 관찰할 수 있다. '관계'란 상호적인 속성의 개념으로 자신과 타인, 사회적 관계 속에서 조화롭고 건강한 존중과 소통이 전제되어야 한다. 물론 어떤 관계가 가장 바람직하다고 한마디로 요약하기는 어렵다. 학생의 연령과 상태, 필요에 따라 관계의 양상은 얼마든지 가변적일 수 있다. 그러나 적어도 자신의 꿈과 진로에 대한 비전을 찾고 키워 가는 과정에서 자신의 꿈과 비전이 타인에 의해 좌우되는 것은 바람직하지 않다. 아무리 어릴지라도 자신 스스로의 성찰을 토대로 자아실현의 한 과정으로서 진학·지도가 이루어져야 할 것이다.

최근에 사회적·국가적으로 진로나 취업 등의 문제가 심화되면서 영재학생이 자신을 지나치게 경쟁 구도에서 인식하거나 주위 사람들에 의해 진로가 결정되는 사례들이 늘고 있다. 따라서 영재학생이 건강한 자아를 형성하고 자신과 또래,

교사와 가족 등과 건강하고 즐겁게 소통하며 상호 의존할 수 있도록 독려하는 방향으로의 도움이 필요하다. 물론 이 주제는 영재들의 진로상담과도 연결해 좀 더 심층적으로 생각해 볼 것이다. 분명한 것은 영재들의 관계문제의 본질에 '경쟁 구도에서 성공을 거머쥐기 위한 내면의 욕구' 가 가장 핵심적으로 자리하고 있다는 사실이다. 즉, 건강한 관계, 상호 존중 및 협력의 관계를 저해하는 근본적 원인 중의 하나가 바로 남을 '이기고자 하는 마음' '상대를 경쟁자로 인식하는 마음' '남보다 빠르게 성장하고자 하는 마음' 이라는 것이다. 높은 성취를 이룰 것으로 기대되는 영재학생에게서 '경쟁심' 을 완전히 분리할 수는 없겠지만 '선의의 경쟁', 궁극적으로는 '남이 아닌 나와의 싸움' 에서 이기고 성장하려는 건강한 성장 동기로의 전환이 필요하다.

　영재학생들의 심리적 · 정서적 발달에 주목해야 함을 강조했던 Hollingworth 는 일반인에 비해 영재학생에게는 일생에 걸친 특별한 상담과 교육이 필요하다고 했다. 그녀는 영재학생이 사회적 관계, 즉 자신이 아닌 타인에 대한 올바른 인식과 대처능력을 잘 발달시키고 계발함으로써 보다 성공적인 자아실현에 도달할 수 있음을 강조하였다. 영재학생의 사회적 성공은 타인과의 관계맺음 능력과 불가분의 관계가 있기 때문이다. 많은 영재학생이 학교나 영재교육기관에서의 교육을 경쟁 구도로 이해하고 있다. 이러한 과정에서 영재학생은 더욱 경쟁적 태도를 취하게 되고 협력적이고 상호 발전적인 선택을 촉진하기 위한 환경은 거의 제공되지 못하는 실정이다. 영재학생이 현재 얼마나 이런 경쟁구도에서 성장하고 있는지에 대한 또 하나의 사례를 살펴보면 다음과 같다.

▶▶ 연재의 고민

　연재는 노트 필기를 정말 열심히 합니다. 선생님의 설명을 들을 때 하나도 놓치지 않으려 열심히 집중하며 빨강색, 파랑색 볼펜과 형광펜까지 표시해 가며 깔끔하고 알아보기 쉽게 노트 정리를 한답니다. 한편, 신영이는 얌체처럼 시험 때만 되면 연재에게 다가와 노트 좀 빌려 달라고 합니다. 처음에는 친한

> 척하면서 빌려 달라고 하다가 나중에는 반 협박까지 하고 어떤 때는 점심시간
> 에 몰래 가져가서 휴대폰으로 사진까지 찍습니다. 시험에서 좋은 점수를 얻기
> 위해 매번 빌려 달라고 하는 신영이를 보면 연재는 정말 화가 났습니다. 특히
> 좋은 학교에 진학하기 위해 내신점수를 관리하지 않으면 안 되는 연재로서는
> 경쟁 상대인 신영이에게 노트를 빌려 주는 것이 더욱 걱정스러운데, 안 빌려
> 줄 수도 없고 정말 속상한 마음입니다.

국내의 교육환경에서는 배려적이고 이타적인 학생보다는 철저하게 자기중심
적으로 시간과 성적을 관리하는 학생들이 평가에서 더 높은 점수를 받게 되는
경우가 많다. 학교나 영재교육기관에서 학생들의 우수한 수행이 대부분 시험점
수로 판가름나다 보니 구성원 간의 상호 호혜적 관계는 등한시되는 경우가 많
다. 역사적으로 사회에서 성공했던 다양한 위인의 사례를 볼 때 사회관계능력
의 중요성은 흔히 찾아볼 수 있는 핵심 인자다. 그런데 영재학생의 실제 가정,
학교 현장에서는 이런 부분이 간과되는 경우가 많다 보니 다양한 관계문제가
표출되고 영재학생 스스로도 이로 인해 매우 고통스러워하는 부적응 양상이 늘
고 있다.

Roeper(1995)는 영재교육에서의 진정한 성공은 "학생이 가진 영혼과 마음의 열
정이 우리 자신과 사회의 기대를 연결하는 원리로 받아들여질 때 비로소 이루어
지는 것"이라고 했다. 그녀는 또 다른 글에서 교육자는 영재학생이 자아실현을 할
수 있도록 그들의 정신의 양육을 돌보고 지원해야 한다(영재를 위한 상담적 지원과
중재의 중요성 강조)고 주장하면서 동시에 "세상의 기대에 맞추어라. 실제로 자아
는 고립되어서 성장할 수 없다. 자아는 반드시 세상 속에서 자리 잡아야 한다."라
고 했다(Roeper, 1995: 166). 이러한 그녀의 주장은 영재성의 발현이 사회와 연결되
어야 함을 강조하는 동시에 이러한 조력의 일환으로서 상담의 기능을 시사한다.

Gardner(1999)도 '훈련된 마음(The Disciplined Mind)'이라는 용어를 통해 진
(眞), 선(善), 미(美)에 대한 깊은 이해를 갖춘 교육받은 지역사회의 한 인간이

되도록 하는 교육의 목적인 파이데이아(paideia)의 중요성을 강조하였다. Dabrowski는 영재성이 성장하는 과정에서의 다섯 가지 발달적 분열이론을 제시하였다. 그가 제시한 긍정적 분열이론(Theory of Positive Disintegration)은 영재학생이 성장하는 과정에서 어떻게 주위와 통합하고 심리적 분열이 이루어져 가야 할 것인지에 대해 시사하는 바가 크다(〈표 5-3〉 참조).

또래, 교사, 가족 등의 관계문제 개선을 위한 상담 및 조력의 기본 방향은 다음과 같다.

표 5-3 Dabrowski의 긍정적 분열이론

수준	주요 내용	핵심어
수준 I. 1차 통합 (Primary Integration)	'내게 이득이 되는 것'을 지향함. 다른 사람에게는 거의 관심이 없고 목표는 주로 경제적 성공, 권력, 우수한 성적, 좋은 학교 입학, 영예 등에 관심을 가짐. 경쟁은 당연한 것이라 여기며 경쟁에서 이기는 것이 목표가 됨. 경쟁 구도적 관계가 중요함.	자기이익 (Self-interest)
수준 II. 단층분열 (Unilevel Disintegration)	'남을 의식하기 시작'하면서 '이기적' 감정과 양가성이 생김. 아직 자기중심적 심리구조를 갖고 있지만 주위를 의식하고 인정을 추구하게 되면서 조금씩 자기중심적 심리가 허물어지기 시작함. 자신 vs 집단의 유익 사이에서 어찌해야 할지 망설이며 우유부단함을 보이게 되는 단계임.	집단 가치 (Group values)
수준 III. 자발적 다층분열 (Spontaneous Multilevel Disintegration)	'가치의 위계성'이 생기면서 보다 높은 기준에 맞게 행동하려 노력하기 시작함. 즉, 할 수 있는 것과 해야 하는 것 간의 갈등, 보다 높은 가치의 것과 낮은 가치의 것 사이의 내적 갈등으로 인해 실망감, 걱정, 우울, 자신에 대한 불만족을 수반하기도 함. 현재 자신의 모습에 대해 불만족하기도 함. 따라서 '자기완성에 대한 강렬한 추구'가 발생하기 시작함. 긍정적 불균형(positive maladjustment)의 단계로 해석함. 가장 상담이 많이 필요한 시기로 보고되고 있으며, 영재청소년에게 가장 중요하고 의미 있는 시기로 설명되고 있음.	변형적 성장 (Transformative growth)과 내적 갈등
수준 IV. 조직적 다층분열 (Organized Multilevel Disintegration)	'자신의 이상과 조화롭게 사는 법을 배워 감'에 따라 이상과 현실의 간격이 점점 좁혀짐. 이 단계에 도달한 사람들은 다른 사람에 대한 책임감과 봉사를 실천함. 흔들리지 않는 가치체계와 성실성을 체득한 상태임. 자기비하와 타인에 대한 불인정 대신 '자신과 타인에 대한 수용'이 일어나고 '자신과 타인을 보다 객관적이고 수용적으로 보는 수준'에 이름.	자아실현 (Self-actualization)

수준 V. 2차 통합 (Secondary Integration)	'얻기 위한 삶이 아닌 나누고 함께하기 위한 삶'을 실천하는 단계. 보편적 가치, 내적 갈등의 해소, 진정성과 조화, 이타주의, 모든 생명체에 대한 공감과 존중을 보이는 상태임. 따라서 이 수준은 1차 통합을 넘어 2차 통합이 이루어진 상태로 보며, 가장 완벽하고 이상적인 단계로 해석하고 있음.	이상적 성격 달성 (Attainment of the personality ideal)

(이미순 역, 2008: 22-28에서 재인용)

예) 내담자: 저는 영재교육기관에서 오랫동안 학생들을 지도해 왔습니다. 그런데 영재학생이 일반학생에 비해 훨씬 이기적인 것 같아요. 아이들이 똑똑해서 그런지 아니면 자기중심적으로 생각하고 행동하는 것이 습관화되어서 그런지 모르겠지만 철저하게 계산된 행동을 많이 한다는 느낌을 받습니다. 점수에 들어가느냐 안 들어 가느냐에 따라서 아이들의 수업 태도와 산출물이 완전히 달라지거든요.

상담자: 영재학생의 경쟁적인 모습을 많이 보시면서 인성적인 측면에서의 문제의식을 갖게 되셨군요. 네, 선생님처럼 많은 분이 현재 영재교육 대상 학생들에게서 '이기고자 하는 마음' '보다 좋은 성적을 얻고자 하는 욕구들'이 많이 관찰된다는 말씀을 하십니다. 이와 관련해 Dabrowski라는 정신과 의사가 제시한 이론에 의하면 영재들의 심리·정서 발달은 단계별로 분화를 일으켜 갑니다. 초기 단계에서는 '자신에게 이득이 되는 것' 중심으로 생각하고 판단하게 됩니다. 따라서 경쟁은 당연한 것이고 그 경쟁에서 자신이 이겨야 한다고 생각하지요. 당연히 경쟁에서 이기려 하는 자신에 대해 잘못됐다는 생각을 전혀 갖지 못하는 단계입니다. 이러한 단계를 1차 통합 단계라고 하는데, 점차로 사회적·정서적 발달을 일으켜 가는 과정에서 수준 II, 즉 단층분열의 단계에 이르게 됩니다. 이 단계에서부터 조금씩 남을 의식하기 시작합니다. 수준 III인 자발적인 다층분열 단계에 이르게 되면 '자신의 내면세계에 대한 반성적 갈등'이 시작됩니다. 즉, 점진적으로 자신이 아닌 타인과의 조화로운 삶을 발전시켜 가게 되지요. 영재학생의 독특한 심리적·정서적 발달 특성을 이해하시다 보면 학생이 현재 어떤 상태인지, 어떤 방향으로의 독려가 필요한지에 대한 방향을 더욱 구체화하실 수 있을 것 같습니다.

영재학생의 관계문제는 매우 맥락적인 관찰과 해석이 필요하다. 단순히 인성적 문제로 치부하거나 사회성과 리더십의 부족 등으로 단언하는 것은 바람직하지 않다. Dabrowski의 이론을 참고해 영재학생이 왜 이런 생각과 행동을 하는지에 대한 깊은 관심과 관찰이 필요하며 발달단계에 따른 적절한 조력이 필요하다.

126

생각할 문제 ||||||||||||||||||||||||||||||||||||||||||||||||||||||||||

1. 영재학생에게 자주 발견되는 특성의 유형을 제시하고 그 특징을 설명해 본다.

2. 영재학생의 과흥분성의 주요 특징을 핵심 개념 중심으로 기술해 본다.

분류	주요 특성	핵심 개념
심리적 · 운동적 과흥분성		
감각적 과흥분성		
상상적 과흥분성		
지적 과흥분성		
정서적 과흥분성		

Chapter 06

영재의 비동시적 발달과 상담

학 습 목 표

1. 비동시적 발달에 대해 이해하고 그 특징을 구별한다.
2. 비동시적 발달 상담을 위한 자료 수집, 상담환경, 구조화 단계를 설명할 수 있다.
3. 비동시적 발달에 적합한 상담의 전반적 방향에 대해 개관한다.

이 장에서는 영재의 비동시적 발달에 대한 상담 모델을 제시하고 실제 적용 사례를 살펴보고자 한다. 비동시적 발달 상담을 위한 핵심 개념을 정리하면 〈표 6-1〉과 같다.

표 6-1 비동시적 발달 상담을 위한 모델

구분	내용
적용 모델	Boland & Gross의 영재상담 모델
영재교육 관련 이론 및 학자	Gagné, Hollingworth, Tannenbaum
영재성에 대한 개념적 정의	Gagné의 DMGT: 뛰어난 수행이 아닌 뛰어난 잠재성으로서의 영재성에 대한 이해. 즉, 영재성과 재능은 분명히 다른 개념이며, '영재성(gifted)'이 잠재적 가능성이라면 그 능력이 구체적으로 발현된 상태가 '재능(talent)'이라고 봄. 즉, 영재성은 그 자체로서는 큰 의미가 없으며, 성장·발달을 통해 구체적인 재능으로 꽃을 피우므로 다양한 상황에서 영재성이 긍정적인 발달로 이어질 수 있도록 상담적 지원이 이루어져야 함.

특 성	반성적 · 탐색적 · 도발적 질문, 빠른 학습, 패턴 지각, 기억력, 느린 속도의 과제를 싫어하는 성향, 정서적 과흥분성, 나이 많은 친구 선호, 정의감, 공감, 성숙, 유머 감각 등이 풍부함.
전 제	교육체계와 부조화 상태에 있을 가능성이 많음. 고도 영재의 경우 비동시성의 차이가 매우 두드러지며, 내 · 외적 비동시성이 공존함. 따라서 이로 인한 심리적 갈등이 클 가능성이 높음. 불균형 상태에 있는 현재의 영재아를 수용해 주고 공감 · 지지해 주기 위한 상담이 필요함.
성 격	사람들을 구분하고 가리는 기질과 성향에 대한 고려가 필요함.
영재의 특성	개인 간, 개인 내에서의 다양한 비동시성으로 인해 좌절, 증가된 내성(익숙해질 수 있음) 상태에 있음. 완벽주의, 과흥분성, 내향성, 높은 인지능력에 비해 정서 조절력은 부족한 특성을 보임.
영향받은 이론 또는 학자	Miller & Rollnick/Seligman & Csikszentmihalyi/Colangelo/Neihart
영재상담의 정의	다양한 정보와 자료 수집을 통해 영재학생 스스로가 자신의 독특한 비동시성 발달 상태(인지, 사회적 · 정서적 특성 등)를 지각할 수 있도록 도움으로써 자아수용을 높이고 보다 적응적이 될 수 있도록 독려하는 조력을 함.
상담자의 역할	비동시성 발달의 원인, 유지 혹은 강화시키는 요인들을 조사해 제시해 줌으로써 자기 수용 및 대처능력의 향상을 도움
내담자의 역할	문제인식 및 통찰, 문제해결, 숙제, 실존적 의문에 능동적으로 참여하기
목 표	자신에 대한 이해/정서적 안정과 자신에 대한 편안한 수용/개선 방향에 대한 이해와 시도/위험요인의 감소와 보호요인의 증가/자신이 속한 환경에서 문제에 대한 관리와 효율적인 대처
관계성	내담학생과 상담자와의 능동적인 파트너십/피드백 제공/문제해결/유머 등을 활용한 이완
평 가	상담의 과정에 내담학생의 능동적인 참여 여부/내담학생의 발달이력 및 내력/사회적 발달 자료/가족 평가/심리 측정적 자료의 보강/필요한 경우 의료적 진단/현재의 기능 평가/내담자의 목표와 내적 지향성/현재의 문제에 대한 다중적인 이해를 도모하기 위한 평가
과 정	평가, 학습, 연습, 재발방지, 종결, 속도나 추상적인 내용, 치료적인 근거 설명, 실존적 초점, 철학적 토론 정도에서의 수정된 인지행동치료(cognitive behavior therapy: CBT)[1]

1 사고, 신념, 가치 등 인지적 측면과 더불어 구체적으로 나타난 정신신체행동(psychomotor behavior)의 측면에 관련된 개념, 원리, 이론 등을 체계적으로 통합하여 부적응 행동을 치료하려는 정신치료의 경향을 일컬음.

기 법	소크라테스식 문답법/명시적 교수법/자동적 사고와 도식 유발하기/사고 도전/득점-실점/직면/과장/인지 · 행동적 접근
문제 제기	완벽주의/불안/사회적 곤란/우울/이중 특수성/극도의 민감성 다루기와 관계된 문제

(Mendaglio & Peterson, 2014의 '영재상담 모델'에 소개된 모델들 중 영재의 비동시성 발달에 가장 잘 부합하는 학자의 이론을 토대로 재구성)

1. 의뢰 과정[2]

민철(가명)이는 초등학교 5학년 남학생으로 회사에 다니는 42세의 아버지와 전업주부인 39세의 어머니 사이에서 태어난 2남 중 장남이다. 현재 민철이의 전 과목 성적은 중위권이지만 수학과 과학에서 특별히 매우 높은 성취도를 보이고 있다. 하지만 수학, 과학 수업시간의 집중도나 질문의 수준과는 매우 대조적으로 다른 과목의 성적은 부진한 상황이다. 부모님은 아들의 수 · 과학 분야의 높은 재능과 성취도에 비해 나머지 과목의 성취도가 낮아서 걱정을 하고 있다. 아이 또한 성적에 매우 민감한 편이어서 시험 전에 예민해지고, 약간의 심리적 불안감을 보이기도 한다.

2. 자료 수집

다음 〈표 6-2〉는 민철이에 대한 자료 수집 및 평가 항목의 주요 내용을 다룬 것이다.

표 6-2 자료 수집 및 평가 항목 개요

수집 · 평가 항목	확인	주요 내용
내담학생의 적극적인 참여 의지	✓	• 담임선생님과 부모의 권유에 따라 상담을 시작하였음. 현재로서는 자신이 왜 여기에 왔고, 어떤 상담이 필요한지에 대한 인지가 전혀 없으며 적극적인 참여의지도 없는 상태로 판단됨.

2 이 절의 예시는 박○○ 교사의 실제 상담 내용을 토대로 구성한 사례임.

발달 이력 및 내력	✓	• 특별히 주목할 만한 독특한 발달 이력 및 내력은 없음. 다만, 어려서부터 수리적 사고를 즐겼고 사람에 대한 관심보다는 혼자 놀고 책 보는 것을 즐겼다고 함. 눈으로는 빠르게 읽지만 맞춤법 등은 매우 부진하고 글씨 쓰기 자체를 싫어함. 또한 글쓰기를 통한 표현(언어적) 역시 어려움을 느껴 기피하는 상태임.
사회적 발달 자료	✓	• 담임교사를 통해 학교에서의 또래관계에 대한 정보를 수집하였음. 또래들과 함께 하는 활동을 좋아하지 않고 혼자 하는 활동을 좋아함. 한편, 쓰는 능력이 많이 부족한 편이다 보니 친구들 사이에서 자신의 부족한 면이 드러나는 것에 대해 매우 민감하게 반응하는 상태임.
가족 평가	✓	• 어머니를 대상으로 양육 스타일 검사를 실시하였음.
심리측정적 자료의 보강	✓	• 지능검사 결과 IQ가 137이었음. 언어 부분에서 점수가 낮은 편이기는 하나 지적 수준의 결함이 있는 상태는 아님.
의료적 진단	✗	※ 특별한 필요를 느끼지 못해 요청하지 않음.
현재의 기능 평가	✓	• 교과목에 대한 흥미도 검사 • 학습습관 검사 • 성취동기 검사 • 지적 능력 검사
내담자의 목표와 내적 지향성	✓	• 어떤 목표의식을 가지고 도전하기보다는 벼락치기로 급하게 준비하는 편임. • 어떤 사람이 되고 싶다거나 어떤 꿈, 어떤 학교, 어떤 분야에 진학해서 어떤 일을 해야겠다는 등의 목표의식과 내적 지향성은 부재한 것으로 판단됨.
추가 정보	✓	• 내담학생의 노트, 일기장

3. 상담환경의 구조화

상담환경의 구조화란 일종의 오리엔테이션과 같은 과정으로 상담자와 내담자가 서로 간에 취해야 할 역할에 대해 안내하는 것이다. 따라서 본 상담을 시작하기 전에 내담학생에게 상담이란 어떤 활동인지, 이 상담의 진행과정에서 이루어지는 상담자와 내담자의 관계는 무엇인지, 상담의 실제에 대한 부분은 무엇이고,

상담 윤리는 무엇인지에 관한 정보를 전했다.

민철이에게 현재의 상태와 필요에 대해 개관적으로 안내하고 어떤 조력이 필요한지에 대해 간략히 이야기를 주고받았다. 민철이도 기꺼이 이 활동에 참여하고 싶다고 했고 이 활동을 통해 자신에게 좋은 변화가 일어나기를 기대한다고 했다.

상담은 일주일에 한 번 정도 상담실에서 만나 약 40~50분 정도 이루어지므로 전체 한 시간 정도 소요될 것이며, 상담자와 내담학생이 서로 간에 지켜야 할 약속을 정했다. 상담은 서로 간에 약속한 시간에 이루어질 것이며, 상담을 하지 못하는 날에는 사전에 연락을 취하되 부득이 급하게 상담선생님의 도움이 필요한 경우에는 언제든지 연락을 취하기로 했다.

상담은 내담학생이 문제아이기 때문에 필요한 것이 아니며, 학생이 현재 자신의 특성과 직면한 문제 등을 탐색할 수 있도록 조력함으로써 보다 성숙해지고 즐겁고 발전된 변화를 시도하는 과정이라고 설명해 주었다. 상담을 통해 내담학생을 바꾸려는 것이 아니며, 학생의 건강하고 행복한 성장을 돕는 과정임을 안내하였다.

4. 상담의 진행 과정

1) 초기 단계: 관계 형성 및 자료 수집 · 평가

상담 초기 단계에서는 무엇보다도 내담자와의 관계 형성이 중요하다. 따라서 내담자가 상담자에 대한 경계심을 갖지 않도록 정서 교감을 위한 노력이 필요하다. 이후에는 자료 수집 및 평가를 위한 단계로서, 다음의 자료는 비동시성 발달의 문제를 보이는 민철이의 상담을 진행하기 위해 수집한 자료들 중 눈에 띄는 항목 위주로 제시한 것이다. 민철이의 상담 방향을 설정하기 위한 기초 자료로서 이해 도모의 차원에서 제시한 것이므로 실전의 상황에서는 자신이 만나는 내담자의 특성과 필요에 따라 얼마든지 자료 수집의 내용과 방법이 달라질 수 있을 것이다. 한편, 본 상담 과정에서 사용한 검사도구에 대해서는 구체적으로 언급하지 않겠다. 왜냐하면 해당 문제의 상담 진행과정에 대한 이해를 도모하기 위한 목표에 충실하기 위함이다. 각 내담학생을 평가하기 위한 진단도구의 선택은 상담자의 판단에 따라 재량껏 이루어져야 하며 목적과 필요에 부응하는 신뢰성 있는 도구를 선정하도록 해야 할 것이다.

(1) 교과목에 대한 흥미도 검사

문 항	질 문	매우 그렇다	약간 그렇다	거의 그렇지 않다
1	나는 수학이 재미있다.	✓		
2	수학은 내가 좋아하는 과목이다.	✓		
3	나는 수학을 잘 한다.	✓		

문 항	질 문	매우 그렇다	약간 그렇다	거의 그렇지 않다
1	나는 과학이 재미있다.	✓		
2	과학은 내가 좋아하는 과목이다.	✓		
3	나는 과학을 잘 한다.	✓		

(2) 학습 습관 검사

문 항	거의 그렇지 않다	가끔 그렇다	항상 그렇다
3. 나는 수업 시간에 딴생각을 한다.		✓	
4. 나는 수업 시간이 지루해서 선생님의 설명을 잘 듣지 않는다.		✓	
23. 나는 숙제를 잘 하지 않는다.		✓	
24. 나는 여러 가지 책이나 자료를 많이 읽는다.			✓
27. 나는 배운 것은 집에서 반드시 복습한다.	✓		
28. 나는 예습과 복습을 내 힘으로 한다.		✓	
29. 나는 자습 시간이 지루하다.			✓

구분	낮은 편	보통	높은 편	내담학생의 총점
점수 분포	0~30점	31~60점	61~90점	28점

내담학생은 현재 학습 습관이 잘 길러지지 못한 상태에 있음을 볼 수 있다. 상담자는 수집한 자료를 분석할 때 양적 결과뿐만 아니라 질적인 측면에서의 특징에 주목할 필요가 있다. 특히 유의가 필요한 항목들을 체크하고 종합해 봄으로써 현재 내담학생의 상태와 요구를 진단하는 데 참고할 수 있을 것이다.

(3) 성취동기 검사

	문 항	늘 그렇다	흔히 그렇다	대체로 그렇지 않다	늘 그렇지 않다
1	나는 스스로 목표를 달성하려고 노력한다.	✓			
2	나는 해야 할 일이 있으면 끝낸다.	✓			
5	나는 어려운 기술을 습득하고 싶다.	✓			
7	나는 인정받는 권위자가 되고 싶다.	✓			
11	목표를 정하고 공부한다.	✓			

한편, 이 자료의 경우는 실제와 다소 상이한 양상을 보였다. 성취동기 검사에서는 '나는 스스로 목표를 달성하려고 노력을 한다' 또는 '나는 해야 할 일이 있으면 끝낸다' 등에 대해 가장 긍정적인 항목인 '늘 그렇다'에 해당한다고 답변하였다. 그러나 실제로 내담학생과 면담을 했을 때 학생은 오히려 실천력 면에서 매우 부족하고 무질서한 생활에 익숙해 있었다. 즉, 선행 연구들에서도 보고된 바 있듯이 영재학생의 경우 자기보고식의 검사 문항에 대해 실제의 자신에 대해 객관적으로 답하기보다는 자신이 바라거나 주위 사람들이 이상적이라 여기는 항목에 체크하는 방어적 경향이 많음을 유의할 필요가 있다. 답변한 내용이 모두 실제라고 보기 어렵다는 의미다.

(4) 지적 능력 검사

지적 능력 검사의 종합 분포표는 내담학생의 양상을 이해하는 데 많은 도움이 된다. 따라서 다양한 검사 자료를 모아 하나의 표로 만들어 확인한다면 아동을 총체적으로 이해하는 데 효과적일 것이다.

영역	관심					성취도			능력
	낮음		중간	높음		저	중	고	학년 수준
난이도	1	2	3	4	5				
미술			✓				✓		초5
조립					✓			✓	초6
극적 표현			✓				✓		초5
언어영역 쓰기		✓				✓			초2
언어영역 말하기			✓				✓		초3
언어영역 철자		✓				✓			초2
언어영역 읽기		✓				✓			초2
언어영역 작문	✓					✓			초2
수학					✓			✓	중2
음악				✓			✓		초5
신체 활동				✓			✓		초5
과학					✓			✓	중2
사회			✓				✓		초5

(5) 부모 양육 스타일 검사

	아니요	때로는	거의, 늘
1. 내가 좋다고 생각되면 자녀에게 강제로라도 시킵니다.		✓	
2. 자녀가 하고 있는 것에 "그것은 안 돼!" "이것은 안 돼!"라며 금지하곤 합니다.			✓
3. 자녀가 하고 있는 것을 감독합니다.			✓
4. 아이를 위협을 하고 억누릅니다.		✓	
5. 예의, 규칙, 공부 등에 대하여 심하게 굽니다.		✓	

단순히 자기보고식 체크리스트 결과만으로 부모의 양육 스타일을 논의하기에는 많은 한계가 있다. 그러나 검사를 통해 명확히 드러나는 정보에 대해서는 유의미하게 해석할 수 있다. 따라서 이 사례의 경우 자녀가 하고 있는 것을 금지한다와 자녀가 하고 있는 것을 감독한다는 항목에 대해 거의, 늘이라고 표시한 만큼 통제적 부모의 성향을 추정해 볼 수 있다. 영재학생의 경우 자신의 독립된 판단과 선택 보장에 대한 욕구가 일반학생에 비해 훨씬 강한 편으로 보고되고 있다. 따라서 내담학생의 양육자가 통제적 양육을 지속할 경우 내담학생이 청소년기를 거치며 관계 문제가 더욱 불거질 가능성이 높다. 특히 이 내담학생의 경우 자기 스스로도 비동시성 발달 양상을 느끼고 있고 그런 점에 위축된 행동들이 나타나고 있다. 또래들 간의 관계도 원만하지 않은 상태에서 부모와의 관계도 소통적이지 못하다면 이 학생은 중장기적으로 사회적·정서적 측면에서 문제가 심화될 가능성이 크다. 따라서 이러한 위험요인을 감소시키고 보호요인으로서 기능할 수 있도록 전환시킬 필요가 있다.

2) 중재 단계: 구체적인 전략의 수립 및 실천

이 단계는 내담학생에 대한 이해와 현실의 문제를 개념화하고 구체적인 전략을 수립해 내담학생 및 학부모, 담임교사들과 함께 본격적인 조력에 들어가는 시점이다. 이 책은 영재교사 및 영재부모를 대상으로 영재학생을 위한 상담적 조력에 대해 개관적 이해 도모를 위해 기술한 개론서인 만큼 전문가를 위한 상담 이론서에 비해 그 사례나 중재 면에서 훨씬 간단하고 일상적인 중재를 중심으로 소개하였음을 밝힌다. 지나치게 전문적인 관념론적 접근보다 교사나 학부모로서 쉽고 부담 없이 영재학생을 조력하는 데 도움이 되는 자료가 부족하다는 생각을 갖고 있기 때문이다. 실제로 대부분의 학교 현장의 교사와 영재담당 교사 및 학부모는 상담 이론 및 기술에 대한 전문성이 풍부하지 않다. 따라서 이들이 쉽게 이해하고 적용하기에 용이한 도움 자료의 제공이 절실한 실정이다.

(1) 자신에 대해 이해하기

민철이의 검사 결과를 종합해 함께 살펴보고, 현재의 민철이는 어떤 상태인지, 왜 이런 현상이 나타나는 것 같은지, 이로 인해 향후 어떤 문제들이 발생할 수 있을 것 같은지에 대해 대화했다. 그들은 자신이 갖고 있는 특성에 대한 대략적인 이해는 있었지만 자신을 객관적이고 총체적으로 들여다볼 기회는 없었다고 한다. 따라서 향후 좀 더 발전적이고 긍정적인 성장을 이루기 위해 지금 할 수 있는 것들(단기), 장기적으로 노력할 부분들을 생각해 보았다. 민철이 스스로가 해야할 일들과 부모님, 선생님이 함께 할 부분 등을 정리한 후에는 구체적인 전략을 단계적으로 실행에 옮기기 시작했다.

(2) 구체적인 전략을 세우고 실천하기

민철이의 비동시성 발달은 선천적인 문제라기보다는 수학이나 과학 등에 대한 인지적 흥미와 관심에 비해 쓰기 활동에 대한 기피가 주요한 원인이었다. 따라서 몇 가지 활동 계획을 세우고 구체적인 수행이 필요하다고 판단했다.

일단 기본적인 학습 습관을 들일 필요가 있다. 따라서 학교에서의 수업 태도와 학습 습관, 가정에서의 학습 습관을 나누어 실천할 수 있는 내용을 적어 보았다. 이런 부분의 이행에 관해서는 선생님과 부모님이 관심을 가지고 격려하며 도움을 주었다. 별 관심이 없는 수업시간에는 멍하니 딴생각을 하는 시간이 많다는 스스로의 상태를 개선하기 위해 같은 반 친구들 중 가장 본받고 싶은 수업 태도를 가진 친구를 한 명 정해 그 친구의 행동을 관찰했다. 또 그러한 좋은 수업 태도를 위해 민철이도 실천할 사항을 적고 실행하며 매일 점검했다. 선생님은 혼자 생각하고 혼자 학습하는 데 익숙한 민철이에게 친구들과 함께 즐겁게 어우러질 수 있는 활동을 계획하고 시행하였다.

한편, 손으로 연필이나 펜을 잡고 뭔가를 쓰는 것을 매우 싫어하는 민철이는 손에 힘이 없고 글씨 모양도 매우 좋지 않다. 따라서 일단 손에 쥐고 뭔가를 그리거나 쓰는 활동에 흥미를 갖고 지속할 필요가 있어 함께 할 수 있는 활동을 실행했다. 정교한 작업보다는 손에 힘을 기르고 손으로 하는 활동에 흥미를 기를 수 있도록 일상에서 그리기, 만들기, 오리기, 쓰기, 조작하기 등의 활동을 의식적이고 규칙적으로 시행하였다.

3) 종결 단계: 상담 성과에 대한 평가 및 문제해결력 다지기

자신에 대한 긍정적 인식이나 주위 사람들과의 교감적 행동의 증가, 쓰기 활동에서의 진보 등을 종합해 볼 때 민철이의 상담 효과는 매우 긍정적이라고 판단된다. 이러한 변화는 불과 두 달 만에 일어났다. 자신에 대한 부정적 인식이 감소하고 주위 사람들과 현실문제에 대한 긍정적인 인식이 증가하는 데는 무엇보다 민철이 자신의 현실문제 인식 및 노력과 부모와 교사, 상담자의 협력적 도움과 격려가 큰 힘이 되었다.

상담을 마무리하며 이번 상담을 통해 민철이 스스로에게 어떤 변화가 일어난 것 같은지 되짚어 보게(평가) 하였다. 민철이는 자신을 향해 갖고 있던 부정적인 인식들이 사라지고 자신에게 필요한 노력들에 대해 관심을 갖게 된 점이 좋았다고 했다. 무엇보다도 자신을 사랑하는 부모님과 선생님들이 계시다는 사실이 행복했고 좋았다고 했다. 그리고 자신에게 있는 문제가 뭐가 뭔지도 모르겠는 엉킨 실타래 같았는데, 상담을 하며 헝클어졌던 실타래가 하나씩 풀리는 느낌이 들었다고 했다. 향후 자신에게 발생하는 유사한 문제들에 대해 주위 사람들에게 도움도 구하고 함께 협력해 극복할 수 있을 것 같다는 자신감을 얻게 되었다. 한편, 이 단계(종결)에서 상담자는 내담자 스스로가 자신에게 발생하는 문제를 능동적으로 해결하고 주변의 도움도 요청할 수 있는 문제해결력을 격려하며 내담자의 일상으로의 전이, 유치능력을 강화하는 것이 중요하다.

사실 민철이의 사례는 매우 심각한 상태는 아니었다. 그럼에도 불구하고 이런 문제는 아동 스스로 헤쳐 나가기에 힘겨운 문제가 되기도 한다. 놀라운 사실은 이러한 유형의 비동시성 발달로 인해 고민하는 학생들이 주위에 생각보다 많다는 것이다. 특히 어린 영재학생의 경우 자신이 관심 있는 분야, 즉 선호하는 분야가 아닌 관심이 없거나 선호하지 않는 분야에 대해서는 전혀 무관심한 양상이 많이 관찰된다. 어려서부터 자신이 잘하고 재미있고 또 주위 사람들이 그 분야에서 두각을 나타내는 모습에 칭찬과 관심을 보이면서 아이들의 비동시적 발달은 더욱 고착화되는 경우가 많다. 그러다 보니 자신이 못하고 자신이 없는 분야에 대해서는 점점 기피하게 되고 나중에는 부족한 상태가 남들에게 알려지는 것을 두려워하며 사회적·정서적 측면에까지 부정적인 영향을 미치게 된다. 심각한 수준이 아닌 경우에는 약간의 상담적 중재만으로도 얼마든지 개선이 가능하므로 어렵게만 인식하지 말고 영재학생의 다양한 비동시적 발달에 대해 관심과 조력을 기울일 필요가 있다.

생각할 문제

1. 영재학생의 '비동시적 발달' 특성에 대해 설명해 본다.
2. 영재학생의 '비동시적 발달' 특성에 대한 상담적 중재의 핵심 방향을 간략히 정리해 본다.
3. 영재학생의 비동시적 발달 중재 방향에 대한 시사점을 정리해 본다.

영재의 과흥분성과 상담

이 장에서는 영재의 과흥분성에 대한 상담 모델을 제시하고 실제 적용 사례를 살펴보고자 한다. 과흥분성 관련 상담을 위한 핵심 개념을 정리하면 〈표 7-1〉과 같다.

표 7-1 과흥분성 관련 상담을 위한 모델

구분	내용
적용 모델	Peterson의 영재상담 모델
영재교육 관련 이론 및 학자	Dabrowski, Taylor, Thomas, Lovecky, Coleman, Piechowski 등
영재성에 대한 개념적 정의	영재분포 중에서 특히 상위 2~3% 또는 특정 영역에서의 특수학문 적성 등이 월등하여 일반학생과 다른 차별화된 교육을 필요로 하는 자. 높은 지능 수준 외에도 다양한 발달 면에서 일반학생과 다른 독특한 발달 양상 및 특성적 조합을 가진 예외적 학생을 의미함.

특 성	발산적 사고, 흥분성, 민감성, 지각력, 목표 지향적 행동
전 제	사회적·정서적으로 복잡함. 높은 민감성으로 인해 다양한 문제 발생 가능성이 있음. 다른 사람들과 다른 감각적·지각적 능력이나 감수성 등으로 인해 부딪힐 수 있음. 상담 받기를 주저함. 이해하기 어려운 내담자의 독특한 특성에 대해 상담자가 가질 수 있는 편견으로 인해 문제가 생길 수도 있음.
성 격	독특한 영재 내담자의 특성에 대해 이해하고 차별화된 접근을 시도하려는 노력이 필요함.
영재의 특성	영재성을 높은 능력/재능, 과흥분성, 과민감성, 완벽주의 등의 성향으로 인해 자신의 능력을 과장하거나 축소하는 등의 왜곡적 동기를 표출할 수 있는 불안정한 상태로 이해하고 접근함.
영향받은 이론 또는 학자	Adler/Erikson/Minuchin/Breunlin, Schwartz, & Mackune-Karrer/Rogers/Satir/White & Epston/Littrell
영재상담의 정의	발달문제에 초점을 둔 과정으로 갇혀 있다는 느낌이 아니라 삶을 효과적으로 살아가고 사물에 대한 감각을 바꾸거나 완화하여 자신의 문제를 해결하며 문제를 예방하고 문제가 악화되지 않게 예방하도록 도와주는 것
상담자의 역할	자기반성/내담자의 세계로 들어감/발달적 관점/타당화/어려운 시기 동안에 안전하고 존중하며 비판단적이고 공감적인 안전지대가 되어주기
내담자의 역할	공동작업에 참여하기, 숙제 완성하기, 반성하기, 통찰과 새로운 기술 적용하기, 좀 더 효율적인 삶을 살아가도록 주도권 갖기
목 표	자기인식 증가시키기, 기술과 개인적 성장 향상시키기
관계성	공동작업/발달, 적절한 정보, 적합한 잡담과 유머에 초점을 두면서 초기에 관계를 잘 형성함.
평 가	발달 분석/영재성과 관련된 것으로서 일반학생 혹은 다른 영재학생들과 다름의 정도/미성취 관련 공식적·비공식적 발달적 평가
과 정	1~10회기로 제기된 문제에 과하게 주의를 두지 않고 적절하게 주목함. 내담자의 이야기에 자주 끼어들기/모든 구성원에게 말할 기회 주기/내담자의 특성에 따라 상담의 형태/종결 방식을 탄력적으로 운영

(Mendaglio & Peterson, 2014의 '영재상담 모델'에 소개된 모델들 중 영재의 과흥분성 관련 상담에 가장 잘 부합하는 학자의 이론을 토대로 재구성)

1. 의뢰 과정[1]

용준(가명)이는 서울 한 초등학교의 6학년 학생이다. 용준이는 학교에서 치르는 시험에서 항상 1~2등을 할 정도로 학습에 두각을 보인다. 또한 학교에서 하는 수학 영재반에서도 다른 친구들이 해결하지 못하는 수학문제를 다양한 방법으로 해결해서 아이들 사이에서도 공부 잘하기로 소문이 나 있다. 뿐만 아니라 용준이는 글짓기 실력이 또래 아이들보다 탁월해서 학교 대표로 여러 글짓기 대회에 참가하여 교외 상도 여러 번 받은 경험이 있으며, 배드민턴에 관심이 있어서 장래의 꿈은 배드민턴 선수가 되는 것이다. 학급에서 맡은 1인 1역을 한 번도 빼먹지 않고 철저히 수행하는 성실함도 지니고 있으며, 숙제도 빼먹지 않고 꼬박꼬박 잘 해 오는 아이로 표면상으로는 아무런 문제없이 학교생활을 하고 있다. 용준이의 과거 담임선생님은 용준이를 단순히 모범생 정도로 생각하고 아이의 성실함에 입이 마르도록 칭찬을 하곤 한다.

하지만 용준이에게 별도의 상담적 중재가 필요하다고 생각한 이유는 여러 가지가 있다. 우선 용준이는 학급 아이들과 제대로 어울려 놀 줄을 모른다. 항상 아이들이 노는 데 겉돌기만 할 뿐 아이들과 함께 놀이를 하거나, 공부를 하지는 않는다. 또한 용준이는 누군가에게 혼나는 것을 극도로 힘들어한다. 용준이가 학교생활에서 지적을 받거나 혼나는 일은 매우 드물지만, 혹시나 교사에게 지적을 받게 되면 그날 용준이는 하루 종일 침울해 있다가 결국에는 배가 아프다며 수업 중에도 화장실을 여러 번 들락날락한다. 다른 아이들 같았으면 그냥 넘어갈 일들도 용준이는 하루 종일 담아 두고 있으며 흥분을 가라앉히지 못하고 얼굴이 붉으락푸르락해서는 매우 힘들어하는 모습을 보인다. 뿐만 아니라 용준이는 시험 보는 것에 대한 강박증 같은 것이 있어서 수시로 보는 수행평가나 단원평가에도 잔뜩 긴장을 하고 시험 결과가 나오면 다른 아이들, 소위 공부를 잘하는 상위권 아이들

[1] 이 절의 예시는 김○○ 교사의 실제 상담 내용을 토대로 재구성한 사례임.

주변을 맴돌며 자기의 점수와 비교하며 돌아다닌다. 또한 용준이는 시험을 본 다음 날은 긴장이 풀려서인지 지적받았을 때와 마찬가지로 배가 아파서 화장실에 가곤 한다.

　이처럼 용준이는 여러 가지 과흥분적인 정서문제를 동반하고 있는 영재아동이다. 용준이의 학교생활에서 용준이의 행동이 거의 완벽에 가깝기 때문에 많은 선생님이 용준이를 단순히 모범생으로 치부하고 그 아이의 행동에 칭찬을 자꾸 해주고는 있다. 하지만 분명 용준이의 완벽함 뒤에 숨겨진 과흥분적 정서문제는 도움이 필요한 것이며, 용준이가 앞으로 커 가면서 겪을 더 큰 어려움을 생각할 때 하루빨리 개선이 필요해 보였다.

2. 자료 수집

　다음 〈표 7-2〉는 용준이에 대한 자료 수집 및 평가 항목에 따른 주요 내용을 다룬 것이다.

표 7-2 자료 수집 및 평가 항목 개요

수집 · 평가 항목	확인	주요 내용
내담학생의 적극적인 참여 의지	✓	• 본인의 문제가 무엇인지는 잘 모르지만 주위의 지적이나 문제상황에 대해 극도의 흥분이 일어나고 시험 전후로 배가 너무 아파 배설장애를 가진 부분에 대해서는 극복할 필요가 있다는 인식을 가지고 있음. 적극적으로 참여해 자신의 문제를 해결해 보고자 하는 의사를 표함.
발달 이력 및 내력	✓	• 평소 웬만하면 지적받을 일을 하지는 않음. 한편, 흥분한 상태에서는 스스로 자기조절을 하지 못하고 극도로 상기되며 평소보다 두세 배 큰 목소리와 행동으로 전혀 다른 행동을 보여 학급에서 다양한 2차적 문제를 일으키기도 함. 시험 전후의 스트레스성 배설장애를 보임.
사회적 발달 자료	✓	• 친구들과 잘 어울려 놀지를 못함. 완벽주의 성향으로 자신이나 타인과의 관계가 원활하지 않음. 너무 긴장해서 시험을 백지로 내고 그 자리에서 주저앉아 우는 경우도 있음. 다른 특이한 사회적 발달 문제는 크게 드러나지는 않음.

가족 평가	✓	• 어머니를 대상으로 상담 및 양육 스타일을 확인하였음.
심리측정적 자료의 보강	✓	• 학교에서 실시되었던 몇 가지 심리검사와 진로적성 검사 자료를 확인하였음.
의료적 진단	✗	※ 특별한 필요를 느끼지 못해 요청하지 않음. 배설장애와 관련해서는 진단력을 확인하였음.
현재의 기능 평가	✓	• NEO 아동성격검사 • 학습습관 검사 • 성취동기 검사 • 지적 능력 검사
내담자의 목표와 내적 지향성	✓	• 자기표현 및 또래관계 증진 • 건강한 자아발달 • 시험에 대한 강박, 완벽주의 감소 • 배설장애 부분 완화
추가 정보	✓	• 내담학생의 노트, 시험지, 글짓기 자료 등

3. 상담환경의 구조화

용준이에게는 도대체 어떤 어려움이 있는 것일까?

평소 용준이는 웬만해서는 지적받을 일을 하지 않는다. 그런데 가끔 용준이가 흥분한 상태에서는 자기 스스로를 조절하지 못할 때가 있다. 스스로를 조절하지 못한 나머지 용준이는 얼굴이 매우 상기되고 평소보다 두세 배는 더 큰 목소리로 크게 떠들곤 한다. 새 학년이 되고 한 달여 간 아무 일 없었던 용준이에게 문제가 있다는 것을 알게 된 것도 바로 용준이가 상당히 흥분된 상태에 있던 날이었다. 학교에서 사이언스 페스티벌이 열렸던 4월의 어느 날, 용준이의 어머님은 일일 도우미로 학교에 오셔서 아이들의 체험 부스를 보조해 주시는 일에 참여해 주기로 했다.

아침부터 학교에 엄마가 온다는 사실에 들떠 있던 용준이는 유달리 산만하고 정신이 없었다. 다른 아이들처럼 엄마가 오시니 들떠 있나 보다 생각한 교사는 수업시간에도 집중하지 못하고 두리번거리며 흥얼거리던 용준이에게 아무런 말을

하지 않았다. 그런데 수업이 채 끝나지도 않았는데 종이 치는 소리를 듣자마자 큰
소리로 무어라 이야기를 하며 책을 덮는 용준이의 모습이 정도를 지나친 것 같았
다. 그래서 오늘따라 유달리 용준이가 들떠 있다는 점을 이야기하며 적어도 수업
이 채 끝나지도 않았는데 책을 덮어 버리는 것은 선생님에 대한 그리고 함께 수업
을 듣는 친구들에 대한 예의가 아닌 것 같다고 이야기를 하였다. 이야기를 마치고
교사도 기분이 썩 좋지 않아 수업을 정리하고 페스티벌이 열리는 운동장으로 나
가려고 준비를 하고 있었다. 그런데 자기 자리에 앉아서 멍한 표정으로 자기 입을
때리고 있는 용준이의 모습이 교사의 눈에 들어왔다. 빨개진 얼굴로 멍하니 앉아
서 하염없이 손으로 자기의 입을 때리고 있는 용준이. 스스로를 자학하고 있는 모
습에 너무 놀란 나머지 교사는 용준이에게 괜찮으니 어서 밖으로 나가자고 서둘
러 말하고 아무 일이 없었다는 듯 넘기려 했지만, 용준이가 자기 입을 때리고 있
던 그 장면은 며칠 동안이나 머릿속에서 지워지지 않는 충격으로 남았다.

물론 이날 우리 반 아이들 모두가 들떠 있고 정신이 없었던 상태라 교사는 용
준이가 자신의 입을 때리고 있던 상황을 크게 다루거나 이슈화하지는 않았다. 또
한 용준이가 막상 운동장에서 사이언스 페스티벌에 참여하고 있을 때에는 다시
평소의 용준이로 돌아와 있었기 때문에 용준이가 자학하던 행동을 그날 오신 용
준이 어머님께 특별히 말씀을 드리지도 않았다. 하지만 이날의 일을 계기로 용준
이를 좀 더 관심을 가지고 지켜보게 되었다.

일반적으로 상담환경의 구조화란 일종의 오리엔테이션과 같은 과정으로 상담
자와 내담자가 서로 간에 취할 역할에 대해 안내하는 것이다. 따라서 본 상담을
시작하기 전에 내담학생에게 상담이란 어떤 활동인지, 이 상담의 진행과정에서
이루어지는 상담자와 내담자의 관계는 무엇인지, 상담의 실제에 대한 부분은 무
엇이고, 상담 윤리는 무엇인지에 관한 정보를 전했다.

용준이와 현재의 상태와 필요에 대해 이야기 나누고 어떤 조력이 필요한지에
대해 간략히 이야기를 주고받았다. 용준이도 기꺼이 이 활동에 참여하고 싶다고
했고 담임교사도 이 활동을 통해 용준이에게 좋은 변화가 일어나기를 기대한다
고 했다.

상담의 진행은 일주일에 한 번 정도 교실에서 만나 약 40~50분 정도 이루어지므로 전체 한 시간 정도 소요될 것이며, 상담자와 내담학생이 서로 간에 지켜야 할 약속을 정했다. 상담은 서로 간에 약속한 시간에 이루어질 것이며, 상담을 하지 못하는 날에는 사전에 서로 미리 알려 주고 다른 날을 정하기로 했다. 상담은 내담학생이 어떤 특별한 문제가 있기 때문에 필요하다기보다는 학생이 현재 자신의 특성과 직면한 문제 등을 탐색할 수 있도록 조력함으로써 보다 성숙해지고 즐겁고 발전된 변화를 시도하는 과정이라고 설명해 주었다. 그리고 용준이의 건강하고 행복한 성장을 돕는 과정이며 용준이가 가진 좋은 재능을 더 건강하게 잘 펼쳐 나갈 수 있게 돕는 과정임을 안내하였다.

4. 상담의 진행 과정

1) 초기 단계: 관계 형성 및 자료 수집 · 평가

상담 초기 단계에서는 무엇보다도 내담자와의 관계 형성이 중요하다. 따라서 내담자가 상담자에 대한 경계심을 갖지 않도록 정서 교감을 위한 노력이 필요하다. 이후에는 자료 수집 및 평가를 위한 단계로서 용준이의 과흥분성 문제를 관찰하고 중재하기 위해 자료를 수집하고 분석하는 작업이 필요하다.

한편, 용준이의 학교에서는 매년 국내 유명 심리검사센터의 각종 검사들을 아이들에게 실시해서 그 결과를 무료로 제공해 주고 있다. 이 모든 결과는 해당 검사센터 홈페이지에서 학교에 부여해 준 ID와 비밀번호를 입력하면 언제든 볼 수 있도록 시스템화되어 있다. 이 결과들을 토대로 아이들의 누적 검사 기록들을 확인하고 아이들의 눈높이에 맞추어 상담을 해 주라는 교장선생님의 말씀에 따라 용준이 학교의 모든 선생님은 필요하다면 아이들의 지난 검사 결과들을 참고하여 교육 활동에 활용하곤 한다.

따라서 용준이의 5학년 때 이루어진 성격검사의 결과와 6학년이 되어 이루어진 진로검사, 학습흥미 검사 결과를 살펴보았다. 교사가 용준이를 잘 몰랐던 5학년 때의 성격검사 결과가 용준이를 이해하는 데 무엇보다도 많은 도움이 되었다. 용준이를 보며 교사가 느꼈던 점들이 그대로 검사 결과에 드러나 있기도 하고, 교사가 몰랐던 용준이의 새로운 모습들도 살펴볼 수 있는 재미있는 검사 결과들을 통하여 용준이를 앞으로 어떻게 도와주고 안내해야 할지 생각해 볼 수 있었다.

(1) NEO 아동성격검사

이 검사는 학생들의 성격을 자기보고식으로 평정해 조사하고 그 결과를 참고해 학생들을 지도 가능하게 하는 검사다. 불안, 학교폭력의 가능성, 대상관계, 애착장애, 대인불안, 우울 및 자살 가능성, ADHD, 비사회성, 아동학대나 심리적 트라우마 등 학생들의 발달적 장애를 측정하고 MBTI(Myers-Briggs Type Indicator)에서 측정하는 성격요소인 기질적 특성도 측정하고 있는 검사다. 이 검사는 아이들의 외향성(사회성, 지배성, 자극추구), 개방성(창의성, 정서성, 사려성), 친화성(온정성, 신뢰성, 관용성), 성실성(유능감, 조직성, 동조성), 신경증(불안, 적대감, 우울, 충동성, 소심증, 정서충격)의 내용으로 구성되어 있으며 학생들의 개성을 파악하고 학교폭력이나 애착장애, 따돌림 등을 미리 예측 가능하게 한다.

NEO 아동성격검사에서 보이는 용준이의 유의미한 특징들을 살펴보면 용준이의 5요인 중 외향성 부분에서 평균보다 10이나 낮은 점수가 나왔다는 것을 들 수 있다. 또한 친화성 측면에서도 12점 낮은 점수를 보이고 있고, 신경증 측면에서는 12점 이상 높은 결과를 보이고 있다. 용준이가 친구들과 잘 어울리지 못하고 겉돌며 신경질적인 면을 보이는 것이 검사 결과에 그대로 나타나 있었다.

용준이의 외향성 검사 결과를 보면 특히 사회성과 자극추구에서 다른 친구들의 평균과 비교하여 주목할 만한 차이를 보이는데 사회성은 특히 떨어지고 자극추구 점수는 낮아서 변화를 두려워하고 피하는 것을 알 수 있었다. 또한 용준이의 개방성 점수 중 정서성의 경우 17점 정도의 차이를 보이고 있는데 용준이가 감성적이고 여린 면을 갖고 있는 것이 검사에서도 한눈에 드러났다. 친화성 결과에서도 온정성과 관용성 점수가 특히 낮게 나왔는데 용준이가 친구들의 작은 실수에도 크게 흥분하고 화를 내는 모습이 떠오르게 하였으며, 신경성 결과에서 불안과 적대감, 우울, 충동성, 위축 점수가 다른 친구들의 평균보다 높고 특히 위축 점수에서 19점가량 더 높게 나오고 있는 것을 보아 항상 다른 친구들과 자신을 비교하며 주눅들어하던 용준이를 떠오르게 하였다.

NEO 아동성격검사에 드러난 용준이의 성격은 평소의 용준이의 행동에서 자주 보이던 특성들을 그대로 나타내고 있었다.

(2) 진로적성검사

Holland 진로발달검사는 학생들의 진로의식, 진로발달 및 진로성숙도를 측정함으로써 학생들이 각 시기마다 진로의 방향성을 설정하는 데 참고할 수 있는 정보를 제공하는 검사다. 용준이의 학교에서는 이 검사를 실시하고 있었기 때문에 별도의 검사를 하는 것보다는 기존의 자원을 활용해 영재상담에 활용할 수 있어서 훨씬 접근이 쉽고 부담이 적었다. 제1부는 진로발달 성숙의 정도를 알아보기 때문에 학급단위별로 진로교육의 효과성을 측정해 보는 도구로도 활용할 수 있다. 제2부 Holland의 직업적 성격 유형은 학생들의 성격적 잠재 적성으로서 기술 기능 분야, 학문적 탐구 분야, 예술 분야, 사회적 봉사 분야, 기업 · 경영 분야 및 재무회계 행정 분야 등으로의 진로 적성을 사전에 탐색함으로써 어릴 때부터 진로발달의 방향을 참고할 수 있다.

진로적성검사 결과 용준이는 직업적 성편견이 다른 친구들보다 높게 나타났다. 성역할에 대한 인식을 개선하고자 하는 취지에서 실시되는 양성평등 글짓기 대회에도 참가하여 큰 상을 받은 적도 있는 용준이에게 직업적 성편견이 다른 친구들보다 20점 이상 높게 나왔다는 것은 매우 놀라운 사실이다. 또한 자긍심 점수는 다른 친구들보다 5점가량 낮게 나왔는데 평소 용준이가 자책하고 자신을 한없이 작게 여기던 모습을 떠오르게 하였다.

용준이는 SI의 진로유형을 나타내고 있는데 사회형과 탐구형의 진로성숙도를 나타내는 결과였다. 곰곰이 탐구하고 고민하는 용준이의 성격상 탐구형의 결과는 인정이 되지만 사회형의 경우에는 다소 의외의 결과였다. 하지만 용준이의 장래 희망이 배드민턴 선수인 점을 감안할 때 사회형의 검사 결과는 교사가 아직 발견하지 못한 용준이의 다른 면을 볼 수 있도록 하는 결과일 수 있다.

(3) 학습 흥미 검사

흥미는 일반적으로 어떤 현상이나 사물에 대해서 좋아하거나 싫어하는 것 또는 몰두하거나 관심을 갖고 호기심을 갖는 경향성을 의미한다. 학생들은 자기가 좋아하는 활동에 더 많이 몰두하고 시간과 노력을 들인다. 그리하여 보다 만족스러운 결과를 얻게 되고 그것이 강화되어 자신이 좋아하는 활동을 점점 더 잘하게 되는 경향이 많다.

사실 용준이의 반 아이들은 높은 흥미를 보이는 과목이 잘 드러나지 않은 아이들이 많았다. 그에 비해 용준이는 좋고 싫음의 구분이 확실히 드러나 있었다. 용준이의 학습 흥미를 보면 국어와 수학에서는 높은 흥미를, 과학, 사회, 실과, 음악에서는 낮은 흥미를 나타내었다. 특히 용준이의 과학에 대한 흥미도는 45.7로 학년 전체 평균보다도 현저하게 낮았다. 용준이는 사실 이 모든 과목에서 높은 학업성취도를 보이는 학생이었다. 하지만 실제 점수와 본인이 지각하고 있는 과목 흥미도상의 간극이 용준이는 정말 큰 것으로 나타났다. 용준이처럼 좋고 싫음이 확실한 아이가 그 모든 과목에서 두각을 보이기 위해서 얼마나 노력하고 시간을 들였으며 용준이의 심리적 부담감이 컸을지를 추정할 수 있었다.

사실 교사에게 첫 담임으로 용준이와 같은 학생을 만난 것은 행운이었다. 굳이 신경을 쓰지 않아도 스스로 알아서 자기가 맡은 일을 성실히 해냈고, 친구들과 딱히 어울려 지내지는 않아도 다른 아이들의 모범이 되곤 했기 때문이었다. 그래서인지 말썽꾸러기 아이들보다 용준이에게 보여 준 교사의 관심은 훨씬 적었다. 하지만 관찰을 해 볼수록 용준이는 도움이 필요하고 관심이 필요한 아이였다. 정서적으로 과흥분적인 데다 강박증적인 면도 갖고 있어서 불안 증상을 보이며, 자신의 기분에 따라 배설장애까지 나타나기 때문이다. 다양한 검사 결과나 용준이의 일기에서 볼 수 있듯이 용준이는 기분장애의 일종인 우울증도 있었다. 이처럼 용준이는 정서적인 측면에서 매우 민감하고 예민한 과흥분적 상태일 뿐만 아니라 복합적인 문제들이 뒤엉켜져 있는 상태의 아이다. 하지만 지금까지 용준이의 이러한 정서적 민감성들은 용준이의 학업 성과에 가려져 문제로 체감되지 못했던 것이다.

현재 용준이는 많이 힘들어한다. 공부도 힘들어하고, 아이들과의 관계도 어려워한다. 물론 이러한 어려움들이 용준이가 성장하면서 자연스레 스스로 극복할 수 있는 문제들이기를 바라지만 용준이의 성격상 예방적 처치를 미리 해 주는 것이 용준이의 미래를 위해서 필요하다. 항상 혼자서 무언가를 끄적이거나 공부를 하는 용준이가 온몸으로 보여 주고 있는 외로운 외침을 교사는 그동안 모르고 있었다. 영재아동의 정서적 민감성을 현실에서, 바로 교사 자신의 학급 안에서 바라보면서도 거의 인식하지 못하고 지냈다. 교사가 용준이를 만난 것을 행운으로 여기듯이 용준이도 교사를 만난 것을 행운으로 여길 수 있기를 바라며 용준이와의 즐거운 상담 여행을 시작해 보고자 한다.

2) 중재 단계: 구체적인 전략의 수립 및 실천

이 단계에서는 내담학생에 대한 이해와 현실의 문제를 개념화하고 구체적인 전략을 수립해 내담학생 및 학부모, 담임교사들과 함께 본격적인 조력에 들어가는 시점이다. 이 책은 영재교사 및 영재부모를 대상으로 영재학생을 위한 상담적 조력에 대해 개관적 이해 도모를 위해 기술한 개론서인 만큼 전문가를 위한 상담 이론서에 비해 그 사례나 중재 면에서 훨씬 간단하고 일상적인 중재를 중심으로 소개하였음을 밝힌다. 지나치게 전문적인 관념론적 접근보다 교사나 학부모로서 쉽고 부담 없이 영재학생을 조력하는 데 도움이 되는 자료가 부족하다는 생각을 갖고 있기 때문이다. 실제로 대부분의 학교 현장의 교사와 영재담당 교사 및 학부모는 상담 이론 및 기술에 대한 전문성이 풍부하지 않다. 영재학생을 일상에서 만나는 교사나 학부모가 쉽게 이해하고 적용하기에 용이한 도움 자료의 제공이 절실한 실정이다. 따라서 다음의 사례 역시 실제 학교 현장의 교사가 영재학생의 과흥분성 문제를 상담하고 조력한 예라는 측면에 의미를 두어 소개하였다.

(1) 영역별 문제 정리

용준이가 보이고 있는 여러 가지 문제를 영역별로 정리해 보면 〈표 7-3〉과 같다.

〈표 7-3〉에서 정리한 용준이의 문제 목록들을 토대로 용준이의 문제들을 개념화해 보면 우선 용준이는 심리적 과흥분성을 표출하고 있으며, 시험과 생활 태도면에서 지나친 '완벽주의'를 추구하고 있다. 동시에 심리기능장애의 일종인 강

표 7-3 용준이의 영역별 문제 정리

영역	어려움 또는 문제
정서적인 면	• 자신뿐만 아니라 남에게도 기대하는 완벽주의 • 혼나는 것에 대한 극도의 거부감 • 자아존중감이 낮고 우울감이 높음 • 남에게 상처 주는 말을 하고도 자신이 무엇을 잘못했는지 잘 모르는 경우가 많음
사회적인 면	• 학급 친구들과 잘 어울리지 못하고 혼자 놂
의학적· 신체적인 면	• 시험 보는 날이나 스트레스를 받은 날이면 설사를 함 • 긴장을 하거나 혼나면 자주 배가 아파서 양호실에 감 • 흥분을 하면 얼굴이 극도로 빨개져서 흥분이 가라앉을 때까지 씩씩거림 • 배가 아픈 날은 우유와 급식을 먹지 못하고 집에 가는 경우가 많으며, 다른 아이들에 비해 상대적으로 키가 작고 체구가 많이 왜소함
학업적인 면	• 시험에 극도의 긴장감을 보임 • 매우 꼼꼼하여 시험 시간 조절을 잘 못해 아는 문제도 못 쓰고 내는 경우가 있음 • 라이벌인 친구들을 심하게 의식하며, 그 아이들보다 시험을 못 보면 심하게 자책함
가족적인 면	• 어머니가 학교 일에 매우 적극적이며 아들을 끔찍이 아낌 • 용준이를 많이 믿어 주는 편이라 따로 공부하라는 말은 안 하는데 용준이가 스스로 공부하는 면에 대해 매우 대견해하고 자랑스러워하고 있음
기타	• 약하고 힘이 딸려 축구와 같은 운동은 잘 못하는 반면, 꿈이 배드민턴 선수이기 때문에 배드민턴을 좋아하고 열심히 함. 그러나 기량이 많이 부족하다고 코치님이 말씀하심

박장애와 낮은 자존감, 우울감을 지니고 있는 것을 알 수 있다. 또한 자신의 기분에 따라 자주 배가 아프고 설사를 하는 배설장애를 보이고 있다. 실제로 용준이의 배설장애는 양호선생님도 인정을 하며 용준이의 안부를 물을 정도로 가시화된 상태다.

(2) 구체적인 전략 수립

용준이의 문제들을 바탕으로 상담 계획을 다음과 같이 세우고 실천하였다. 그런데 이 사례의 경우는 단순히 상담적 접근만이 아닌 교실 전체 프로그램을 활용한 총체적 중재를 소개하고자 한다. 담임교사로서 포괄적 차원에서 과흥분 영재학생의 상담 사례를 소개할 때 단순히 상담이라는 제한적 장면에서만의 지원이 아닌 다양한 교육환경 조성 및 프로그램 운영과 연계해 폭넓은 중재 방향을 소개하는 것이 의미가 있다고 보았기 때문이다.

① 단계 1: 문제의 선정

용준이의 과흥분성 문제는 무엇보다도 '시험'이라는 특별한 외적 요인과 매우 밀접한 연관성이 있는 것으로 판단된다. Peterson의 영재상담 모델에서는 과흥분성 영재가 일반학생과 다른 독특한 발달 양상 및 특성적 조합을 가진 예외적 학생일 가능성이 크다고 했다. 용준이 역시 독특한 특성이 있었기 때문에 최대한 내담학생의 고유한 특성을 이해하고 차별화된 접근을 시도하려 노력하였다. 한편, 내담학생은 앞으로도 지속적으로 시험을 볼 수밖에 없는 현실 상황에 놓여 있다. 따라서 용준이가 시험에 대한 긴장을 조금씩 완화시키고 시험을 통하여 얻은 결과에 자책하기보다 시험을 통해 자신이 아는 것과 모르는 것을 확인하는 경험을 갖게 하는 것이 중요하다고 보았다. 또한 용준이가 자신뿐만 아니라 남의 실수에도 좀 더 너그러워지고, 이러한 마음을 바탕으로 현재 겪고 있는 배설장애를 극복하는 데 상담의 초점을 맞출 계획이다. 즉, 시험에 대한 심리적 압박을 보다 자연스럽고 편안하게 극복할 수 있는 부분에 초점을 맞출 필요가 있다고 보았다. 이런 부분이 해결되면 자연스럽게 시험 전후로 나타나는 배설장애를 극복하는 데도 도움이 될 수 있을 것이라는 가정을 하였기 때문이다.

② 단계 2: 문제의 정의

용준이의 시험 관련 과흥분 및 극도의 불안과 강박 증상은 '완벽주의'와 밀접한 관계가 있다. 용준이의 지나친 완벽주의는 자신의 시험 과정 및 결과에도 부정적 영향을 끼칠 뿐만 아니라 친구들과의 관계에까지 큰 영향을 끼치고 있었다. 물론 완벽주의가 주는 긍정적인 측면도 있지만 용준이의 경우는 완벽주의가 지나친 나머지 긍정적인 효과를 보이기보다 부정적인 면이 훨씬 더 많이 드러나고 있다. 따라서 용준이의 성격에서 심리적 압박형 완벽주의를 자기성장형 완벽주의로 변화시켜 줄 필요가 있다고 보았다.

또한 용준이는 과흥분적으로 '고양된 민감성(a heightened sensitivity)'을 시험이라는 대표적인 특정 상황에서 보이는 양상이 있다. Dabrowski가 언급했던 '과흥분성'을 폴란드 용어로 직역하면 과흥분성보다는 초자극성(superstimulatability)이라는 용어에 가깝다고 하는데(Piechowski & Colangelo, 1984), 실제로 용준이도 일반학생에 비해 자극에 대한 민감성이나 인식의 강도가 훨씬 높은 양상이 자주 관찰되고 있다. '과흥분성' '초자극성'으로 명명될 수 있는 영재들의 과흥분성 문제 중 용준이는 특히 '심리적·운동적 과흥분성' '정서적 과흥분성'이 두드러지게 나타나고 있었다. 이러한 맥락에서 용준이는 시험에 대한 자신의 정서적 불안감이 과흥분으로 연결되어 안절부절못하게 만들고, 나아가서는 배설장애로까지 신체화되어 증상이 나타나고 있는 것이었다. 담임교사는 대학원에서 영재교육을 공부하면서 지도교수에게 상담하고 조언을 얻으며 전문적인 조력을 통해 용준이의 문제를 정의할 수 있었다. 전문적인 영재발달, 상담에 대한 지식과 조력을 통해 용준이의 문제를 정의하다 보니 단순히 외적으로만 나타나는 배설문제(설사)가 복잡하고 깊은 심리적 특성으로부터 기인되고 있음을 새롭게 통찰하였다.

③ 단계 3: 목표의 개발

• 용준이의 과흥분성으로 나타나는 불안과 심리적 압박형 완벽주의를 완화시키고, 자기성장형 완벽주의로 변화시킨다.

• 용준이의 배설장애를 가정과 연계하여 극복한다.

④ 단계 4: 목적의 구성

• 용준이의 시험에 대한 정서적 불안을 줄인다.

• 용준이가 친구들과 함께 놀며 즐거운 경험을 할 수 있도록 독려한다.

• 용준이의 심리적 특성을 부모님께 알려 드리고 가정과 협력해 중재한다.

⑤ 단계 5: 중재 만들기

• 용준이가 지닌 과흥분성과 완벽주의 문제를 완화하기 위해 전략을 짜고 가정과 공유하며 협력해 실행한다. 상담 진행과정에서 배설장애에 관한 신체적 혹은 심리적 치료가 필요할 수 있음을 고려해 병원에도 내원할 것을 가정에 권유한다.

⑥ 단계 6: 실행

• 내담학생 및 학부모와의 깊은 대화를 통해 모든 진행과정을 상호 협의하에 실행한다.

3) 중재 프로그램의 실행 예시와 효과

(1) 친구들과의 놀이 경험

앞에서 언급한 바와 같이 용준이는 친구들과 함께 노는 것에 별로 흥미를 보이지 않는다. 못하는 것인지, 안 하는 것인지, 피하는 것인지 정확히 말하기는 어렵지만 공부도 놀이도 뭐든 혼자 하는 습관이 몸에 밴 용준이는 오히려 아이들이 근처에 몰려 있거나 북적일 때면 슬그머니 자리를 피해서 혼자만의 시간을 갖는 모습을 종종 보인다. 교사는 그런 용준이에게 친구들과의 놀이 경험을 할 수 있는 기회를 주는 것은 사실 매우 어려운 일이라는 생각을 했다. 그런데 어느 날 용준이의 꿈이 배드민턴 선수라는 사실과 배드민턴이라는 운동이 혼자서는 할 수 없는 운동이라는 생각을 문득 떠올리게 되었다. 더욱이 6학년의 체육 교육과정에는 배드민턴이 포함되어 있기 때문에 의외로 용준이가 친구들과 놀이 경험을 할 수 있는 시간을 쉽게 마련해 줄 수 있었다. 학교 강당에서 네트를 쳐 놓고 하는 배드민턴 경기는 용준이를 비롯하여 많은 아이가 좋아하는 활동이기 때문에, 교사는 거기에 약간의 경쟁요소를 가미하여 용준이가 자신의 재능을 마음껏 펼칠 수 있는 기회를 제공하고 아이들과 어울릴 수 있는 기회를 만들어 주고자 노력하였다.

용준이는 3학년 때부터 배드민턴을 배웠기 때문에 체구는 작아도 다른 아이들보다 제법 노련하게 배드민턴을 쳤다. 또한 복식을 이루어서 토너먼트 형식의 배드민턴 경기를 진행하자 용준이에게 좋지 않은 감정을 가지고 있던 아이들조차도 승부욕에 불타 하나둘씩 용준이와 팀을 이뤄 경기할 수 있기를 소망하는 상황이 되었다. 교사는 이날 그렇게도 인기 많은 용준이의 모습을 처음 보았다. 또한 그렇게 활짝 웃으며 배드민턴을 치던 용준이의 모습도 처음 보았다. 그 뒤에도 종종 비가 오는 날이면 강당에서 체육을 하는데 아이들은 그때마다 배드민턴 경기를 했던 이야기를 떠올리며 용준이의 전설적 활약상을 칭찬하곤 했다. 용준이에게 "아직도 배드민턴을 배우냐?"는 질문도 하고 "어떻게 서브를 넣어야 하느냐?"는 질문도 하며 아이들은 서서히 용준이와 함께 노는 경험을 하는 것 같았으며, 이 모습을 본 교사는 매우 흐뭇했다. 배드민턴 경기는 반 아이들에게도 또 용준이에게도 함께 노는 경험을 제공해 주는 소중한 시간이 되었다.

(2) 시험에 대한 정서적 불안 완화시키기

용준이는 공부를 매우 잘한다. 매번 1등을 하는 것은 아니지만 적어도 2~3등 밖으로 벗어나지는 않는다. 학기 초에 용준이는 한 단원이 끝나면 으레 보는 단원평가에도 긴장을 하고 배 아파했다. 처음에 교사는 그런 용준이를 보면서 이러한 작은 시험들을 보는 횟수를 늘려서 시험에 둔감해지도록 하는 전략을 써 볼까 했다. 그런데 시험을 자주 볼수록 시험에 둔감해지는 용준이의 모습을 조금씩 느낄수는 있었지만 또 다른 측면에서는 시험에 아등바등하며 힘겹게 준비하는 용준이의 모습을 보니 근원적인 해결책이 아니라는 생각을 했다. 그래서 교사는 용준이에게 시험이 끝나면 항상 "이번 시험은 어땠니?"라는 작은 질문부터 용준이가 틀린 문제들을 이야기하며 "이런 부분은 몰랐던 부분이구나. 중요한 내용인데 이번 시험을 통해 알게 되어서 참 다행이다."라는 긍정적인 이야기들을 해 주었다. 이러한 사소한 이야기들은 용준이가 다른 남자아이들처럼 점심시간에 축구를 하러 밖에 나가지 않고 교실에서 남아 있기 때문에 틈틈이 할 수 있었고, 의외로 용준이도 긍정적인 반응으로 교사의 말에 응해 주었다.

매주 1회씩 용준이와 함께 하는 개별적인 상담시간의 이야기들 이외에도 교사는 틈틈이 용준이를 포함한 전체 학생을 대상으로 "시험은 지금까지 너희가 봐 왔던 것들보다 앞으로 볼 기회도 많으며, 평가 목적보다도 자신의 발전을 위해 공부해야 할 부분을 알게 하여 진짜 성장을 돕기 위한 목적이 숨겨져 있다."라는 이야기를 해 주었으며 "나이를 많이 먹은 지금까지도 선생님은 시험을 보고 있다."라는 이야기를 해 주었다. 따라서 "시험과 공부를 단지 하기 싫은 것으로 치부할 것이 아닌 친구처럼 친근하고 편안하게 생각해야 한다."라는 이야기들을 해 주었다. 용준이와의 개별 상담시간에는 용준이의 시험에 대한 걱정이나 불안 등을 들으며 다양한 정서적 지지와 왜곡된 이해를 수정하도록 조력하였다. 특히 상담자로 선 교사 자신이 공부하며 성장했던 이야기를 많이 해 주면서 "나도 용준이와 같은 경험을 많이 했고 또 지금도 대학원에서 시험을 보고 있단다."라고 말해 주었다.

그래서인지 용준이는 가끔 교사에게 대학원 시험은 언제 보시냐는 질문과 왜 공부를 안 하시냐는 걱정을 함께 해 주곤 한다. 그럴 때마다 교사는 매우 환한 웃음을 지으며 틈틈이 공부하고 있으며 시험 잘 보고 오겠다는 말도 해 주었다. 자신과 같은 경험을 하고 있는 교사를 보며 용준이는 조금씩 나아지고 있는 것일까? 굳이 교사의 노력 때문만은 아니겠지만 용준이는 처음보다는 시험에 대한 스트레스를 혼자서 통제하려는 모습을 많이 보여 주고 있다. 요즘은 종종 자기도 공부

열심히 할 테니 선생님도 공부 열심히 하시라는 격려도 해 주고, 대학원 공부는 어떠한 것들이냐는 질문도 하곤 한다.

Peterson은 과흥분성을 가진 영재학생이 자신의 독특한 발달 양상이나 정서적 특성으로 인해 자신이 다른 사람들과는 많이 다르고 갇혀 있다는 느낌을 받는 것이 아니라 삶을 효과적으로 살아가고 객관적으로 인식해 나갈 수 있는 탄력성을 기르도록 하는 상담적 지원의 중요성을 강조하였다. 따라서 교사는 용준이와의 상담과정에서 시험에 대한 인식을 개선하고 시험을 대하는 용준이의 태도와 마음가짐이 성장할 수 있도록 조력했던 것이다. 실제로 이러한 상담 모델을 기반으로 해 과흥분성과 완벽주의를 동반한 영재학생 용준이를 조력해 보니 아이의 불안감이 한층 완화되는 것을 눈으로 확인할 수 있었다. 또한 일기를 통해서도 아이의 심리적 변화 양상이 매우 긍정적으로 표출되고 있음을 보게 되었다.

(3) 가정과의 협력

용준이의 어머니는 학교 일에 매우 적극적이다. 녹색 어머니 활동도 흔쾌히 참여하고 학교에서 행사가 있다는 가정통신문을 받으면 빠지지 않고 참석한다. 그래서 용준이 어머니와 상담은 짧게나마 자주 여러 번 진행할 수 있었다.

일단 교사가 용준이 어머니와 가장 중점을 두어 협력한 점은 용준이의 배 아픈 증상을 완화하는 것이었다. 어머니에게 용준이는 배가 자주 아파서 굳이 우유 급식을 강요하지 않는다는 말씀을 드렸을 때, 어머니도 수긍을 했다. 하지만 용준이가 심리적 스트레스로 인해 배가 아프다는 생각은 전혀 안 하고 있었고 그저 속이 차서 그렇다는 말을 했다. 그러고는 용준이가 밤에 공부를 하다가 간식을 자주 먹으려 하는데 밤늦게 먹는 날이면 다음날 더 자주 배가 아프다고 한다는 말도 했다.

교사가 용준이의 배 아픔 증상이 완화될 수 있을 것 같다는 확신을 한 것은 용준이 어머니의 말을 듣고 난 뒤부터였다. 시험 전 늦게까지 공부를 하는 용준이는 밤늦은 시간에 간식을 챙겨 먹는데 그것이 시험 긴장과 함께 꼭 탈이 나게 된다는 생각을 했다. 그래서 용준이 어머니에게 되도록 늦은 시각에 간식을 먹지 않았으면 좋겠다는 말과 더불어 시험과 연계된 복통 및 설사 등의 증상을 설명했다.

이에 어머니도 함께 협력하겠다는 말을 했고, 가정에서도 용준이의 배 아픔을 단순하게 치부하지 않고 최소화하려고 노력하는 모습을 적극적으로 보여 주었다. 그 후로 지금의 용준이는 학기 초만큼 화장실에 자주 들락날락하지 않는다. 물론 우유 급식은 아직도 자주 빼먹고 모든 시험에서 여유를 보이는 것은 아니지만 상당히 많은 시험에 대해 여유를 보이고 있다. 휴지를 들고 급하게 화장실로 뛰어가는 용준이의 모습은 이제 좀처럼 보기 힘들다. 그런 용준이에게 교사는 "요새는 배 아픈 것이 많이 좋아졌구나."라고 웃으며 이야기해 주었더니 용준이도 씨익 웃으며 반응해 주었다.

용준이의 상담적 중재 프로그램은 아직 완전히 성공했다고 볼 수는 없다. 그럼에도 아이의 긍정적 변화는 분명하고 확실했다. 학생 한 명, 한 명에게 관심을 갖고 애정을 보이면 아이들은 분명 좋은 쪽으로 발전한다. 특히 일반학생에 비해 독특한 심리적 특성과 조합, 발달 양상을 가진 영재학생에게 있어서 상담적 조력은 반드시 필요한 발달 지원 프로그램 중의 하나가 되어야 한다. 전문적인 상담을 아주 오랫동안 체계적으로 진행한 것이라고 말하기는 어렵겠지만, 교사가 약간의 전문성을 가지고 학교 현장에서 영재학생의 문제에 귀 기울이고 상담적 지원을 제공했을 때 학생은 정말 너무나 행복해했고 긍정적으로 큰 변화를 보여 주었다. 며칠 전 용준이 어머니는 교사에게 시집 한 권과 함께 고흐의 〈씨 뿌리는 농부〉 그림이 그려진 엽서 한 장을 보내 주었다. 그러면서 어머니는 "그림 속의 농부가 꼭 아이들 마음 하나하나를 찬찬히 살피며 씨앗을 뿌리고 있는 선생님의 마음을 대신 표현해 주고 있는 것 같습니다."라는 말을 했다. 교사에게는 꼭 용준이뿐만이 아니라 교실 전체 학생의 행복하고 조화로운 발달을 고려하며 조력했던 작은 노력이 교육 현장에 반드시 필요한 실천적 과제임을 깨닫는 계기가 되었다.

생각할 문제

1. 영재학생의 '과흥분성'에 대해 설명해 본다.

2. 영재학생의 '과흥분성'에 대한 상담적 중재의 핵심 방향을 간략히 정리해 본다.

3. 영재학생의 과흥분성 문제의 상담 방향에 대한 시사점을 정리해 본다.

위험에 처한 영재의
부적응 문제와 상담

1. 특수영재의 부적응 문제에 대해 이해하고 그 특징을 구별한다.
2. 특수영재 중재(상담 포함)를 위한 자료 수집, 상담환경, 구조화 단계를 설명할 수 있다.
3. 특수영재의 교육 적응 문제 관련 상담의 전반적 방향에 대해 개관한다.

이 장에서는 위험에 처한 영재[1]에 대한 상담 모델을 제시하고 실제 적용 사례를 살펴보고자 한다. 위험에 처한 영재상담을 위한 핵심 개념을 정리하면 〈표 8-1〉과 같다.

 8-1 위험에 처한 영재의 부적응 문제 상담을 위한 모델

구 분	내 용
적용 모델	Kerr의 영재상담 모델
영재교육 관련 이론 및 학자	Hollingworth, Webb, Whitmore, Gardner, Csikszentmihalyi, Colangelo, Cohn, McAlister, Noble 등

1 특수영재, 즉 위험요소를 수반한 영재의 대표적인 예로는 장애, 저소득과 문화 차이, 비행, 학교환경, 사회적 관계문제 등을 들 수 있다(Silverman, 1993a). 이 장에서는 열악한 가정환경으로 인해 제대로 된 발달을 이루지 못한 특수영재의 학교 부적응 사례로 '우스이 데쓰조'의 사례를 소개한다.

영재성에 대한 개념적 정의	사물에 대한 이해나 통찰력이 좋음. 지능이 우수하고 해당 영역에서 10%의 똑똑한 영재부터 1% 수준의 고도 영재에 이르기까지 영재성의 수준상에 차이가 있다고 봄. 장애 또는 다양한 환경적 특수 문제를 수반하고 있어서 일반학생에 비해 두 개 이상의 예외적 특성을 보이는 상태의 영재를 말함.
특 성	추구하려는 욕구/성격, 뇌–신체화학, 각성용량과 지능과의 상호작용/지적 행동과 환경과의 상호작용의 결과일 수 있음.
전 제	영재성은 중요하기 때문에 영재성 발달은 개인과 사회가 책임을 공유해야 함. 원 능력이 발현(표출)될 수 있도록 적응을 지원함. 위험요인 및 특성을 고려해 영재학생의 장점을 기반으로 한 최적의 교육환경 조성에 주력함.
성 격	유전적 경향성, 에너지와 호르몬 수준, 의식을 변경하는 용량, 다양한 조합 혹은 결합이 성격을 일으킴. 영재성은 변화하는 것이지 불변적인 것이 아님.
영재의 특성	영재성은 때때로 전통적인 매력과 혼동됨. 영재성은 사회적으로 구성되며 한 개 또는 그 이상의 다양한 재능 영역에서 탁월한 수행으로 표출될 수 있는 능력이라고 봄. 한편, 다양한 환경의 부정적 영향을 받아 미성취로 전락할 수 있는 가능성도 많이 있음.
영재상담의 정의	특정한 이론에 집착하지 않고 내담학생에게 요구되는 다양한 치료적 요인을 기술적으로 사용함.
상담자의 역할	내담 영재학생의 나머지 성장 과정을 성공적으로 발달시켜 나가기 위해 개인과 공동체에게 역량 강화를 해 주는 변화의 주체
내담자의 역할	참여하기/작용하거나 하지 않는 현실에서 행동 나타내기/저항하기/투쟁하기/변화를 위한 합리적인 제안 시도하기/건강하게 성장하기
목 표	영재학생의 심리적 건강과 궁극적인 자아실현의 방향에서 변화하기, 자신을 사랑하고 열정적으로 일하며 자기보다 더 뛰어난 주변의 그 무엇과 연결하고 활용할 수 있는 능력과 태도를 함양하기, 자신을 둘러싼 부적 환경을 극복할 수 있는 탄력성과 주도성 강화하기
관계성	설득적이고 진정한 관계를 형성하는 상담자의 능력과 변화에의 저항을 극복하는 내담자의 능력에 따라서 상담결과가 많이 좌우됨.
평 가	지능과 신경심리학적 평가 결과를 의뢰, 지능검사의 재해석, 성격 및 진로 평가 실시
과 정	1~5회기, 경우에 따라 탄력적으로 진행/전통적 기법에 의식적인 요소를 추가함/각성 절정 전과 후의 해석/각성을 감소하거나 증가시키는 기법. 한편, 다양한 위험요소의 특징 및 요구에 따라서 상담 중재 기간이 달라질 필요가 있음.
기 법	빠른 변화를 위한 동기를 일으킬 강력한 기법/적극적 경청/지금 여기에 초점, 마음/몸 기법, 실험(예: 빈 의자)/독서치료/치유의식 등

(Mendaglio & Peterson, 2014의 '영재상담 모델'에 소개된 모델들 중 특수 및 부적응 영재 관련에 가장 잘 부합하는 학자의 이론을 토대로 재구성)

1. 사례 선정의 이유 및 의의[2]

이번 예시는 『나는 선생님이 좋아요』라는 책 속에 등장하는 데쓰조라는 아이의 적응 문제를 기반으로 가상의 상담 사례를 구성해 제시하는 방식으로 전개하고자 한다. 우리 주위에는 건강하게 영재성을 발현하고 성취해 가는 학생들 외에도 가정환경이 열악하거나 아동 자체가 가지고 있는 다양한 장애나 부적응 문제로 인해 학교라는 제도권 교육에 정착하지 못하는 예들이 많이 있다. 따라서 위험요소나 부적응 문제를 중재하는 것 역시 영재상담에서 중요한 전문성 중의 하나라고 볼 수 있다. 그런데 모든 사례를 다 살펴볼 수는 없기 때문에 가장 대표적인 부적응 영재학생의 사례로서 데쓰조라는 열악한 환경 속에서 자라고 있는 가상의 미성취 영재학생이 안고 있는 다양한 심리적·행동적 문제를 차근차근 개선해 나가는 과정과 구체적 전략을 함께 살펴보자는 취지에서 이런 방식으로 사례를 구성하였다.

이 사례 속에 등장하는 특수영재 데쓰조와 그 아동을 지도하는 교사 고다니 후미의 고민과 전략 등은 열악한 가정환경에서 성장하는 미성취 영재의 교육·적응 문제에 대한 중재 및 상담 전략의 방향 모색에 유용한 정보를 제공할 것으로 기대된다. 한편, 책의 서두에서 이미 언급한 바와 같이 이 책에서 지향하는 바는 이론적이고 학문적인 영재상담에 초점을 맞추기보다는 실제 학교나 가정 현장에서 접하는 폭넓은 차원의 문제 상황 및 상담적 요구를 관찰한 후 개별 상담을 포함해 다양한 포괄적 차원의 중재전략을 시도하는 예시를 제공하는 데 의미를 두었다. 따라서 전통적 방식의 일대일 면대면 상담에 기초한 영재상담이라기보다는 폭넓은 차원의 중재 방향 및 접근 방식을 이해하는 사례로서 이해할 필요가 있다.

---

2 이 예시 자료는 『나는 선생님이 좋아요』(2008)라는 책 속에 등장하는 우스이 데쓰조의 사례를 안○○, 정○○, 정○○ 교사의 도움으로 가상의 상담 사례로 재구성한 것임.

2. 대상 탐구

1) 인적 사항

이 름	우스이 데쓰조
나 이	초등학교 1학년
성 별	남
소 속	H 공업지대 안 쓰레기 처리장 인근 초등학교에 재학
거주지	쓰레기 처리장 내에 있는 영세 연립주택에 거주
담임교사	고다니 후미 선생님(교직 발령 초임 교사)
가족관계 및 가정의 경제적 상황	• 조손가정(부모의 사망으로 조부에게 양육) • 조부는 쓰레기 처리장 임시 고용직으로 근무(전직 선원 출신) • 열악한 경제적 여건 속에서도 조부가 온화하고 사려 깊은 태도로 데쓰조를 응대하나, 생활고 및 고령으로 인해 손자에 대한 교육적 지원과 보살핌은 대부분 학교교육에 의존하는 상황

2) 발달력 및 가족력

발달력	• 데쓰조는 쇼도 섬에서 캐낸 돌을 고베로 실어 나르는 일을 하며 경제적으로 비교적 여유가 있는 대가족 집안에서 출생하였다. • 데쓰조가 1세 때 부모와 조모가 바다에서의 난파 사고로 사망하게 되고 그 이후 조부에 의해 양육되었다. 따라서 경제적인 어려움은 물론이거니와 정서적으로 큰 결핍을 겪게 되며 정상적인 발달단계를 거칠 만한 교육이나 보살핌을 받지 못하였다. • 데쓰조는 언어적 발달을 거칠 1~2세 때 부모의 사망과 가정 경제의 몰락으로 인해 불특정 다수의 타인에 의해 안정적이지 못한 환경에서 길러진다. 이러한 환경은 6~7세 때까지도 이어져 기본적인 의사 표현이나 소통을 위한 어휘나 문장력 발달이 취약하다. • 조부가 하루 종일 생계 활동에 종사하기 때문에 타인과의 친밀감을 형성할 기회를 거의 가지지 못한 데쓰조는 사람들과의 접촉과 의사소통, 관계 형성이 서툴고 사회성 형성도 거의 이루어지지 못했다.

가족력	• 데쓰조의 조부인 바쿠 할아버지는 일본 식민지 시절 조선인 친구의 억울한 누명과 고문으로 인한 자신의 거짓 진술, 그로 인한 친구의 죽음을 겪으며 내면에 치유되지 못한 응어리를 지닌 인물이다. 거기에다 어렵게 꾸린 가정에서 얻은 귀한 딸 내외와 자신의 아내를 바다에서의 난파 사고로 잃으면서 정신적 충격은 더욱 깊어졌고 이전의 죄의식까지 보태져 이것들이 삶의 전반을 깊게 차지하고 있다. 삶의 개선을 위한 정신력이나 생계를 꾸려 나갈 경제력이 다소 미약한 상태이며, 그로 인해 데쓰조의 양육에도 적극적으로 임할 수 없는 형편이다.

3) 학생의 행동적 · 정서적 특성 및 학습 수행 수준

행동적 · 정서적 특성	의사소통 능력	남의 말을 듣고 이해하는 능력이 또래와 심각한 차이를 보이며 일상적인 대화 과정에도 적절한 단어를 적절한 억양과 속도로 표현하는 데 어려움을 보인다. 언어적 수단을 통해 평화적으로 갈등을 해결하는 방법이 학습되어 있지 않으며, 타인의 중재에 의한 문제 해결 역시 수용하려 하지 않는다.
	대인관계	자신의 의사에 반하는 상황에서 타인의 신체를 위협하는 공격적인 행동 방식으로 분노를 표출한다. 학급에서 교우 관계를 전혀 형성하고 있지 못하며, 같은 지역에 거주하는 소수의 상급생과 친교 관계가 있으나 이것 역시 수동적이고 피상적인 수준에 불과하다. 교사 및 조부와의 관계에서도 유대관계를 형성하려는 의욕이 낮으며 자신의 세계에만 몰두한다.

〈참고〉 본문 중에서

데쓰조의 발밑을 보고, 처음에 교감 선생님은 무슨 먹음직스러운 과일이라도 떨어져 있는 줄 알았다. 그러나 그것을 들여다본 순간, 무심결에 외마디 소리를 질렀다. 그것은 두 쪽으로 찢어진 개구리였다. 개구리는 아직도 꿈틀꿈틀 움직이고 있었다. 흩어진 내장이 마치 붉은 꽃 같았다…….

(중략) …… 그러자 데쓰조는 왼발로 참개구리를 또 짓뭉개 버렸다.

별 생각 없이 앞에 앉은 아이의 병을 집어 들고 설명을 시작한 지 몇 분이 지났을 때, 별안간 데쓰조가 벌떡 일어났다. 그리고 눈 깜짝할 사이에 사냥개처럼 고다니 선생님에게 덤벼들었다. …… (중략) …… 다음으로 공격받은 것은 병 주인인 후미지였다. 후미지가 비명을 질렀을 때, 후미지의 얼굴은 피투성이가 되어 있었다. 데쓰조의 손톱에 찢긴 살갗이 붉은 물을 들인 헝겊처럼 너덜거렸다. 그런데도 데쓰조는 공격을 멈추지 않았다.

학습 수행 수준	읽기장애	문자 매체를 읽고 의미를 파악하는 데 곤란을 겪으며 간단한 단어를 이용하여 자신의 기본적인 의사를 표현하는 것에도 의지가 부족하다.
	쓰기장애	읽기장애는 쓰기장애를 동반하여 음과 글자를 혼합하는 것, 음절의 결합규칙과 방법을 전혀 이해하지 못해 철자의 오류가 나타나고 소리 나는 대로 쓰는 경향이 있다.
	학습동기 및 수업 참여 태도	학습된 무기력을 보이며 동기 수준이 낮고 거듭된 실패로 어려운 과제를 만나면 쉽게 포기한다. 수업 참여에의 의지가 취약하고 학력력 향상에 대한 의욕이 부족하다. 다만, 자신이 기르는 파리에 대한 애착과 파리의 생태 연구에 대한 이해와 애착 수준, 과제 집착력이 매우 높으며 또래 수준을 넘는 연구 능력을 지닌다.

〈참고〉 본문 중에서

바쿠 할아버지는 과장의 얼굴을 처다보며 천천히 말했다. "여섯 살짜리 파리 박사라는 애가 내 손자올시다. 학교에 갓 입학했을 때, 이 아이는 마치 돌멩이 같았소. 말도 안 하고, 글도 못 쓰고, 책이나 공책도 만진 적이 없는 그런 아이이었소. 돌이라면 남한테 해나 안 끼치련만, 이 아이는 뭐든 제 마음에 들지 않으면 닥치는 대로 할퀴고 물어뜯었소. …… (후략)"

4) 보호자 및 자기보고/면접에 의한 정보

대상	내용
보호자 면담	• 기초 학습 능력이 매우 취약한 수준이지만 현실적으로 가정학습을 통해 이를 지원해 줄 여건은 되지 못한다. • 초등학교 입학 전 별도로 학습 관련 교육을 받은 적이 없다. • 별도의 방과 후 활동은 하고 있지 않다. • 가정에서도 자신의 의사에 반하는 상황에 접하면 타인의 신체를 위협하는 공격적인 행동 방식으로 분노를 표출한다. • 데쓰조는 자신이 기르는 파리에 대한 애착 수준이 높고 조부는 정서적으로 소외된 현실을 감안하여 위생적 문제나 학교에서의 냉대에도 데쓰조의 파리 사육을 승인해 주었다.
자기보고/ 면접	• 자기보고/면접 자체를 거부하며 검사 자체에 대해 부정적 · 비협조적 태도를 나타낸다. • 학습력 및 대인관계에서의 적응력 향상에 대한 의욕이 매우 취약하다. • 문자를 활용한 교육이 주를 이루는 학교교육과정에 대한 관심이 매우 낮으며 파리를 사육하고 생태를 관찰하는 것에만 흥미가 높다.

5) 학업 수행 영역의 평가 결과

검사 종류	검사 결과
읽기, 쓰기 능력 검사	1. 읽기 – 현재 읽기 수준과 독해력 수준은 약 5~6세 수준이다. 2. 수학 – 수 관련 능력이 5~6세 수준으로 기본적인 수 세기와 한 자리 셈하기 능력은 가능하나 그 이상의 셈하기는 쉽게 하지 못한다. 3. 쓰기 – 읽기 문제와 함께 기초 단계부터 전혀 되지 않고 있다.
학업 수행과 관련된 학교 기록	• 읽기에서의 문제가 두드러지며 이로 인해 쓰기에서도 어려움을 겪고 있다. • 과제 수행이 전혀 이루어지지 않는다. • 전반적으로 모든 과목에 있어 평균 이하의 저조한 수행 수준을 보이고 있다.

6) 인지적 영역의 평가 결과

검사 종류	검사 결과
아동용 지능 검사	• 어휘 유창성 영역에서는 평균 이상의 수준을 보였으나 언어적 이해력이 매우 미흡한 것으로 보아 긴 문장에 대한 이해 및 표현에 어려움을 보일 것으로 추론된다. • 시지각 능력 및 이해도를 나타내는 동작성 지능점수의 기호쓰기에서 평균을 나타내는 것으로 보아 시각-운동의 협응, 즉 근육 운동 능력은 평균 수준으로 보이나, 지각 및 운동 영역 중에서도 통합적·분석적 사고가 요구되는 영역(토막 짜기, 모양 맞추기, 차례 맞추기)이 심히 미흡한 것으로 보인다. 이것은 단시간에 간단한 작업을 수행함에 있어서는 큰 어려움을 겪지 않으나 장시간에 걸쳐 보다 복잡한 사고를 필요로 하는 작업의 수행력이나 문제해결력에 있어서는 부족함을 보이리라는 해석이 가능하다. 또한 사회적 이해력 및 대처 적응력에서 낮은 수행을 보일 가능성이 높다.
검사 실시일	2011년 4월 4일

7) 정서적 영역의 평가 결과

검사 종류	검사 결과
면담 및 관찰	데쓰조는 학습장애에 따른 욕구좌절로 인해 사회적 상황 속에서 혼란감을 느끼고 자신에 대해 사회적 거부, 낮은 인내력, 열악한 자기관리 능력 등 부정적 자아개념을 갖고 있다. 또한 다른 사람의 감정을 지각하고 그에 대해 민첩하게 반응하지 못하므로 또래와 상호작용을 하는 데 어려움을 보이고 있고 자신의 기분을 정리해서 적절한 표현을 할 수 없기 때문에 말보다는 행동으로 해결하려고 난폭한 행동을 보이는 경우가 빈번하였다. 친구들이 적고 교사들로부터 신뢰감이 낮은 것은 상대방의 예측과 빗나가는 행동을 많이 하기 때문인데 이렇게 행동하는 이유는 주위 상황을 파악할 수 있는 능력이 부족하기 때문으로 판단된다. 따라서 단순히 학습장애 요인 치료보다는 심리치료가 시급하다고 판단된다.

3. 상담 및 교육적 처치 개요

1) 상담 목표

- 정서적 문제의 해소 및 정신 건강 증진
- 자아이해 및 건전한 자아개념의 발달

2) 상담 과정

(1) 신뢰 있는 상담적 관계 형성하기

- 데쓰조가 편안한 환경을 느낄 수 있고 강요받지 않음을 느끼게 한다.
- 데쓰조가 긴장을 풀고 강제적이지 않은 자연스러운 접촉이 지속되도록 하여 라포를 형성한다.
- 상담 및 놀이치료적 접근을 통하여 정서적 안정이 일정 수준에 도달했다고 판단되면 미술치료와 병행한 학습 적응 중재전략을 도입한다.

(2) 상담 전략: 다양한 놀이를 활용한 즐거운 상담

① 놀이를 도입한 이유

아이들의 하루 일과는 놀이에서 시작되어 놀이에서 끝난다고 할 수 있다. 놀이는 아동의 성장과 발달에 중요한 긍정적 역할을 담당하고 있다. 또한 놀이는 아동이 자연스럽게 자기의 심리적 긴장과 갈등, 불안을 표현하게 함으로써 내면적인 문제를 해결해 나가도록 돕는다는 점에서 치료적으로 높은 활용 가치를 지닌다. 데쓰조는 정서적으로 불안하고 공격적이며 대인관계에 있어서도 타인에 대한 배려를 학습하거나 체득하지 못하였다. 이런 상태에서 교사가 언어 기반의 상담적 개입을 시도한다면 오히려 역효과가 날 수도 있다. 따라서 자연스러운 놀이 상황에서 데쓰조가 자신을 표출하고 타인과의 관계를 형성해 가는 것이 좋다.

② 데쓰조의 놀이치료를 위한 환경 구성

데쓰조는 파리에 대해서는 누구보다 해박한 지식을 가지고 있다. 이것을 놀이치료에 활용하는 것이 좋다. 놀이방(약 6~10평)을 마련하여 모래상자를 둥근 형태로 깔고 데쓰조의 키보다 조금 더 높은 정리장을 이용하여 데쓰조가 그림을 그리고 만들기를 하게 하며 그리거나 만든 것들을 전시하고 보관할 수 있게 한다. 또한 방 안의 사물함에는 데쓰조가 좋아하는 파리에 관한 다양한 그림이나 블록, 인형, 퍼즐 등을 준비한다. 그리고 데쓰조가 파리 놀잇감을 가지고 노는 데 활용할 수 있는 종이, 연필, 크레용, 삽, 깔때기 등도 구비한다.

(3) 놀이치료의 도입

교사는 데쓰조가 놀이치료실에 익숙해지도록 치료실의 특성을 설명하고 최대한 허용적인 태도로 데쓰조를 관망한다. 이때 데쓰조는 놀이치료실과 교사의 태도에 대한 탐색을 하는 시기이므로 인내심을 가지고 데쓰조가 적응할 때까지 서두르지 않고 기다린다. 데쓰조가 좋아하는 다양한 파리에 관한 책과 동화책을 놀이방에 두어 관심을 가질 수 있도록 하고 관심을 가질 때 모든 것을 허용하게 하는 자세로 데쓰조의 행동들을 관찰한다.

(4) 놀이치료의 전개

① 감정 표현의 허용 최대화

데쓰조는 타인의 감정에 대해서는 신경을 쓰지 않을뿐더러 자신의 감정에 대한 표현력이나 자제력도 없는 상태다. 그러므로 데쓰조가 놀이를 통하여 자신의 생각과 느낌, 다양한 감정 등을 자유롭게 표현하도록 허용해 주며 그 표현을 잘 참고하여 데쓰조가 처한 문제를 다룰 수 있게 표면화하도록 한다.

② 교사와의 따뜻하고 친숙한 관계 제공하기

따뜻하게 안아주기, 머리 감겨주기, 눈을 맞추고 함께 식사하기, 서로에게 노래 불러주기 등 정서적으로 결핍된 데쓰조와의 라포 형성을 위해 교사의 노력이 적극적이면서도 자연스럽게 병행되어야 한다.

③ 할 수 있는 일과 하지 말아야 할 일 구분하기

데쓰조가 현실세계에 잘 적응하기 위해서는 놀이치료에서 행동의 제한을 두어야 할 때도 있다. 데쓰조에게 최대한의 자유를 주되 자신이나 타인에게 해를 입히거나 기물을 파손하는 행위는 하지 못하도록 제한을 두어야 한다.

↓

④ 아름다운 자연환경 보여 주기

데쓰조가 살아가는 환경은 교육적으로 그리 좋은 것은 아니다. 데쓰조가 바다, 산 등의 자연 그대로의 모습을 느끼고 거기에서 체험하면서 좀 더 건강한 마음을 가질 수 있도록 한 달에 한 번씩 경험할 수 있는 기회를 제공한다.

3) 학습적응 중재

(1) 미술치료적 도입

　놀이치료가 어느 정도 진행되고 교사와의 라포가 형성되었다고 생각하면 바로 미술치료로 전환한다. 데쓰조는 정서적 문제와 학습장애를 동시에 가지고 있는 아동이지만 파리에 대한 집착력과 집중력이 뛰어난 영재성을 가지고 있으므로 이러한 재능을 계발하기 위해서는 미숙한 언어능력부터 성장시켜 기본 학습활동이 가능하도록 끌어올리는 것이 중요하다. 이러한 과정은 데쓰조가 재능을 보이는 '미술활동'을 활용해 접근함으로써 훨씬 편안한 자발성과 적극성을 유도하기 위함이다.

① 파리의 모습이 일부분 그려진 그림을 제공하고 나머지 그리게 하기

② 다양한 표현 재료를 이용하여 재료의 각 느낌을 알고 활용하게 하기

③ 여러 개의 원이 그려진 도화지를 주고 칠하고 싶은 색을 칠하게 하기

④ 교사와 데쓰조가 서로 순서를 바꾸어 가며 작품을 제작하게 하기 – 라포 형성, 거부감의 감소, 흥미 유발 촉진

⑤ 갈겨 그리기 - 연필이나 크레파스를 주어 '어떻게 보이는가'에 대해 이야기
한 후 색칠하게 하기

(2) 학습적응 면에서의 중재 전략

데쓰조는 이미 학습된 무력감으로 인해 부정적 자아개념과 낮은 자존감이 내
재된 상태다. 이러한 상태의 데쓰조에게 조직화되고 정형화된 학습활동은 거의
불가능하다. 따라서 평소 데쓰조가 좋아하는 파리를 기초적 학습기능을 익히는
매개체로 사용하였다.

① 파리를 이용한 그리기, 만들기 활동을 통해서 자신이 가지고 있는 미술적
재능을 계발할 수 있도록 한다. 그리고 자신이 만든 작품과 낱말을 연결하
여 국어과 통합교육이 될 수 있게 한다.

② 파리의 생활 방식을 활용하여 교내 탐구대회에 '햄 공장에 파리를 없애는
방법'을 주제로 한 연구를 실시하여 지역사회와 학교에 자신의 능력을 인정
받고 자아존중감을 기를 수 있도록 한다.

③ 자신이 좋아하는 곤충 등을 이용하여 네 컷 만화나 그림 동화를 만들어서 책
과 친숙할 수 있는 기회를 주고 쓰기능력을 기를 수 있도록 격려한다.

④ 학습시간에는 데쓰조가 맡은 과제를 잘 수행할 수 있도록 스스로에게 약속
하기, 시간 지키기 등의 학습전략을 이용하게 하여 스스로 공부하는 방법을
익히게 한다.

4. 중재 결과

1) 자기의사표현 능력의 성장

자신의 의사에 반하는 행동을 하는 사람에게 난폭하게 행동했던 데쓰조가 이제는 폭력적인 행동이 아닌 말로써 자신의 생각을 표현할 수 있게 되었다. 워낙 오랜 기간 동안 폭넓은 대인관계를 맺지 못하였기 때문에 아직까지도 대화를 원활히 이어 가는 것을 힘들어하기는 하지만 이제는 적어도 말이나 기본적인 글쓰기를 통하여 의사소통을 이룰 수 있게 되었다.

2) 모둠학습이 가능해짐

말 또는 글로서 기본적인 소통과 자기표현이 가능해졌으므로 이제는 또래 아이들과 모둠학습도 가능해졌다. 처음에는 자신의 감정에 반하는 행동이나 말을 하면 폭력적인 행동으로 일관하여 주위의 아이들이 데쓰조에 대하여 많은 반감을 갖고 있었고, 난독증으로 인하여 기초적인 학습도 부진하여 모둠 활동이 전혀 불가능하였다. 하지만 학급 아이들에게 학습장애에 대한 교육을 함으로써 데쓰조가 갖고 있는 취약점에 대하여 이해를 구하는 동시에 데쓰조의 우수한 관찰기능에 대한 장점을 부각시킴으로써 점차 긍정적이고 우호적인 관계를 형성하게 되었다. 심리치료를 통하여 데쓰조가 사람과의 관계에 있어서 거부감을 갖고 있던 것에 대하여 많이 누그러진 태도를 보였으며, 기초학습을 통하여 글자를 익힘으로써 모둠활동을 하게 되어 또래관계에 있어서 많은 진전을 보일 수 있게 되었다. 교실의 다른 동료 학생들도 파리에 대해 아주 높은 전문성을 가진 데쓰조의 장점을 인정하고 존중하게 되어 교실 내에서 데쓰조의 긍정적 존재감이 높아지게 되었다. 이러한 상황을 인식한 데쓰조도 점차 친구들에게 마음을 열게 되고 친절하고 상냥한 몇몇 친구에게는 가끔 미소를 짓거나 짧은 정서적 교감도 하게 되었다.

3) 난독증의 부분적 해결

데쓰조가 긴 문장 형태로 대화를 하거나 완벽한 문장과 맞춤법으로 쓸 줄 알게 된 것은 아니지만 자신이 애착을 찾고 있는 파리의 종류를 단어로 쓰는 것을 통하여 점차 글자를 익혀 갔다. 책을 많이 접해 보지 않았으므로 파리와 관련된 그림책으로 시작을 하였지만 점차 5~6세 수준의 그림 동화책에 흥미를 갖게 되어 다양한 분야의 책에 관심을 보이게 되었다. 하지만 아직 글자를 배워 가는 수준이므로 시간을 갖고 천천히 수준을 높일 수 있도록 지도한다.

이상으로 데쓰조의 사례를 통해 위험에 처해 있는 영재학생의 학교생활 적응 문제를 다루어 보았다. 영재학생이 수반하고 있는 위험요소는 너무나 다양하고 광범위하다. 따라서 각 문제 상황에 대한 차별화된 접근이 이루어질 필요가 있다. 그럼에도 변함없이 중요한 사실은 내담 영재아동에 대한 사랑과 관심, 진정 어린 성장 지원의 마음 자세일 것이다. 이 사례는 하나의 예시에 불과하지만 고다니 후미라는 한 교사의 올바른 신념과 사랑으로 인해 한 잠재적 영재아동의 건강한 사회 적응이 가능해졌음을 고려할 때 영재상담자로서의 마음가짐과 전문성 신장은 매우 중요하지 않을 수 없다.

5. 참고 자료

표 8-2 데쓰조를 위한 개별화교육계획(IEP)

성 명	우스이 데쓰조	통합학급	1학년 ○반	기 간	8월~2월	지도교사	고다니 후미
현재 학습 수행 수준							

현재 학습 수행 수준
• 간단한 단어를 이용하여 자신의 의사를 표현하는 것에 어려움을 겪음 • 문자 해독 및 문맥 이해가 거의 되지 않고 글자를 단순 모방하여 쓰는 것은 해결하나 어휘력과 맞춤법이 취약함 • 실험을 수행하는 능력과 관찰력·탐구력이 탁월하며 관심 있는 분야에 대한 과제 집중력과 문제해결력이 높음

※ 프로그램: 데쓰조, 파리 왕국을 밝혀라?!
- 목적:
  - 햄 공장에 들끓고 있는 파리를 퇴치하기 위한 아이디어에 대해 연구하고 교내 탐구 대회에 참가
  - 학생의 영재성 신장 및 난독증, 쓰기장애 개선
  - 학생의 강점을 더욱 강화시켜 학생의 단점을 보완시키는 교육 실현
- 특징: 학생의 영재성(잠재력) 계발에 보다 초점을 두며 학생의 관심 분야(파리 연구)를 프로그램의 운영에 적극 활용함. 난독증 및 쓰기장애와 같은 학습장애 분야의 개선은 직접적 교수와 영재성 계발을 병행하여 통합적으로 운영함.
- 방침: 1대1 맞춤 수업 → 미술치료를 통하여 타인과의 관계 형성이 가능해지면 또래 교수 활용하기
- 학생의 국적을 대한민국으로 설정하여 국내 상황에 맞게 재구성하여 적용(한글 지도)

지도 내용(관련 교과)	
파리의 특징 알아보기	• 파리의 그림 다양한 형태로 그려 보기(미술) 　- 캐리커처, 세밀화 등을 연필, 색연필, 사인펜 등으로 그리기 • 파리의 종류를 듣고 낱말카드 찾기(국어)
파리의 먹이 및 파리의 일생 관찰하기	• 파리가 잘 먹는 것들을 찰흙으로 만들어 보기(미술, 과학) • 파리의 먹이를 도표로 나타내기 　- 기호와 간단한 문자 활용(과학, 국어) • 파리의 일생을 관찰하기 　- 일생을 그림으로 그리고 간단한 설명을 해 보기(국어) • 파리의 일생에 대한 그림을 차례대로 배열하기(국어, 과학) • 관찰 과정에서 사용한 단어를 듣고 글자 찾아 만들기 　- 받침 없는 글자/기본 모음과 자음 등(과학, 국어) • 파리를 주제로 한 그림 동화, 만화 그리기 　- 그림과 어울리는 글을 적을 수 있게 함(미술, 국어) • 햄 공장에 찾아가서 파리가 들끓는 이유 조사하기(과학)
햄 공장의 파리 문제 해결해 보기	• 햄 공장의 문제를 알아내기 위한 실험 계획 세우기(과학) • 실험 과정에서 메모할 것은 간단한 단어를 사용하여 써 보게 하기(과학) • 실험 수행 결과에 대한 관찰일기 쓰기(과학, 미술) • 관찰 시 환경, 먹이, 공장의 풍경 등을 그림으로 그려 보기(미술) • 파리 연구 지역사회에 적용한 탐구 대회 발표하기
지도 시 유의점	• 한꺼번에 너무 많은 양의 학습내용을 제시하지 않도록 한다. • 다양한 학습매체(인터넷, 서적, 실물 등)를 활용하여 학습동기를 유발시키고 필요하면 현장학습 등을 활용하여 직접 체험할 수 있는 기회를 부여한다.

생각할 문제

1. 특수영재학생의 다양한 부적응 문제에 대해 토론해 본다.

2. 이 장에 제시된 데쓰조의 상담적 중재의 핵심 방향을 간략히 정리해 본다.

3. 특수영재학생의 다양한 부적응 문제의 중재 방향에 대한 시사점을 정리해 본다.

영재의 정서 및 행동 장애와 상담

1. 심리적 어려움과 정서 및 행동 장애

1) 영재의 심리적 어려움

영재의 특성이 긍정적으로 발달하느냐 또는 부정적으로 표출되느냐는 영재 개인이 지닌 특성과 더불어 환경과의 상호작용에 기인한다(윤여홍, 2000; Colangelo, 1991; Moon, 2002; Rodell, 1984).

영재의 특성에 기인한 요인으로는 비동시적 성장에 따른 지적 발달과 정서적 발달의 불균형, 내향성과 빈약한 또래관계, 완벽주의와 과다한 자기비판 경향성, 높은 성취에 대한 압박감과 스트레스, 모험과 실험정신 및 위험 회피 경향성의 양면성, 관심과 흥미의 다재다능성, 세부적이고 반복적인 것에 대한 참을성 결여, 권위나 인습 또는 사회적 틀에 대한 거부 등이 있다. 영재의 가정 및 학교, 사회 환경 요인으로는 부모나 교사의 높은 기대, 경쟁과 학업성취 및 성적에 치중한 사회적 영향, 평준화된 교육과정, 영재에 대한 편견과 역차별적 현상 등을 들 수 있다.

영재에 대한 이해 부족이나 정서적 지지 결여, 부적절한 교육환경에서 성장하게 되면, 영재는 심각한 심리적 어려움을 겪을 수 있다. 심리적 어려움은 경미한 것에서부터 심각한 것에 이르기까지 다양하다. 좌절, 짜증, 분노, 역기능적 완벽주의, 실패에 대한 두려움과 시험불안, 지나친 기대에 대한 부담, 지나친 경쟁의식, 성취동기 부족, 사회성 부족, 학업 부진, 학교 부적응, 또래관계의 어려움, 부모와의 갈등에서부터 틱이나 말더듬, 불안, 우울, 고립, 학업적 성취, 주의력결핍과잉행동장애, 무기력, 거식증이나 신경성 식욕부진증과 같은 섭식장애, 공격성 표출 등의 행동장애, 집단폭력, 게임중독, 약물중독, 강박증, 자살과 같은 신체장애와 심리적 · 정신적 증상을 앓을 수도 있다(윤여홍, 1996; 윤여홍 역, 2009; 조석희, 실비아 림, 2000; Silverman, 1993a).

2) 영재의 정서 및 행동 장애

영재학생이 장애를 갖고 있으면 교사의 지도는 한층 어려워진다. 영재성과 장애 두 가지를 모두 갖고 있는 경우를 전문용어로 이중특수아(twice-exceptional children)라 한다. 이중특수아에는 영재와 학습장애, 영재와 ADHD, 영재와 자폐증 등이 있다. 이중특수아는 다음과 같은 이유로 파악하기 어렵다.

첫째, 영재성을 지닌 사람이 학습장애나 자폐와 같은 장애를 가질 수 있다고 이해하지 못하거나, 둘째, 두 가지 중에서 더 강하게 나타나는 특성에 주목하게 되어 한쪽만 파악할 가능성이 높다. 예를 들어, 자폐적 양상이 매우 강하게 나타난다면, 함께 있는 영재성은 약화되어 무시될 가능성이 높다. 셋째, 영재성과 장애의 특성이 서로를 상쇄시켜 영재성도 장애도 뚜렷하게 나타나지 않는 상황이 되어 그저 평범한 학생으로 보게 된다. 따라서 교사는 이런 학생을 이중특수아로 이해하기도 어렵고, 교육과 생활지도에서 더더욱 어려움을 겪게 된다. 교사와 학부모 그리고 학교 관계자들은 좀 더 면밀한 주의와 선입견 없는 관찰 평가 및 그에 따른 전문가의 도움과 교실에서의 지도가 필요하다.

이중특수아에 대한 조치는 영재성도 다루어야 하고 장애 영역도 다루어야 한다. 영재성과 장애의 두 가지 영역을 함께 다루는 프로그램인 이중적 중재방안, 즉 학생의 강점인 영재 쪽에서는 발달적 교육을 시행하고 학생의 약점인 장애를 보이는 영역에서는 교정과 적응교육을 시행하는 것이다. 그중에서 주된 것은 재능 및 영재성 개발교육이며, 교정 및 적응교육은 부차적인 것이 되어야 한다. 여기에는 심리적 중재 및 가족의 지원을 포함한다.

3) 영재의 정서 및 행동 장애 유형 및 상담 접근

다음은 영재아동에 대해 자주 의뢰되는 정서 및 행동 문제들에 대한 사항들이다.

- 활동수준이 높고 충동 조절력이 낮다. 이 아동은 ADD/ADHD인가?
- 자기 나이에 비해 너무 심각하다. 도덕적이거나 윤리적인 또는 철학적인 의문으로 걱정을 한다. 이 아동은 우울증인가?
- 물건을 분해하면서 늘 그 속에 빠져 산다. 왜 물건들을 가만 놔두지 않는 것인가?
- 매우 우수하지만 상식적이지 못하다. 어떻게 이 아동에게 단순하게 판단하도록 가르칠 수 있을까?
- 완벽주의적이다. 자신과 다른 사람에게 너무 많은 것을 기대한다.
- 잠을 별로 자지 않는데 매우 생생한 꿈을 꾼다. 때때로 악몽을 꾸거나 야경증을 보인다.
- 야뇨가 있고 몽유병이 있다.
- 너무 까다롭고 예민하여 셔츠에 달린 상표를 잘라 내야 한다. 학교에서는 형

광등 불빛 때문에 방해를 받는다고 불평한다.

- 너무 감정적인 것 같다. 목표를 달성하지 못했을 때는 심하게 좌절하고 짜증을 낸다. 아동의 이러한 망가진 상태를 피하기 위해 집안 식구들은 늘 살얼음판을 걷는다.

- 과제를 완수해 내지 못하거나 궤도에서 벗어나는 듯하다. 방과 책상은 어지럽혀 있고 지저분하다. 다 끝낸 것으로 보이는 과제조차도 제출하는 것을 잊어버린다.

- 자기도취적인 것 같고, 지나치게 자신에게 열중하는 것 같다. 모든 일이 아동 중심으로 돌아가는 것 같다.

- 자기 또래와 관계 맺는 것을 어려워한다. 대장 노릇을 하고 싶어 하며, 또래 아동들이 좋아하는 것에는 별로 관심을 두지 않는다. 대신에 거의 혼자서 지내거나 자기보다 나이 많은 아동이나 성인과 지낸다.

- 계속 질문을 하고 다른 사람 사이에 끼어들며 자신의 지식을 과시한다.

- 너무 예민하고, 공평한 것에 강박적으로 집착한다. 저녁 뉴스에서 무서운 것을 보면 눈물을 흘린다. 그 나이 또래 아동에게 이것이 정상인가?

- 교사는 아동이 매우 우수하지만 숙제를 해 오지 않는다고 말한다. 시험은 잘 보지만 이렇게 되면 낙제할지도 모른다.

- 끊임없이 우리와 논쟁하고 매번 우리에게 도전한다. 이 아동은 항상 우리를 압도할 방도를 찾는다. 우리는 어떻게 해야 할지 모르겠다.

- 사회적 기술이 매우 부족하다. 그리고 과학 소설을 제외하고는 다른 것을 읽는 것에 별 흥미를 갖지 못한다. 과학 동아리에 있는 두 명의 나이 많은 남학생을 제외하면 이 아동에게는 거의 친구가 없기 때문에 그것이 걱정된다. 사람들은 이 아동이 아스퍼거장애인 것 같다고 한다.

- 화를 잘 내고 참을성이 부족하다. 반사회적인 것 같다.

- 어느 분야에서는 매우 앞서 있지만, 다른 분야에서는 아니다. 특히 글씨를 잘 쓰지 못한다. 이 아동은 학습장애인가?

- 만성적으로 백일몽에 빠져 있고, 우리가 제공하는 것마다 모두 잃어버린다.

이 아동이 어떤 정신적 문제를 갖고 있는 것은 아닌가?

• 어떤 때는 우울하고 어떤 때는 폭발한다. 마치 이중성격을 가진 것 같다. 어느 순간에 열정이 넘치다가, 다음 순간에는 소리를 지르며 화를 낸다. 사람들은 이 아동이 양극성장애인 것 같다고 말한다.

• 교사는 이 아동을 ADD/ADHD라 믿는다.

• 잡지에서 읽은 내용으로 볼 때, 이 아동은 아스퍼거장애나 양극성장애를 가지고 있는 게 확실하다.

2. 학습장애 영재

1) 학습장애인가, 영재인가, 아니면 둘 다인가

(1) 영재성 + 학습장애

학습장애 영재는 영재가 학습장애를 갖고 있는 경우다. 영재라면서 어떻게 학습에 장애를 갖는지 상식적으로 이해하기 어려울 수 있다. 왜냐하면 영재는 무조건 학습을 잘 한다는 선입견이 있기 때문이다.

(2) 하위 유형

학습장애에는 여러 종류가 있는데, 정신장애 분류체계(DSM-V)에 따라 읽기장애, 산수장애, 쓰기장애 등으로 나눌 수 있으며(APA, 2013), 학습과 관련한 정보처리 과정인 정보 입력, 통합, 저장, 인출 등에서 어느 과정에 장애가 있느냐에 따라 구분하기도 한다. 또 정보의 형태에 따라 언어기반 학습장애, 비언어성 학습장애, 감각-운동 통합이나 청각처리의 문제로도 나눌 수 있다(윤여홍 역, 2008). 각 유형별로 좀 더 자세히 살펴보면 다음과 같다.

• 언어기반 학습장애: 읽기와 쓰기, 언어 표현 등 언어를 기반으로 하는 학습

에 어려움을 지닌 경우

- 비언어성 학습장애: 시공간적 처리나 소근육 기술 그리고 사회성 기술에 어려움을 겪는 경우
- 감각-운동 통합문제: 눈이나 귀는 정상이지만 개인의 지각이나 경험이 비정상적으로 작용해 정보가 질적 또는 양적으로 적절하게 통합되지 못하는 경우
- 청각 처리의 문제: 좋은 두뇌를 가졌음에도 산만성, 언어 지연, 듣기의 어려움을 지닌 경우

(3) 특징

학습장애 영재는 특정 분야에서 놀랄 만한 강점을 지닌 반면에, 다른 분야에서는 약점을 드러낸다. 영재이지만 좋은 학업점수를 얻지 못하고 실패하게 되며, 사회성도 부족하여 학교와 가정에서 좌절감을 많이 겪어 학습이나 과제를 쉽게 포기하고, 무기력해진다. 정서적으로는 분노감, 실패에 대한 두려움, 성공에 대한 두려움, 낮은 자존감, 낮은 학업성취로 인한 부정적 자아상(윤여홍 역, 2008) 그리고 학교생활에서 우울과 불행감(Olenchak & Reis, 2002)을 보인다.

이렇듯 학습장애 영재는 학교 현장에서 다르게 인식될 수 있다. 교사는 학습장애 영재의 존재를 이해하고 장애를 지닌 영재학생의 일반적 특징을 파악하여 학습장애에 대한 지도뿐만 아니라 영재성 발달에 관한 지도도 할 수 있는 환경을 제공해 주어야 한다.

교사가 살펴볼 수 있는 학습장애를 지닌 영재의 일반적인 특징을 제시하면 〈표 9-1〉과 같다.

표 9-1 학습장애 영재의 특징

지적 강점(Lidz, 2002)	학업기술 결핍(Baum, 1990)	사회적 · 정서적 특징 (Beckley, 1998)
진보된 추상적 추론 능력	학업에 대한 낮은 자신감	공격성
날카로운 일반화 능력	열등한 조직화 능력 및 학습능력	불안

아이디어의 빠른 개념화	쓰기 속도의 부족	방어적
새로운 일을 자율적으로 해결하기를 즐김	순차 처리의 어려움	수업에서의 방해
조숙한 지적 능력	상위 인지능력의 문제	낮은 자아존중감

(윤여홍 역, 2008)

2) 상담 접근

학습장애 영재의 경우, 학교와 학업 수행의 반복되는 현실 속에서 매일 부정적 감정을 유발하는 일련의 자극에 직면한다. 부모로부터도 자신의 낮은 학교 수행을 정기적으로 상기하게 되면서 부정적인 감정을 경험하게 된다. 이에 자신의 삶은 부정적인 정서 경험으로 귀착된다. 오랜 기간 표현되지 않은 정서와 감정은 결국 일상이 되어 객관적으로 평범한 요구와 부모의 말에도 과잉반응을 보일 수 있다. 때때로 폭발을 하기 때문에 학습장애 영재에게는 '지킬 박사와 하이드' 특징이 있다고 한다. 부모, 교사, 형제자매 그리고 또래들은 이와 같은 학습장애 영재에 대해 점점 덜 관대해지게 된다. 이러한 측면에서 볼 때 학습장애 영재상담은 부모, 가족 구성원 및 교사에게 초점을 맞추어야 한다. 일차적 목적은 이상의 주요 인물들로 하여금 학습장애 영재의 정서적 경험을 이해하도록 지원하는 데 있다.

학습장애 영재를 상담할 때는 다음의 몇 가지 사항에 초점을 맞추는 것이 필요하다.

첫째는 정서적 영역에 대한 초점이다. 상담자의 일차적인 과제는 상담과정의 목표에서 부모와 교사교육에 관심을 기울이는 것이다. 상담자는 전달해 줄 수 있는 것과 없는 것에 대해 충분하게 인식하고 알고 있어야 한다. 게다가 상담자는 학습장애 영재와 교사, 부모 간의 적절한 감정 표현 및 긴장 완화를 촉진하고, 문제해결 활동에 참여시켜 정서 영역을 깊이 있게 탐색할 수 있도록 상담과정에 방향을 제시해야 한다.

둘째는 다차원적 진로다. 상담자는 학습장애 영재에게 다차원적으로 접근해야 한다. 물론 학습장애 영재가 상담의 주 초점이다. 상담자는 학습장애 영재와의 인터뷰를 통해서 학생의 태도, 가치, 자기지각에 대한 가설을 설정하는 기초가 필요하다. 이 외에도 부모와 교사는 무의식적으로 문제를 악화시킬 수 있다. 이에 상담자의 주된 기능 중 하나는 학습장애 영재와 상호작용하는 주요 성인의 인식을 개선하는 것이다. 특히 학습장애 영재의 적절한 정서 표현을 격려하는 부모 및 교사의 정도를 조사하는 것이 중요하다. 게다가 학습장애 영재와의 의사소통이 어느 정도 강압적이고 부정적인지를 평가하는 것도 중요하다.

3. ADHD 영재

1) ADD/ADHD인가, 영재인가, 아니면 둘 다인가

아동이 주의력 문제를 갖고 있거나 과잉행동을 보일 때 우리는 주로 주의력결핍장애(ADD) 혹은 주의력결핍 과잉행동장애(ADHD)를 의심한다. 진짜 ADD/ADHD로 고통받는 아동은 특별한 신경학적 손상과 경미한 발달 지연과 관련된 주의력 결핍을 갖고 있다.

그러나 ADD/ADHD의 진단은, 예를 들어 우울, 불안, 학습장애, 개인 문제 집착, 비현실적 기대, 상황의 어려움, 능력과 기대의 불일치에 따른 권태, 청각 정보 처리 결핍, 뇌진탕이나 경미한 외상적 뇌손상, 나쁜 건강 상태, 약물중독, 수면장애에 따른 피곤, 잘못된 식습관이나 섭식장애에 의한 에너지 부족, 현재 복용 중인 약물에 따른 인지의 느림과 같은 발생 가능한 여러 장애나 문제를 배제한 후에야 가장 최후에 내리는 것으로 여기고 있다. 임상가들은 앞서 언급한 많은 다른 가능성을 배제시킬 시간을 가져야 하기 때문에 ADD/ADHD는 내리기 어려운 진단이 된다. ADD/ADHD의 진단은 가정의가 부모와 학교 관계자들이 작성한 질문지를 들여다보며 10분 정도 하는 진료만으로 내려져서는 안 된다.

경험에 따르면, ADD/ADHD의 진단을 받은 영재아동의 반 이상이 ADD/ADHD 진단을 위해 DSM-V에서 요구하는 주의력이나 과잉행동에 기인한 유의미한 손상을 갖고 있지 않다는 것을 보여 준다. 비록 그들은 어떤 장소에서는 문제 행동을 보이지만, 이러한 행동은 영재성 및 밀접한 관련성에 의해 더 잘 설명될 수 있다. 간단히 말하면 그들은 ADD/ADHD로 잘못 진단받은 것이며, 이들이 경험하는 진짜 문제를 다루기 위해 필요한 개입은 ADD/ADHD의 치료와는 아주 다르다.

여기 ADD/ADHD의 보편적인 증상을 나타내는 두 명의 사례가 있다. 다음의 사례들을 통해 어떤 아동이 영재성만을 보여 주고, 어떤 아동이 ADD/ADHD를 보여 주며, 또 어떤 아동이 둘 다를 보여 주고 있는지 생각해 보자.

■■ 앨리스 사례

홀어머니에게 입양된 앨리스는 '기르기 힘든 아이'였지만 매우 영리했다. Wechsler 아동용 지능검사(WISC-III)에서 전체 지능 130, 언어성 지능 141, 동작성 지능 123을 받았다.

하지만 앨리스는 잘 정돈된 가정환경, 분명한 기대, 일관성 있는 가정교육에도 정해진 사소한 일을 거의 기억하지 못하고, 일정한 감독 없이는 어떤 사소한 일도 끝내지 못했으며, 구체적으로 지시하고 규칙적으로 상기시켜야 했고, 부정적인 결과를 체험했음에도 아주 사소한 일상생활조차 잘 해내지 못했다. 형제자매들조차 앨리스를 '귀찮은 존재'로 여겼다.

■■ 앤드류 사례

앤드류는 의사 부부의 6살 된 아들이다. 앤드류의 '미운 두 살'의 강한 떼쓰기가 5살이 되도록 계속되자 부모는 심리학자에게 검사를 의뢰했다. 부모는 아이가 좌절에 대한 반응으로 강하게 떼를 쓰고, 크면서 아이를 물리적으로 다루는 일이 더 어려워졌다고 보고했다. 앤드류의 어머니는 "이 상태가 지속되면, 저는 아이의 난폭한 폭발을 통제할 수 없을 것 같아요."라고 지쳐서 말했다.

앤드류는 가만히 있지를 못하고, 잠들기 전까지도 생각을 멈출 수가 없다고 설명했다. 또한 부모는 잠들었지만, 아이는 종종 깨어 있기도 했다. 앤드류는 일찍 일어나거나 온종일 신체적으로 격렬히 움직이곤 했다. 교회나 음식점에서 주변을 돌아다니지 못할 때는 안절부절못하고 몸부림치며 발버둥 쳤다.

검사를 받는 동안 심리학자는 앤드류가 자기 나이 또래에 비해 뛰어난 언어력과 정확한 발음능력이 있음을 주시했다. 학교 교사는 반 친구들이 책에 빠져 있는 앤드류에게 말을 걸고 방해하는 등 그를 건드리기 전까지는 앤드류가 전혀 알아차리지 못한다고 했다. 앤드류는 때때로 자리에 가만히 앉아서 아이들이 좋아하는 쉬는 시간에 밖으로 나가는 것도 잊은 채 책을 읽기도 했다. WISC-Ⅲ를 실시한 결과 앤드류의 IQ는 140 정도로 추정되었다. 심리학자는 ADD/ADHD를 진단했고 소아과 의사는 리탈린을 투약했다. 하지만 몇 주 후에 앤드류의 상태는 틱과 떨림 증상과 고조된 흥분 상태로 악화되었다. 리탈린 투약을 중단하자 이 증상들은 개선되었지만, 틱은 계속됐다.

앞과 같은 사례에서 볼 수 있듯이 아동이 우수한 지적 능력을 가지고 있다면 영재아동을 훈련하고 경험해 본 사람이 그 아동을 평가하는 것이 필요하다(Silverman, 1988). 왜냐하면 ADD/ADHD 아동의 행동이 전형적으로 창의성이나 영재성(Cramond, 1995) 또는 과흥분성(Piechowski, 1997; Silverman, 1993a)으로 여길 만한 특성과 유사하기 때문이다. 게다가 영재성, 창의성 또는 과흥분성에 대한 권고사항은 ADD/ADHD를 가진 아동에게 주는 권고사항과 달라야 하기 때문에 주의해야 한다.

규칙과 규정을 지키기 어렵다는 것을 흔히 ADD/ADHD의 표시 중 하나로 보지만(Barkley, 1990), 영재도 그와 유사한 행동을 보인다. 그러나 이것은 다른 이유에서 비롯되는 것이다. 매우 우수한 아동은 저학년 때라도 규칙이나 습관, 관습에 대해 적극적으로 질문한다. 그 강렬함에 의해 권위적 인물과 힘겨루기를 하게 되고, 그런 행동은 부모나 교사 및 또래 아동을 불편하게 만든다.

부모나 교사 또는 정신건강 관련 전문가는 이 두 집단의 차이를 어떻게 확실하게 규명할 수 있을까?

(1) 영재성 + ADHD

ADHD 영재는 영재성을 지니면서 동시에 주의력결핍 과잉행동장애(Attention Deficit with Hyperactivity Disorder: ADHD)를 지닌 이중특수아동을 말한다. ADHD는 최근 학교 장면에서 교사들이 가장 주목하고 있고 어려워하는 문제 중의 하나로, ADHD 진단을 받는 아동의 수도 점차 증가하고 있다.

영재아동은 실제로 ADD/ADHD로 고통받는 아동들과 유사한 행동을 많이 보인다. 두 집단 모두 사회성 문제와 학업문제를 지닐 수 있다. 사실 DSM-V에서는 "교실에서의 부주의함은 높은 지능을 가진 아동들이 학문적으로 자극이 부족한 환경에 놓여 있을 때도 일어난다."라고 하면서 그 가능성을 인식하고 있다(APA, 2013).

(2) 하위 유형

ADHD는 부주의함과 충동성, 과잉행동성의 세 가지 요인을 갖고 있으며, 어느 요인이 주된 문제인가에 따라 나누게 된다. 부주의함이 주된 문제이면 부주의형으로, 과잉행동과 충동성이 주된 문제이면 과잉행동-충동형으로 그리고 이 두 가지가 혼재되어 있으면 혼합형으로 분류한다(APA, 2013).

(3) 특징

영재의 특징은 인지적 특성과 정서적·사회적 특성으로 나누어 살펴볼 수 있다. 먼저, 인지적 특성을 보면 다음과 같다. 정보처리 과정은 크게 외부 자극을 받아들이는 입력과정과 입력된 정보를 처리하는 과정 및 처리된 정보를 표현해 내는 산출과정으로 이루어진다. 그중에서 ADHD 영재는 산출에 어려움이 있다. 부주의함과 산만함 혹은 충동적인 수행으로 인해 결과가 만족스럽지 못하다.

정서적·사회적 특성으로는 감정 조절의 문제로 인한 공격성, 동기와 정서 및 사회적 미숙함이 두드러지며 또래로부터의 거절 등 사회성 문제, 학업, 또래관계, 행동문제를 보인다(Kaufman & Castellanos, 2000; Moon, 2002). 이러한 점들로 인해 ADHD 영재의 가족도 큰 스트레스를 받으며, 자녀와의 갈등이나 부부간의 갈등으로 가족이 어려움에 처해 와해될 가능성도 있다(Moon, 2002).

윤여홍(역, 2009)은 영재의 특성과 ADHD 영재 간의 차이를 비교해 본 결과, 학생이 과제를 얼마나 잘 수행해 내는가를 보는 산출능력과 아동의 행동에 영향을 주는 상황이 얼마나 다양한가를 보는 행동 상황과 산만한 행동 저변에 깔린 개인의 통제능력 여부 그리고 영재성의 정도 등이 다르다고 보고한다. 즉, ADHD 영재는 많은 과제를 수행할 때 충동적으로 시작하지만 곧 지겨워하고 끈기가 약하기 때문에 결과물이 매우 빈약하다. 따라서 산만한 행동과 빈약한 결과물로 인해 영재성이 있다고 판단되지 못할 수 있다. 반대로 영재가 지닌 높은 지적 능력으로 인해 산만한 행동을 보상하고 덮어 버려 수년간 ADD/ADHD를 발견하지 못하는 경우도 있다.

특히 초등학교 저학년 때에는 산만함에도 불구하고 높은 지적 능력 때문에 학업 수행에서 두드러진 저하를 보이지 않아 산만함을 교정하거나 지도해야 하는 적절한 시기를 놓치기도 한다. 그런 아동들은 집중하지 않고 대충 하는 과제 수행 태도가 습관으로 형성되면서 자신의 열정과 에너지를 TV를 보거나 컴퓨터 또는 휴대폰 게임을 하는 데에 쏟고 그 외의 과제에 대해서는 노력하지 않는 모습을 보인다. 결국 미성취 영재가 되고 마는 것이다.

교사는 어린 아동이라도 지적 능력이 뛰어나면 그에 맞는 환경을 제공해 주어야 한다. 즐길 수 있으면서도 적절히 도전할 만한 과제를 제공하고 학습과 재능발달을 방해하는 요인을 제거해 주어야 한다. 그리고 교실에서의 생활지도에 힘을 써야 한다.

ADHD 영재와 ADHD는 쉽게 구분하기 어렵다. 왜냐하면 ADHD뿐만 아니라 영재 집단에서도 환경이 맞지 않은 상황에 놓이게 되면 산만함을 보일 수 있기 때문이다. 이 두 집단을 비교해 보면, 정보 입력과정과 입력된 정보처리 과정은 비슷하지만 산출과정에서 두드러진 차이를 보인다(Kaufman & Castellano, 2000). 교사는 ADHD 영재가 보여 주는 행동이 영재성 관련 행동인지 아니면 ADHD 관련 행동인지를 구분하여 그에 맞는 학습과 생활지도를 해야 한다. Barkley(1990)가 제시한 ADHD 관련 행동과 Webb(1993)이 제시한 영재성 관련 행동을 보면 좀 더 잘 비교할 수 있다.

표 9-2 ADD/ADHD 행동과 영재 행동의 유사점

ADD/ADHD 관련 행동(Barkley, 1990)	영재성 관련 행동(Webb, 1993)
• 거의 모든 상황에서 주의집중을 지속하기 어렵다. • 즉각적인 결과가 주어지지 않는 과제에서는 지속적인 주의집중이 저하된다. • 만족에 대한 충동성이 있으며, 지연을 하지 못한다. • 사회적 상황에서 행동을 조절하거나 억제하는 명령(지시)을 따르기 어렵다. • 일반아동보다 더 활발하고 부잡스럽다. • 규칙이나 규정을 준수하기 어렵다.	• 특정한 상황에서 낮은 주의집중을 보이며, 지루해함, 백일몽을 보인다. • 무관한 과제에는 참을성이나 지속적인 집중력이 저하된다. • 지적 발달에 비해 판단력이 뒤떨어진다. • 강렬함은 권위자와의 힘겨루기 싸움으로 이어진다. • 활동 수준이 높고, 잠을 덜 잔다. • 규칙, 관습, 전통 등에 의문을 제기한다.

2) 상담 접근

영재교육 측면에서 이러한 장애를 가진 영재를 위해 상담적 접근을 해야 할까? 장애 치료와 재능 계발 중 어느 쪽에 더 비중을 두어야 할까? 궁극적으로는 재능을 최대화하고 장애는 최소화하는 것을 상담목표로 설정해야 할 것이다. 따라서 잠재력 계발을 위한 영재교육 프로그램과 장애를 극복할 수 있는 특수교육 프로그램이 동시에 필요하다. 하지만 현실에서는 이런 이상적인 장애 영재교육의 접근은 드물다. 즉, 특수교사의 경우는 장애에 초점을 두고 그에 따른 치료와 사회 적응 훈련에 신경을 쓰느라 아이의 능력과 장점에까지 눈길을 주기 어렵고, 영재 교사는 아이의 재능에만 관심을 두어 장애 문제를 치료하는 데 한계가 있다.

이와 관련해 ADHD 영재아들을 둔 어느 미국 부모의 사례가 매우 흥미롭다. 아이가 영재라는 걸 알면서도 ADHD가 더 크게 느껴져 애를 태웠는데, 해결방법 은 의외로 간단했다. 아이가 어려운 수학문제처럼 뭔가 도전할 거리가 생기면 ADHD 증상이 훨씬 덜해지는 것을 발견하고 수학 과목 속진을 시켰다. 그랬더니 집중력이 좋아지고 과격한 행동도 줄었다는 것이다.

위의 사례에서 접근한 방법은 장애영재의 약점보다 강점에 초점을 맞추는 것 을 제안하고 있다. ADHD에 흔히 처방되는 리탈린 같은 약물로 하는 치료가 아 닌, 영재성으로 시선을 옮겼더니 속진이라는 새로운 처방전이 눈에 띈 것이다.

4. 아스퍼거 영재

1) 아스퍼거장애인가, 영재인가, 아니면 둘 다인가

(1) 아스퍼거장애 + 영재성

아스퍼거 영재란 아스퍼거장애와 영재를 동시에 갖고 있는 아동을 의미한다. 아스퍼거 영재를 이해하기 위해서는 먼저 아스퍼거장애(Asperger's Syndrome: AS) 를 이해할 필요가 있다. 아스퍼거장애는 자폐장애와 같은 발달장애의 한 군으로, 사회적 상호작용의 질적 손상과 더불어 제한적이고 반복적인 관심과 행동 증상 을 보이는 경우를 말한다. 다만, 아스퍼거장애 아동은 자폐아동과 달리 언어나 학 습, 지적 능력이 손상되어 있지는 않다.

예를 들어, 어느 한 아동은 튀김기에 집착하여 패스트푸드점의 주방을 방문해 서 그들이 사용하는 모델을 보고 싶어 한다. 그는 각 제조회사의 연혁과 공장의 소재지를 알고 있다. 이런 집착은 아동이 공상과학 소설이나 마술카드를 갖고 살

다시피 하거나 '지하감옥 드래곤(Dungeons and Dragons)'이라는 3D 게임을 탐닉하는 것과는 질적으로 다르다. 영재는 자기와 비슷한 마음을 가진 친구들이 모인 공동체를 찾고자 한다. 그러나 튀김기에 집착하는 아동은 이런 열정을 가진 다른 사람을 전혀 찾지 않는다. 다음의 두 사례는 어떤 경우일까?

■ 콜린 사례

콜린은 시카고 시내의 사무실에서 검사를 받기로 약속되어 있었다. 그는 12세의 남자아이로 아스퍼거장애가 의심되었다. 콜린은 단조로운 목소리로 말을 하고, 단어 철자에서는 영재성을 보이기도 하며, 시카고의 L-기차의 스케줄을 학습하길 좋아한다. 그러나 감각체계를 압도하는 소음과 움직임 때문에 기차를 탈 수는 없었다. 콜린은 학교에서 또래와 잘 어울리지 못하며, 또래 집단 내에서 '사각형 말뚝(부적격자)'으로 알려졌다. 콜린은 지적으로 뛰어나지만 또래들이 왜 자신의 지식을 함께 즐거워하지 않고 자기를 놀리는지 이해할 수 없었다. "내가 너무 똑똑해서 끼워 주지 않는 거야. 이것은 말도 안 돼." 라고 그는 말했다.

콜린의 아버지는 콜린이 기타 치는 법을 매우 빨리 익혔는데 기술은 좋지만 그냥 '밋밋하게' 연주한다고 했다. 콜린은 음악이 지닌 영혼을 담은 표현과 느낌이 전혀 없이 그냥 연주한다는 것이다. 콜린은 자신이 기타로 블루스를 연주할 수 있다는 것을 또래들이 인정하지 않는다고 생각했다. "내 기억이 훨씬 더 중요하고 재미있어."라고 그는 말했다.

콜린이 시카고에 있는 심리학자 사무실로 걸어 들어갈 때, 콜린의 부모는 멋진 빌딩을 올려다보며 감상하도록 했다. 그러나 콜린은 땅바닥만 내려다봤다. 왜냐하면 빌딩을 올려다보면 현기증이 나기 때문이다. 평가 결과, 콜린은 다른 사람과의 관계성 부족, 제한된 공감능력 그리고 일반화 능력 부족 등을 보이는 것으로 나왔으며, 아스퍼거장애임이 확인되었다.

> ### ▪ 주안 사례
>
> 주안은 아스퍼거장애 진단을 받은 12세의 영재학생이었다. 그는 6학년에서 중학교로 조기 진학하게 되어 새로운 일상생활에 익숙해지기 위해 애쓰고 있었다. 시간마다 교실이 바뀌고, 종이 울리고, 복도에서 나는 큰 소음이 주안을 매우 괴롭히곤 했다. 일상생활에서 이루어지는 만남이나 특별한 모임 같은 변화는 주안에게 스트레스를 증가시켰으며, 그의 대처능력을 저하시켰다. 주안은 소음과 다른 학생들로부터 벗어나 '긴장을 감소시킬' 시간이 필요했다.
>
> 주안의 소근육 문제는 지능검사의 지필 부분에서의 수행을 저하시켰으며, 사회적 판단문제를 다루는 과제의 점수 역시 낮았으나 주안의 IQ는 130 이상으로 측정되었다. 주안은 또래와 정서적으로 단절되어 있었으며, 자신의 생활에서 어머니의 중요성조차 인식하지 못했다. 또한 주안은 자신의 행동이 다른 사람에게 어떤 영향을 끼치는지에 대해 전혀 관심이 없었으며, 주안에게 어머니를 포함한 많은 사람은 사람이라기보다는 마치 물건과 같았다. 여러모로 주안은 1학년 아동과 매우 흡사한 자기중심적인 아이였다. 주안은 지적으로는 생활연령 이상으로 발달되어 있었지만, 사회적 · 정서적으로 열두 살보다 어린 아동이었다. 이러한 극심한 비동시적 발달은 아스퍼거장애를 지닌 영재아동에게는 흔한 모습이다.

(2) 특징

아스퍼거 영재의 특징을 설명하기 전에 먼저 아스퍼거장애의 특징을 이해할 필요가 있다. Neihart(2000)는 아스퍼거장애 아동의 특징으로 5세 이전에 말을 하고, 적어도 평균 이상의 지적 능력을 가지며, 정서적으로 크게 위축되거나 고립되어 있지 않고, 나이가 들수록 사람들에게 일부분이지만 흥미를 보이며, 극적인 발달도 보일 수 있다는 것을 말한다. Webb 등(2005)도 아스퍼거장애 아동은 지능검사나 학업성취 검사에서 좋은 점수를 얻으며, 때로는 IQ가 140이 넘는 아동도 있고, 언어와 기억에 의존하는 과제에서 수행을 잘 한다고 보고하고 있다. 이러한 특징을 볼 때, 아스퍼거장애 아동은 적응만 잘한다면 성장하면서 어느 정도 성공도 가능하다고 볼 수 있다.

그러나 아스퍼거장애 아동은 언어능력이 발달함에도 의사소통과 관련한 몸짓이나 정서 표현, 비언어적 전달에는 여전히 어색함과 둔감함을 보인다. 특히 이 아이들은 또래와의 상호작용, 스트레스 상황, 시간표나 일과를 예측하기 어려운 환경, 고도의 구조화가 제공되거나 제공되지 않는 상황, 감각적 스트레스 요소가 드러나는 상황, 새로운 상황에서 장애 증상들이 가장 잘 나타난다(김영숙, 윤여홍, 2009).

아스퍼거 영재는 위에 언급한 증상과 더불어 영재의 특성을 지니고 있는 경우다. 따라서 아스퍼거 영재와 일반 영재를 구분하는 것이 필요하다. Neihart(2000)와 Webb 등(2005)이 언급한 일반 영재와 아스퍼거 영재의 유사점을 제시하면 다음과 같다.

- 사건이나 사실에 대한 기억력이 탁월하다.
- 언어가 유창하고 잘 발달되어 있다.
- 쉴 사이 없이 말하거나 끊임없이 질문한다.
- 소리, 빛, 냄새, 촉감 그리고 향과 같은 자극에 과민감성을 보인다.
- 특정한 관심 분야에 몰입한다.
- 공평함과 정의에 대한 관심이 많다.
- 비동시성 발달을 보인다.

이러한 특징들로 인하여 일반 영재와 아스퍼거 영재는 비슷할 수 있다. 하지만 아스퍼거 영재는 영재의 특성을 지녔으면서 아스퍼거의 특징 역시 가진 아동이기 때문에, 일반 영재에 비해 다음과 같은 점에서 어려움이 있다(Neihart, 2000).

- 공감능력의 부족

- 타인의 시각에 대한 인식과 통찰력 부족
- 사회적 단서나 뉘앙스 이해 부족
- 소근육 활동의 서투름

영재의 특성을 지녔지만 발달장애의 특성을 보이는 아스퍼거 영재는 각각의 특징이 나타나는 정도에 따라 쉽게 구분될 수도 있고 어려울 수도 있다. 아스퍼거 영재는 학교에서 교사가 지도하기에 상당한 어려움이 있으며, 변화도 더디게 일어난다.

Neihart(2000)는 〈표 9-3〉과 같이 일반 영재와 아스퍼거 영재 간의 차이점을 제시해 놓고 있다. 아스퍼거 영재는 주로 스피치 패턴, 일상생활에서의 반응, 차이에 대한 인식 여부, 주의력 혼란 발생요인, 유머의 이해 정도, 행동의 서투름 여부,

표 9-3 일반 영재와 아스퍼거 영재의 변별

특징	일반 영재	아스퍼거 영재
스피치 패턴	정상, 나이 많은 아이의 언어	현학적, 이음새 없는 말
일상생활에서의 반응	수동적으로 거부 그러나 종종 따라가기도 함	변화에 대한 참을성이 매우 낮음, 흥분과 공격성 보임
차이에 대한 인식	자신이 좀 다르다는 것을 앎	다른 사람들이 자신을 어떻게 보는지에 대한 인식이 낮음
주의력 혼란 발생요인	있다면 주로 외부 요인에 의해 일어남	혼란은 내부요인에 의해 발생
유머 이해	사회적 상호관계에서 유머를 사용	단어를 가지고 놀지만 사회적 상호관계를 요구하는 유머를 이해하지 못함
행동의 서투름	대부분의 영재아동에게서는 나타나지 않는 특징임	아스퍼거 아동의 50~90%가 이 특징을 보임
부적절한 정서 표현	특징이 아님	거의 항상 관찰
통찰력	주로 좋은 통찰력을 보임	주로 현저하게 결핍
정형화 타입	특징이 아님	나타나기도 함

(Neihart, 2000)

부적절한 정서 표현, 통찰력 여부, 정형화 타입 여부 등에서 일반 영재와 뚜렷하게 구분된다.

2) 상담 접근

만일 반 학생 중에서 또래와의 관계에 어려움이 있거나 사회성이 떨어지는 것 같으면서 영재 가능성도 있는 것 같다면, 아스퍼거 아동인지, 아스퍼거 영재아동인지, 영재아동인지를 변별하고 진단을 내리려고 하지 말고, 아동의 행동에만 주목해 이를 교정하려 하지 않도록 권하고 있다. 대신 Webb 등(2005)은 그 전에 다음과 같은 상황을 제시하고 행동이 달라지는지를 검토하도록 제안하고 있다.

- 지적 열정을 가진 다른 영재학생과 함께 있을 때 행동이 달라지는지, 즉 공감도 하고 사회적 서투름도 보이지 않는지, 아니면 여전히 그러한지를 검토하라.
- 또래와 함께 있을 때 또래가 자기의 행동을 어떻게 보는가에 관한 통찰력이 어떠한지를 살펴보라.
- 학생의 행동이 문제되는 이유가 공감능력이 부족해서인지 아니면 참을성이 부족해서인지도 변별해 보라.
- 학생이 또래관계나 사회성 발달에 대한 동기가 있는지를 살펴보라. 즉, 다른 학생들과 어울리고 싶어 하는지, 혼자 있는 것보다 다른 학생들과 함께 있고 싶어 하는지 여부도 중요한 변별 기준이 된다.

이 제안은 영재성이 있는 것 같지만 사회성이 부족해서 생활지도에 어려움을 보이는 학생들을 지도하기 위해 먼저 영재성을 지닌 비슷한 또래와 함께 어울리도록 기회를 제공한 후에 그 학생의 행동 변화를 관찰해 보는 것이다.

만일 그 학생과 비슷한 영재와는 의사소통도 잘 하고 서로 관계를 잘 형성하며 협동하고 잘 지내는 모습을 보인다면, 아마도 이 학생은 사회성이 떨어지거나 행동에 문제가 있는 학생이라고 보기 어렵다. 그보다 이 학생이 처한 환경이 두드러진 영재성을 발휘할 수 있는 환경이 아니었거나, 학생이 가진 문제가 영재성과 속한 환경 간 불일치로 생기는 문제이거나, 또래와 관계를 맺고 어울릴 기회가 부족해 아직 친근감 형성방법을 모르거나, 비동시적 발달로 인한 사회성 미발달로 생기는 문제일 수 있다. 따라서 교사는 이에 맞는 적절한 조치를 취하는 것이 필요하다.

특히 아스퍼거장애를 가진 영재의 경우, Hans Asperger가 1944년 아스퍼거장애를 맨 처음 발표할 당시 대부분의 증상이 지능이 높은 사람에게서 나타나는 경우가 많다고 했기에 똑똑하지만 유별난 소수 '별종'의 문제로 혹은 이상한 면이 있더라도 똑똑하니 별 문제 없으리라고 치부되어 방치되곤 한다. 하지만 모든 장애가 그렇듯 아스퍼거장애도 조기 진단의 중요성과 이에 따른 적절한 중재 개입의 필요성이 강조된다. 즉, 아스퍼거 영재가 다른 사람과 어울리는 데 점점 어려움을 느끼고, 또래 사이에서 고립되는 일이 반복되면 의욕을 잃고 무기력해질 수 있으며, 이는 이후 직업에서의 어려움도 수반할 가능성이 크다.

Tip 1 아스퍼거장애를 다룬 영화

2011년 개봉한 인도 영화 〈내 이름은 칸〉

주인공 칸은 IQ가 168이지만, 어눌한 말투, 정면을 비켜 있는 시선, 노란색과 날카로운 소리에 대한 공포, 있는 그대로나 생각나는 대로 말하는 직설적 화법 등으로 다른 사람과 어울리기 힘든 특성을 지닌다.

Tip 2 아스퍼거장애로 추정되는 유명인

- 1998년 수학계의 노벨상으로 불리는 필즈 메달을 수상한 Richard Ewen Borcherds 버클리 대학교 교수
- 진화론의 Charles Robert Darwin
- 현대미술가 Andy Warhol
- 작가 Vladimir Nabokov

- 철학자 Ludwig Josef Johann Wittgenstein
- 작곡가 Bela Bartok

생각할 문제

1. 정서 및 행동 장애를 지닌 영재의 특성과 상담 접근방법을 정리해 본다.
2. 학습장애 영재의 특성과 상담 접근방법을 정리해 본다.
3. ADHD 영재의 특성과 상담 접근방법을 정리해 본다.
4. 아스퍼거 영재의 특성과 상담 접근방법을 정리해 본다.

Chapter
10

소외계층과 다문화 영재상담

학 습 목 표

1. 저소득층 가정 영재의 특성에 대하여 이해한다.
2. 저소득층 가정 영재를 위한 지원방법을 이해한다.
3. 다문화 영재의 특성에 대하여 이해한다.
4. 다문화 영재를 위한 지원방법을 이해한다.

1. 저소득층 가정의 영재

선진국에서조차 가난은 가족에게 영향을 미치고, 이는 자녀들에게 부정적인 결과를 초래한다. 가난한 사람들 가운데 특히 아동은 건강의 위험, 인지적 곤란 및 교육적 성취 기회의 제약으로 인해 고통을 받을 가능성이 높다(Parrish, 2004). 그러나 아동이 처한 빈곤한 상황과 대조적으로 높은 성취를 보여 주거나 그럴 가능성이 있는 유망한 학습자들이 있다. 그들은 보다 풍족한 환경에 있는 또래들과 비교할 때 영재 프로그램에서 소외된다(Alamprese & Erlanger, 1989; Konstantopoulos & Hedges, 2001). Robinson(2003)은 영재교육에서 형평성을 기하려는 노력들이 빈곤한 삶을 살고 있는 높은 능력의 학습자들을 위한 것이라고 하였다.

저소득층 영재와 영재 프로그램에서의 소외를 다룬 연구들을 검토하고 종합하는 데 있어 증거 기반 교육 현실의 관점에서 세 가지 주제가 나타난다. 첫 번째 주제는 영재 판별에 사용된 절차와 방법이다. 그리고 두 번째 주제는 가족 지원체제의 결정적 역할이며, 세 번째 주제는 학교 기대와 수업 그리고 수업에 대한 가족의 이해다. 이 세 가지 주제가 서로 독립적이지는 않지만, 다음에서 각 주제들을 개별적으로 논의할 것이다.

1) 저소득층의 소외된 영재 판별

영재 판별과정에서 다양한 준거를 사용하는 경향이 증가하고 있지만 여전히 영재 판별은 표준화검사 점수에 의해 좌우되고 있다. 일반적으로 지필형 적성검사와 성취검사가 이에 속한다. 이 검사에서 높은 점수를 받은 학생들은 영재로 판별되어 영재 프로그램에 추천된다. 그런 까닭에 영재 판별은 실제로 검사점수와 상관이 있다. 이처럼 전통적 검사를 통해서도 저소득층 영재를 판별할 수 있지만 많은 이가 적절하게 선발되지 못하고 있다. 이 문제를 해결하기 위하여 수많은 연구자는 가난하고 소외된 영재를 판별하려는 대안과 확장된 다양한 방법을 주장해 왔다(Callahan, Tomlinson, Moon, Tomchin, & Plucker, 1995; Frasier & Mary, 1995; Passow & Frasier, 1996; Sarouphim, 1999). 영재 판별과정에 대한 전국 설문 조사에서 Hunsaker(1994)는 교사 체크리스트와 평정척도, 학급 내 사회적 상호작용, 창의적 활동, 문제해결 활동, 학생 포트폴리오 및 영재 프로그램 적응 기간으로서 일시적 배치 등이 포함된 대안적 전략들을 발견하였다.

Javits가 후원하는 프로젝트, 강도 높은 선발 절차, 사정 및 유치원생 관찰 등은 사례 연구 접근을 통해서 가능성 있는 어린 학습자들을 찾아내는 데 성공적인 전략들이다(Borland & Wright, 1994). 또한 영재 판별에 대한 주 단위의 연구에서 시범수업을 통한 수행 과제의 적용은 저소득층에서 판별된 영재 수를 증가시킨 것으로 확인되었다(VanTassel-Baska, Johnson, & Avery, 2002). 영재 프로그램을 배치하고 시행한 지 2년 후, 설문을 실시한 학교 가운데 1/3에 해당하는 학교 교사와 프로그램 코디네이터들은 시범수업의 수행과제를 통해 영재로 판별된 학생들의 동기가 높으며 이들이 매우 잘 수행한다고 인식하는 것으로 나타났다(VanTassel-Baska, Feng, Quek, & Struck, 2004). 저소득층의 소외된 영재를 판별하는 또 다른 접근은 학급 내 모든 학생을 '영재와 같은' 활동에 참여시켜 문제를 해결하도록 기회를 제공하여 영재성을 확인하는 것이다.

대안적·확장적 체제의 적용 이점은 더 많은 학생이 영재 프로그램의 혜택을 받을 수 있는 기회를 제공한다는 것이다. 그러나 그런 접근들에 단점이 없는 것은 아니다. 대안적 접근 또는 다양한 척도, 특히 지역 자체적으로 개발한 도구는 타당성과 신뢰성에서 문제가 될 수 있다(Plucker, Callahan, & Tomchin, 1996). 또한 광범위한 판별 절차를 적용하는 것은 시간이 많이 드는 일이기 때문에 낭비가 될 수 있다. 저소득층 학생 수가 많은 학교에서 비용은 주요 관심사가 될 수 있으며, 노동 집약적 판별 절차가 그나마 부족한 재원에서 상당 부분 소비되고 있기 때문에 결국 저소득층 영재학생들을 위한 재원은 태부족 상태다.

2) 저소득층 영재 지원 프로그램

저소득층 영재 판별문제가 영재교육의 주요 관심사인 만큼 성공적인 프로그램과 교육서비스는 계속 개발되어 왔으며, 이에 대한 연구들이 진행되었다. 예를 들어, 시너지 프로젝트는 저소득층 유아 영재를 판별하여 이들을 시범 적용하는 학교에서 실시하는 초등 2학년 영재 프로그램에 참가시킨 후, 8학년이 될 때까지 그들을 종단적으로 추적 연구하였다(Borland, Schmur, & Wright, 2000). 연구자들이 확인한 주요 특징들에는 전환 서비스 수업(transitional servieces classes), 튜터링, 부모 지지, 그들이 특별하다는 메시지를 학생과 그 가족들에게 전해 주는 것 등이 포함된다.

학교와 대학 협력을 통해 저소득층 영재에게 교육서비스를 제공하는 또 다른 프로그램에도 유사한 주요 특징들이 나타난다. EXCITE 프로젝트는 다양한 문화를 가진 학습자들에게 고등학교 과학과 수학 활동 기회를 제공하기 위해 개발되었다.

빈곤한 지역에 살고 있는 영재들에 관한 사례 연구들 또한 저소득층 아동과 청소년에게 요구되는 학교 프로그램의 필요 기간과 강도를 되풀이하여 제시하였다(Hebrert, 2002). 교사로부터 높은 기대, 실생활의 문제해결 기회, 과외 활동 및 돌봐 주는 성인의 지속적 개입은 저소득층의 소외된 영재의 변화를 이끌어 내는 프로그램과 교육서비스에 관한 연구에서 반복되는 주제들이다. 저소득층 영재를 위한 효과적인 교육 관점에서 현재 학교 영재교육 안내에 필요한 연구 결과들은 존재하지만, 저소득층 영재를 위한 효과적인 교육 현실을 유도하고 유지하기 위해서는 자원과 사회적 집단적 의지가 요구된다.

3) 부모의 역할: 가정과 학교를 연결하기

부모는 가족의 수입에 상관없이 영재를 위한 기회를 만들어 내는 데 중요한 역할을 할 수 있으며 실제로 중요한 역할을 한다(Gelbrich & Hare, 1989). Clark, B.(1983), Reis, Colbert와 Hebert(2005), Werner(1995)의 연구들은 스트레스가 많은 빈곤한 가정환경의 학생들이 보여 주는 탄력성을 연구하였다. 그들은 부모, 가족 구성원 그리고 멘토 사이의 연결이 저소득층 영재의 성공에 매우 중요한 요소임을 시사하였다. 저소득층 가족들은 영재아동의 교육적 발달에 기여할 수 있는 것이 무엇인지 알 필요가 있다. 따라서 저소득층 영재아동에게 효과적인 프로그램에 부모를 참가시키는 것이 중요하다. 예를 들어, Barone과 Schneider(2003)가 실시한 한 사례 연구는 위험한 도시학교에 다니는 높은 능력을 가진 저소득층 아동을 통해 부모 역할의 중요성을 잘 보여 주었다. 그 아동의 엄마는 아들과 두 여동생을 위해 풍부한 독서환경을 제공하였고 가정에서 학습 토론을 이끌었으며 그녀 스스로 기꺼이 학교 활동에 참여하였다. 3학년에 헤드스타트 프로그램에 참여한 아동의 추수 연구 결과, 가장 높은 성취를 보이는 저소득층 아동은 긍정적인 양육 태도와 학교에 대한 적극적인 태도를 가진 부모가 있는 것이 특징이었다(Robinson, Lanzi, Weinberg, Ramey, & Ramey, 2002). 더 나아가 저소득층 가정에서 자녀의 성취를 지지하는 엄마의 역할은 자녀가 9학년이 될 때까지 그 효과가 지속적으로 나타났다(Newman, Myers, Newman, Lohman, & Smith, 2000). 연령에 상
관없이 많은 저소득층 자녀는 학문적 목적을 달성하는 데 지지적인 가족 구성원
에 의해 보호되고 도움을 받는다. 따라서 가족의 중요성을 간과하고 그들을 포함
시키지 않은 영재 프로그램은 비효과적일 우려가 있다.

Tip 1 저소득층 영재를 위해 도움이 될 수 있는 자원들은 무엇인가

(1) 가정에서

- 자녀가 영재라고 믿는 부모는 전통적 평가방법이 명확하지 않다면 대안적·
  확장적 평가전략을 사용할 것을 주장해야 한다. 부모는 교사와 행정가들에게
  영재 판별 지침에 관해 문의하고 자녀의 능력에 대하여 인식하고 있는 사항
  들을 교사에게 알릴 필요가 있다.

(2) 학교에서

- 저소득층 영재의 부모들과 정보를 공유하라. 저소득층 영재를 위한 학문적
  프로그램을 준비할 때 부모를 배제하지 말라. 많은 부모는 자녀의 재능발달
  을 돕기 위해 자신들이 할 수 있는 일에 대한 이해와 투자를 거의 하지 못한
  다고 느낀다. 학교의 학문적 목표를 인식한다면 부모는 가정에서 자녀에게
  지지적 학습 경험을 제공하도록 도울 수 있다. 자녀의 '숙제 습관'의 형성은
  학교와 아동 그리고 부모 사이에 의사소통을 할 수 있는 또 다른 통로가 된
  다. 가정과 학교 사이의 부모 교육과 파트너십은 영재가 의미하는 바가 무엇
  이며 영재성을 촉진시키기 위하여 어떤 조처가 취해져야 하는지에 대한 부모
  의 이해를 돕는다는 관점에서 중요한 요소다.
- 가족의 강점에 초점을 맞추어라. 저소득층 가정에서 부모나 친척의 지지가
  부족할 것이라고 가정하지 말라. 높은 기대와 열망은 수입이나 가족 구조에
  의해 제한되지 않는다. 개별 학생에 대한 지원체제를 평가하고 각 학생에 대
  한 사회적 지원체제를 증진시킬 프로그램을 개발하라. 학교 클럽을 통해 리
  더십, 필요한 학문적 지원, 문화적 심화 활동, 여름 프로그램 또는 멘토링 프
  로그램을 개발하도록 하라(Olszeski-Kubilius, Grant, & Seibert, 1994).

- 학교에 대한 부모의 불신을 중점적으로 다루어라. 많은 저소득층 부모는 학교에서 부정적인 경험을 하거나 소외감을 느낀다. 그들은 학교가 자녀들에게 제공해 줄 수 있는 것에 대하여 회의적이다.
- 학교 교직원들은 저소득층 영재와 그 가족에게 사회적 · 정서적 지원을 제공할 수 있는 시간을 만들어라. 명백한 목표를 설정하고 학습에 대한 동기를 향상시킬 수 있는 안내와 부모와의 대화를 위한 가정 방문 및 진로 개발과 장학금 신청과 같은 문제에 대한 상담 활동을 제공할 수 있다.
- 학생의 약점이나 결손이 아닌 강점에 초점을 두는 개별화 프로그램을 개발하라. 종종 저소득층 학습자를 위한 학교 프로그램은 탐색적이고, 심화 활동이라기보다는 사실상 학력 부족을 보충하려는 경향이 있다.
- 학생이 학습하는 데 소비하는 시간을 늘리도록 하라. 방과 후, 주말 및 여름 프로그램과 독립적 연구와 협동 연구 집단은 학습의 강도를 높이기 위한 전략들이다.
- 행정가는 저소득층 학습자에 대하여 일반적으로 가질 수 있는 편견을 극복하도록 교사나 상담가에게 전문성 계발 기회를 제공해야 한다.
- 교사는 저소득층 영재의 가정환경과 지역사회 문화에 관해 더 많이 알 필요가 있다.

2. 다문화 영재에 대한 지원

1) 문화적으로 다른 학생에 대한 문제

(1) 인종주의와 결손 모델

Katz(1976)는 인종주의(racism)를 "다수민족의 이익 또는 특권 그리고 소수민족 집단의 배제 혹은 박탈을 조장하거나 영속시키는 모든 행위 및 제도상의 절차"라고 정의한 바 있다. 이는 명백히 다수의 사람이 소수 다른 부류의 사람을 표준 이하 또는 열등한 것으로 간주하는 것이다. 그리고 이런 인종주의자들의 신념과 행동의 결과로 인해 결손 모델(deficit model)이 만들어지게 되었다. Smith(1981)에 따르면 문화 결손 모델은 열등 가설을 사용하고 있다. 하지만 그 열등 인자를 인종에서 찾는 대신 문화의 결손에서 찾는다.

영재의 학교교육에 결손 모델을 적용함에 있어 다음과 같은 결과를 낳는다.

- 영재라는 생각이 결여된다.
- 재능을 개발시키려는 지원이 부족하다.
- 반항적으로 행동했을 때 훈육 및 행동문제를 가진 것으로 학생을 판별하여 특수교육에 배정하는 결과를 가져온다.

인종주의와 편견은 소수민족의 학생들에게 개별적으로도 영향을 미친다. Allport(1954)에 따르면 학생들은 세 가지 단계, 즉 언어상의 거부, 차별, 신체적 공격에서 표적이 된다. 높은 민감성을 지닌 영재는 "어쩌면 보통의 능력을 지닌 또래들보다 차별에 대해 더 심한 고통을 겪을 수 있다"(Lindstrom & Van Sant, 1986). 따라서 학생과 어른 체계를 지원하는 활동이 보다 필요하다.

인종적 · 문화적으로 다른 배경을 가진 영재는 열등 딱지를 극복하고 자신과 같은 사람들이 받는 정보를 선택적으로 내면화하는 방법을 찾아야 한다. 이 과제를 효과적으로 수행할 수 있는 학생은 긍정적인 자아개념을 가질 수 있다(Gibbs, Huang, & Associates, 1989).

열등문제에 대한 또 다른 면은 영재 프로그램에 문화적으로 다른 배경을 지닌 학생을 보다 많이 포함시키려고 영재 판별 규준을 바꾸는 시도들에서 찾아볼 수 있다. 왜냐하면 많은 평가도구가 문화적으로 편중되었다는 비판이 제기되면서 (Gallagher & Kinney, 1974; Jones, 1988; Ogbu, 1988), 전통적인 평가 방식의 대안으로 문화적으로 다른 배경을 가진 학생들을 바르게 평가하는 것이 필요하게 되었기 때문이다(Baldwin, 1985; Zappia, 1989).

인종적으로 그리고 문화적으로 편견을 가진 사람들은 평가를 바꾸면 기준을 바꾸는 것이라 간주하고, 이 변화가 기준을 넓히는 것이 아니라 기준을 낮추고 있다고 생각한다. 열등에 대한 주류 집단의 가정으로 유색인종의 영재는 자신이 정말 영재인지 아닌지 혼동을 겪고 있다(Colangelo, 1985). 대부분의 영재는 자신의 능력을 과소평가하는데, 유색인종의 영재들은 더욱 그렇다(McIntosh & Greenlaw, 1986). 영재 프로그램에 들어갈 만한 자격이 있는지에 대한 부가적인 의심은 자존감과 동기에 영향을 줄 수 있다.

(2) 맞추기

인종적 및 문화적으로 다른 학생들은 두 문화 사이를 왔다 갔다 한다. 종종 이들 문화는 아이에 대한 가치와 기대가 상충되기도 한다. 학생들의 문화를 잘못 이해하는 경우 부모의 기대치와 상담자의 기대치가 완전히 상치되는 지경에 이르기도 한다. 그리고 이것이 학생들을 더욱 혼란스럽게 한다. 학생의 문화를 존중하지 못하는 상담자(학생의 문화가 열등하다고 생각하여 없애야 한다고 생각하는)는 학생의 정체감 발달에 커다란 상처를 주게 된다. 비록 두 문화에서 양다리를 걸치고 있을 때 그렇지 않은 것보다 스트레스가 많지만, 한 가지 문화 이상에서 유능성을 보이는 학생들은 다른 사람보다 더 높은 자존감과 이해 및 성취를 보이는 것으로 나타났다(Ramirez, 1983).

종종 유색인종 가족은 영재자녀를 다루는 방식에 열정이 부족한 경우가 있다. 어떤 가족은 영재교육 프로그램에서 자녀에게 해 줄 수 있는 것이 없는 학교와 정상적인 관계를 유지하고자 한다. 때때로 부모는 영재를 통제하지 못할까 봐 또는 아이가 너무 영리하여 부모의 권위를 침해할까 봐 걱정하기도 한다(McIntosh & Greenlaw, 1986). 그리고 부모의 감정을 알고 있는 아이는 학교 관계자, 선생님, 상담자 및 가족을 기쁘게 하는 것에 갇히게 된다.

(3) 사회경제적 지위

다문화 상담에서 도전이 되는 점은 경제적 지위의 영향으로 혼합된다. 경제적 지위는 인종적·민족적 장애를 추월하여 사회의 자원이 분배되고 사용되는 시스템의 본질에 따라 좌우된다. 안정적 고용, 적절한 주택 공급 및 풍부한 기회는 중 · 상위 소득 집단을 창출한다. 그리고 이들 중산층 집단(이들의 사회화는 보다 큰 사회의 본질과 가치를 반영하는데)은 승자처럼 느끼고, 보이며, 대접을 받는다.

반대로 높은 실업, 제한된 기회, 주택난, 낮은 임금은 빈곤의 문화를 빚어낸다 (Lewis, 1965). 이 집단에 속해 있는 사람들은 시스템에 대한 지각과 반응에 영향을 미친다는 특징을 갖는다. 이 집단은 자체적으로 폐쇄적인 사회 시스템을 발전시켜 구성원을 보호하고 정체감을 제공한다. 하지만 빈곤 집단의 구성원들은 주로 부적절하고 결손된 '패자'처럼 보이고 (자신과 남으로부터) 그렇게 취급을 받는다.

가난한 환경에서 자란 학생들은 빈곤 문화에 사회화된다. 학생들은 거의 더 큰 사회의 본질과 가치에 노출되지 않는다. Lewis(1965)는 다른 사람들과 구별되는 빈곤의 문화 성향을 미래보다는 현재 지향적인 시간 관념, 만족감을 지연시키지 못함, 행동 지향적, 타인을 신뢰하지 못함, 무력함과 의존성, 열등의식의 표현으로 정리하였다.

소수인종의 아이들 중 상당수가 빈곤한 문화의 산물이다. 따라서 어떤 상담자들은 빈곤의 문화를 아이의 인종 혹은 민족적 문화와 혼동한다. Smith(1977)는 소수민족 집단 내담자의 가족은 모두 가난하거나 질서가 없고 파탄 난 가정일 것이라 믿는 등의 상담자가 저지르는 실수를 발견하였다.

사회경제적 계층 간의 차이점을 뚜렷하게 정의할 수는 없지만, 같은 계층의 사람들은 다른 계층의 사람들보다 더 공통점이 많다. 예를 들어, 수입이 많은 푸에르토리코인의 아이는 가난한 푸에르토리코인의 아이보다 오히려 수입이 비슷한 백인 아이와 더 공통점이 많다. Nicholas와 Anderson(1973)은 아프리카계 미국인과 백인의 IQ는 이 두 집단의 사회경제적 지위가 비슷할 때 그 차이가 10점 정도 줄어든다는 것을 발견하였다.

다문화 상담자는 내담자의 행동이나 태도가 인종, 민족에서 기인하는 것인지, 사회경제적 요인으로 인한 것인지의 두 종류의 문화적 차이를 구별해야 한다. 그리고 이상의 구분에서 전문가의 동기 및 행동을 어떻게 내담자가 지각하느냐가 다문화 상담상에 나타나는 도전적인 문제를 구체화한다. 대개 수입이 낮은 가정은 상담자나 사회복지기관과의 부정적인 경험으로 상담자나 사회복지기관에 대해 나쁜 인식을 갖고 있으며 모든 제도를 의심한다. 따라서 영재자녀를 둔 부모는 상담 중재에 대해 냉담하고 멀리한다. 이제 상담자는 영재자녀를 둔 부모에게 상담이 영재자녀에게 이득이 있다고 믿게 해야 하는 중요한 기로에 서 있다. 영재, 특히 가난한 영재야말로 (그들의 능력 때문에) 도움이나 특별한 프로그램 없이도 남들보다 더 잘 할 것이라는 생각으로 인해 가장 다치기 쉬우며, 이에 Marland(1972)는 다음과 같이 언급했다.

"이 부류의 학생들이야말로 인간 잠재력을 최적화하는 프로그램과 서비스가 가장 필요한 사람들이다. 또한 영재 및 일반교육 모두에게 가장 잘 잊혀지는 위험에 처한 사람들이 바로 이들이다."

▪ 소수민족 학생들의 참여 활동

- **목표 1**: 모든 학생의 문화적인 유능감을 증진하기
- **설명**: 문화적인 유능감 개념은 민족, 인종 또는 언어 차이에 대한 민감성을 발전시키고자 적용할 수 있는 일련의 포괄적인 기술을 의미한다. 이와 같은 감수성과 인식은 문화적 집단에 대한 틀에 박힌 특징을 고수하지 않고, 오히려 문화의 의미를 개방적이며 편안하게 탐색하면서 차이점에 가치를 부여하는 데 그 목적이 있다.
- **책략**
  - 학생들에게 귀중한 문화적 전통과 언어의 다양성을 널리 알린다.
  - 학생들과 그 가족의 삶, 일 그리고 학습을 담은 문화적 배경에 대해 충분히 이해할 수 있도록 프로그램을 개발한다.

- **목표 2**: 다양성에 민감한 영재 프로그램을 개발하기
- **설명**: 판별 절차와 프로그램 개발 및 내용에서 높은 기준을 유지하면서 문화적 다양성을 수용해야 한다.

- 책략
  - 영재 프로그램을 위한 소수민족 교사와 상담자를 개발에 적극적으로 참여시킨다.
  - 지역 공동체 각 소수민족 집단의 문화적 맥락에서 영재성을 정의한다.

2) 다문화 학습자의 재능 계발

다양한 문화 · 언어 학습자 수가 증가함에 따라 다문화 학생들의 재능 판별과 재능 계발에 대한 요구 또한 증가한다(Baldwin, 2002; Bernal, 2002; Frasier & Passow, 1994). 더 많은 학교가 교육적 경험을 통해 문화적 · 언어적 다양성을 포용하고 이해한다면 학생들은 더욱 성공적이며 흥미를 지니게 될 것이다. 교육자는 문화적 · 언어적으로 다양한 학생들에게 속진을 확대함과 더불어 다문화 학생의 역사, 언어 및 문화적 가치에 관심을 두고 재능 있는 다양한 학생의 특성을 인지할 필요가 있다. 그리고 이러한 가치들이 그들의 영재성에 어떻게 기여하는지에 관해 알아야 할 필요가 있다(Strow, Johso, Strom, & Strom, 1992).

(1) 다문화 학습자의 다양성

다양한 문화적 배경을 지닌 집단은 동질적인 집단이 아니며 문화적으로 정형화된 집단도 아니다. 예를 들면, 모든 아 · 태 미국인(Asian and Pacific Americans) 학생들이 동일한 배경과 가치를 지니고 있다는 가정은 무리가 있을 것이다. 아 · 태 지역의 문화는 국가의 기원, 언어, 종교, 태도 그리고 사회적 관습의 측면에서 서로 다르다(Kitano & DiJosia, 2002; Tomine, 1991). 중국 문화에서는 영재학생을 위한 진보된 교육을 촉구하는 반면에, 일본 문화에서는 형평성을 강조한다(Stevenson, Lee, & Chen, 1994). 그러나 몇몇 아 · 태 문화 집단 간에는 유사점이 존재하기도 한다. 예를 들면, 대다수의 아시아 학습자는 개인적 문제를 논의할 수 없고 감정을 가정 밖에서 표현하면 안 된다고 믿는다(Plucker, 1996; Sue & Sue, 1991; Tomine).

(2) 영재성에 대한 문화적 관점

문화적 · 언어적으로 다양한 학생을 지도하는 교사는 자녀교육에 대한 부모의 접근 방식과 교육적 과정에 반영된 문화적 특징을 이해하는 것이 중요하다. 모든 문화에서는 주 또는 연방 정부에서 제시한 영재성 정의에 따라 영재를 정의하지 않는다. 모든 문화 집단이 영재성에 대한 각각의 관점을 지니고 있다는 측면에서 미 원주민의 사례는 분명한 예가 될 수 있다. 미 원주민들은 영재성을 부족 문화 내에서의 발달과 관련하여 고려하였다. Kirschenbaum(1988)은 문제해결력은 북미 원주민 문화 내에서 영재성을 결정하는 데 매우 중요하다고 언급하였다. 아동이 특정 능력을 더 빨리 나타내고, 특히 적극적이라면 영재로 판단될 가능성이 더 높다. 그리고 이러한 부족 내에서는 영재아동을 유능한 리더와 창의적인 문제해결자로 판단하려는 경향이 강하다.

(3) 학교와 부모 그리고 다문화 영재학생

학교환경에서의 문화적 다양성을 이해하기 위해 Clark(1984)는 중요하게 고려할 네 가지 사항을 제시하였다. 첫째, 다문화 학생들은 가족의 인종과 종교적 배경에 따라 다른 집단에게 어떻게 반응할지를 결정한다. 둘째, 인종과 종교 집단의 차이는 개인적 역사와 경제적 · 교육적 자원에서의 기회 차이를 유발하는 특수한 사회적 역사를 가진다. 셋째, 일정 기간에 걸친 거주 지역의 분리는 생존을 위한 가족의 접근방법을 차별화시킨다. 넷째, 인종, 직업, 수입, 교육 수준의 차이에 상관없이 동일 의사소통의 역동성과 과정은 학문적 성공이나 실패를 설명해 준다.

높은 능력을 지닌 청소년에게 교육을 어떻게 효과적으로 제공할 것인가는 이 분야에서 가장 우선시하는 문제다(Robinson & Clinkenbeard, 1998). 다문화 학생들을 교육함에 있어 성공적인 프로그램은 '교사'와 '교수학습방법', 이 두 가지 요소에 달려 있다(Garcia, 1993). 경험이 있는 교사는 유연한 사고를 하며, 문화적 다양성에 관련한 전문성 계발에 참여하였으며, 다문화 학습자의 역사, 언어 및 전통을 교육과정에 통합시킨다. 그리고 이러한 교육과정은 일반적으로 주제 중심으로 이루어진다. 수업은 주로 소집단 활동, 학습센터 그리고 모둠별 수업으로 이루어지며 학급 전체를 대상으로 한 수업을 덜 하는 방향으로 진행된다. 다시 말하면, 교수는 교사 중심이기보다는 학생 중심으로 이루어진다.

영재뿐만 아니라 그들 부모에 대한 상담 역시 중요하다. 학생들은 직업 가능성을 탐색하고 대학에 지원하고 장학금이나 학자금을 신청할 때 도움을 필요로 한다. Nieto(1992)는 몇몇 문화적으로 다양한 고등학생의 경험에 관한 사례 연구를 통해 가족을 대상으로 한 직업 및 학문적 가이던스가 필요함을 입증하였다. Chavkin과 Williams(1993)는 만약 필요하다면 부모에게 통역자를 통해서 사용가능한 자원들과 고등교육에 대한 가치를 알리는 것이 중요함을 또한 강조하였다.

Javits 프로젝트인 Mandala 프로젝트 보고서에서 Damiani(1996)는 프로젝트 참가자인 87명의 부모가 학교에서 자신의 영재자녀에게 제공해 주는 것이 무엇인지 혼란스러워한다고 자주 보고하였으며 학교교육 프로그램이 가정과 의사소통할 방법을 검토하고 교육적 계획에 부모의 참여를 증진시킬 필요가 있다고 결론지었다. 다문화 영재아동에 관한 사례 연구를 통해 Tomlinson, Callahan과 Lelli(1997)는 부모의 참여가 영재아동에 대한 가족의 흥미, 조화 및 이해를 고무시키는지 관찰하였다. 더불어 Clark(1984)는 문화적으로 다양한 학생들의 성공에 있어 중요한 요인은 아동의 학문적 경험에 대한 부모 개입이라고 보고하였다. 특히 숙제하는 습관을 길러 주고, 과제를 검토하고, 과제를 읽고 대화하는 활동은 자녀의 학문적 성취에 영향을 끼친다. 그리고 이러한 대화들은 부모, 아동 그리고 학교 간에 의사소통 통로를 제공해 준다.

부모들이 학교에 참여하든지, 가정에서 아동을 지지하고 격려하든지 간에 학생들의 성취는 부분적으로 부모의 격려와 지지 때문이라고 연구들은 시사한다. 문화적·언어적으로 다양한 학습자의 부모들은 자녀의 교육에 관심을 기울인다. 따라서 부모를 학교에 참여하도록 하고 격려하는 것은 학교의 역할이다.

Tip 2

- 교사와 상담가 그리고 학교 행정가는 학생들을 대표하는 각각의 문화에 대한 관점을 학습할 수 있는 기회를 제공하라.
- 전체 학교와 교실의 교육 프로그램에 문화에 따른 교육 방식을 가르치도록 고무하라.
- 높은 능력을 가진 다문화 학습자들의 영재성을 판별함에 있어 학생의 언어와 문화적 기대를 고려한 대안적인 영재 판별방법을 찾아라.
- 가정과 학교를 연결하기 위해 부모와 의사소통하라. 영재 프로그램은 무엇인지, 학교에서 영재성의 의미는 무엇인지, 그리고 자녀를 돕기 위해 부모가 할 수 있는 것이 무엇인지에 관한 정보를 부모에게 제공하라.
- 예방적인 개입과 학생과 교사 간의 개인적이며 온정적인 관계 발달을 통해서 높은 능력의 다문화 학습자들의 사회적 그리고 정서적 요구들을 다루어라.
- 부모와 학생들에게 고등교육 계획 설정과 가능한 직업 기회들에 관하여 상담을 하라.

Tip 3 **우리나라의 다문화 영재 지원 프로그램**

　글로벌브릿지사업은 다문화가정 학생의 잠재능력을 적극 계발하고 글로벌 인재로 육성하기 위해, 이들에게 '다문화 학생을 위한 영재교육' 등 특별 프로그램을 제공하는 데 목적을 두고 있다.

　이 프로그램은 2011년도부터 본격적으로 추진되어 매해 확대 운영되고 있다. 현재 수학, 과학과 글로벌 리더십 외에 언어와 예체능 분야를 포함한 6개 교육 분야에 대해 17개 대학이 사업을 수행함으로써 매해 사업이 점차 확대되고 있다.

　글로벌브릿지사업의 추진은 교육부, 한국연구재단, 시·도교육청 그리고 대학 17개 기관을 중심으로 한다.

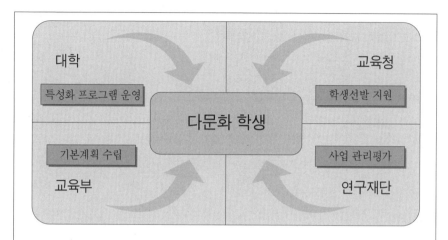

각 기관은 다음의 기능을 가진다.

- **교육부**: 글로벌브릿지사업 기본계획 수립 및 공모
- **한국연구재단**: 사업운영대학 선정, 중간 점검, 최종 평가 및 정산 관리, 최종성과보고회 등 사후 성과 관리
- **교육청**: 한국연구재단과 협약을 통해 특교 지원, 글로벌브릿지사업 참여 학생 선발 지원
- **대학**: 글로벌브릿지 프로그램 참여 학생 선발·관리, 프로그램 개발 및 운영, 사업진행 정기적 점검 분석, 부모 출신국 내 대학 및 기관과의 교류 방안 수립, 멘토 선발 및 멘토링 실시 방안 그리고 사후관리 방안 마련, 운영보고회 개최 및 사업운영 결과보고서 발간

[그림 10-1] 글로벌브릿지사업 지원체계

생각할 문제

1. 저소득층 가정 영재의 특성을 정리해 본다.
2. 저소득층 가정 영재를 위한 지원방법을 정리해 본다.
3. 다문화 영재의 특성을 정리해 본다.
4. 다문화 영재를 위한 지원방법을 정리해 본다.

영재의 진로문제와 상담

1. 영재의 다재다능과 진로결정

1) 영재의 진로선택

영재는 대개 다재다능하여 많은 영역에서 성공할 가능성이 있다. 그러므로 전형적으로 진로지도를 위해 사용하는 적성검사는 특별히 도움이 되지 않는다. 여러 영역에서 능력이 있을 때, 적성은 직업을 선택하는 데 있어 충분하지 않은 판단 기준이다. 흔히 영재는 다음과 같은 질문을 제기한다. "어떤 직업에 종사했을 때 가장 흥미로운가?" "나의 잠재력을 발달시킬 수 있는 최고의 기회를 제공할 수 있는 영역은 무엇인가?" "내가 가장 필요하다고 느끼는 곳은 어디인가?" "어느 영역에서 내가 최고의 대우를 받을 수 있는가?" 이 질문들은 가치가 내재된 것들로 주의 깊게 계획한 경험들을 통해서 탐색한다.

영재아는 진로를 결정하는 데 있어 여러 면에서 일반아동과 다른 〈표 11-1〉에 제시된 특성들이 나타난다.

상담자는 학생들이 편견 없이 다양한 직업세계를 탐색하고 도전감과 성장 가능성을 고려해서 직업을 선택할 수 있도록 도움을 주어야 한다. 진로상담은 영재에게 중요하지만 지도하기 어려운 상담 주제다. Colangelo(1991)에 따르면 영재아는 다재다능하기 때문에 다양한 분야에서 성공 능력을 지니고 있으면서도 한두 개의 특정한 분야를 선택해야 하는 것에 좌절을 느낀다. 이 외에도 영재아는 높은 능력을 지니고 있는 만큼 사회적·문화적으로 좀 더 가치 있다고 여기는 높은 지위의 전문 경력을 갖도록 압박감을 받거나, 가족과 학교가 영재에게 좀 더 사회적으로

표 11-1 영재아의 진로선택의 특성

- 심리학적 요인
  - 진로를 선택할 때 성역할 고정관념의 영향을 비교적 적게 받는다.
  - 평생 직업을 바꾸지 않으려고 한다.
  - 진로는 정체성 확립에 중요한 역할을 한다. 따라서 자신의 의지로 진로를 선택하려고 한다.
  - 성취와 숙달 욕구가 강하다.
  - 사회에 기여하고자 하는 욕구가 강하다.
  - 수단과 목적을 동시에 만족시킬 수 있는 목표를 추구하려고 한다.

- 심리-창의적 요인
  - 개인적·환경적 한계, 현 상태에 대한 도전, 자신과 타인에 대한 의문을 검증해 보고자 하며 과제를 쉽게 종결하려고 하지 않는다.
  - 자신의 미래를 창조할 능력이 있다.
  - 위험을 기꺼이 수용하려고 한다.
  - 자신의 삶에 전적으로 몰입해 있다는 증거로 변화를 추구하려고 한다.

- 사회적 요인
  - 미래 의식이 강한데 이것은 곧 이들이 존재보다는 성장을 중요시한다는 의미다.
  - 폭넓은 세계관을 갖고 있다.
  - 사회에 대한 책임감이 강하다.

높은 지위에 있는 대학과 경력을 선택하도록 기대하기 때문에 자신이 진정으로 원하는 것을 맘대로 결정하거나 자기 욕구대로 따르기가 어렵게 된다.

진로에 관한 영재상담은 이 책에서 논의한 상담의 다른 측면들처럼 매우 복잡하고 영재가 직면하는 독특한 문제에 대한 지식을 요구한다. 영재의 진로발달은 유년 시절 초기부터 가정의 가치와 사고방식을 가지고 시작하여 성인기까지 지속되는 과정이다. 영재에게는 자신의 능력을 인식하고, 흥미를 이해하며, 자신을 기다리고 있는 가능성의 범위에 노출하도록 도움을 주는 진로지도가 인생 초기부터 필요하다. 그러나 진로의 범위가 너무 넓어 의사결정을 내리는 것이 복잡하기 때문에 영재학생은 다른 학생들보다 진로 선택을 늦게 할지 모른다(Millne, 1979).

2) 영재의 진로결정

(1) 너무 빠른 진로결정

영재의 앞선 발달 때문에 영재는 또래보다 일찍 직업 선택에 관심을 갖기 시작한다. 정신적으로 3년 정도 빠른 학생들은 초등학생 때 진로목표를 설정하기 시작한다. Willings(1986)에 의하면 대부분의 영재는 9세 때 진로 선택에 관해 심각하게 생각하고, 전통적인 고등학생용 진로조사 프로그램이 '지루하고 시시하다'고 생각한다.

어떤 영재는 일찍부터 자신의 흥미에 푹 빠져서 다른 선택을 탐색하는 기회를 갖기 전에 그 흥미 있는 영역의 진로에 집착한다. 별자리에 전문가인 여섯 살짜리 한 아이는 항상 천문학자가 될 거라고 말한다. 자신이 흥미로워하는 분야에 대한 관심을 쉽게 다른 것으로 바꾸게 할 수는 없다. 다만, 별에 대한 흥미가 시들해질 때, 화학 세트에 관심을 갖고, 나머지 생애 동안 화학을 추구하기로 결정할 것이다. 이와 같이 영재는 어렸을 때 자신의 삶의 목표를 설계하면서 안도감을 느낄 수 있다. 때때로 이들 목표는 흥미가 변함에 따라 바뀔 수도 있고, 때때로 성숙기에 접어들면서 확고하게 남아 있을 수도 있다.

초등학교 때 자신의 진로를 결정하거나 부모가 진로목표를 결정할 경우, 학생들에게 많은 선택권이 닫히게 된다. 협소하고 제한적인 생활 스타일을 포함하여 (Marshall, 1981), 너무 조급하게 서둘러 진로선택을 할 때 일어나는 문제들이 보고되고 있다(Delisle & Squires, 1989; Fredrickson, 1986; Howley, 1989; Kerr, 1986; Kerr & Ghrist-Priebe, 1988). 초기 진로결정으로 갇히게 되었다고 생각할 때, 특히 외부로부터 진로 결정을 강요받았을 경우, 배움에 대한 애정을 잃어버리고 고등교육은 단지 목표로 가는 수단에 지나지 않게 된다(Katchadourian & Boli, 1985).

(2) 너무 늦은 진로결정

다재다능한 많은 영재는 선택의 어려움을 빚어내는 '풍요 속의 당혹감(embarrassment of riches)'으로 고통을 받는다(Gowan, 1980). 이때 상담자는 너무 많은 선택권으로 인한 고민에 많은 관심을 기울인다. 일찍부터 재능을 키워 가는 사람이 이상적으로 보일지 모르지만, 자신의 삶에서 하고 싶은 것을 결정할 수 없는 영재는 다른 학생과 자신을 비교하게 됨으로써 부끄러움을 느낀다.

많은 재능과 흥미에 대처하는 것이 대부분 영재의 심각한 문제이며(Delisle & Squires, 1989), 여러 사람이 이에 대해 언급하고 있다(Kerr, 1986; Kerr & Ghrist-Priebe, 1988; Marshall, 1981; Sanborn, 1979).

■■ 베스티의 사례

베스티는 다중잠재성을 보이는 학생이다. 고등학교 3학년 때, 베스티는 모든 것에 끊임없이 열정을 가지고, 에너지를 쏟아부었다. 베스티는 심리학, 작문, 언어, 의술, 화학, 보석세공, 펜싱, 자전거 타기, 자연, 과학 소설 및 '사람'에게 흥미가 있었다. 3학년 때 베스티는 크로스컨트리 경기 주자였으며 대학 적성검사와 AP 영어시험에서 최고였다. 베스티에게는 인류에게 봉사하고픈 강한 포부가 있었고, 40세가 되기 전에 12개 언어를 마스터하고자 하였다

(Silverman, 1982). 직업선호도 검사는 베스티가 할 수 없는 것에 대해 알려 줄 수 없어 아무런 도움도 되지 않았다(Hoyt, 1978). 베스티는 진로선택을 준비하는 데 있어 어떻게 시작해야 하는가?

앞의 사례에서 베스티와 같은 학생들은 직업 선택을 일종의 실존적 딜레마로서 경험한다. '올바른' 진로를 찾으려고 하는 것만큼 선택하지 않은 것에 대해서도 걱정을 한다(Sanborn, 1979). 만약 잘못된 선택을 한다면 어떻게 될까? 만약 다른 선택을 한다면 삶이 어떻게 될까? 한 영역에서 잘하는 것이 좋을까 아니면 많은 분야에 관해 아는 것이 좋을까? 모든 관심을 붙잡고 있으려 한다면 어설프게 되거나 어느 것 하나라도 제대로 알지 못하게 되는 것은 아닌가?

영재 진로상담에서는 영재의 다양한 흥미, 선택하는 데 있어 직면하게 되는 실존적 딜레마, 잘못을 할 것 같은 두려움, 자신의 이상 및 잠재력에 미치지 못하게될 것에 대한 두려움, 가지 못한 길에 대한 슬픔의 깊이 및 만약 자신의 모든 잠재력을 키우려고 노력하게 되면 모든 것이 이류로 끝날지도 모른다는 두려움에 민감할 필요가 있다. 그리고 "다중잠재력을 지닌 개인 및 이러한 징후를 보이는 학생들에게는 모두 차별화된 진로지도가 필요하다"(Kerr, 1986).

다음과 같은 진로상담 프로그램을 통해서 베스티와 같은 학생들은 여러 방식으로 자신의 딜레마에 대해 도움을 받을 수 있다.

• 흥미 있는 여러 진로를 탐색하는 기회
• 대학 입학까지 의사결정의 보류
• 일부 흥미에 대해서 실제 생활 경험을 제공
• 연속적 및 동시에 일어나는 진로의 가능성 논의
• 어떤 흥미를 계속 추구할지 결정을 내리도록 돕기
• 새로운 진로 창출의 가능성을 제안

• 진로 선택의 기초로서 삶의 주제를 탐색

상담자는 다중잠재력을 가진 영재가 여러 영역에 돌입할 준비가 되도록 가능한 프로그램을 풍부하게 계획하도록 지도해야 한다.

2. 영재의 진로상담 프로그램

효과적인 진로상담 프로그램은 영재에게 자신의 능력과 포부에 대하여 흥미, 개인 특성 및 신념을 탐색하는 기회를 제공하는 것이다. 학생들에게 여러 영역의 직업, 직업과 생활 방식에서 다양성을 빚어낸 성공적인 어른들 그리고 실생활의 경험을 소개한다. 이처럼 학생들을 여러 선택안에 노출시킨 다음, 다양한 생활 방식 안에 있는 스스로를 그려 보게 한다. 학생들은 자신의 삶에서 구성된 의미의 거대한 그림 안에 다른 진로들을 어떻게 끼워 맞출 수 있는지 등의 실존적인 문제들과 씨름한다. 그리고 사회 전체 및 스스로 부가한 한계에 도전하게 된다. 진로 상담 프로그램에서는 많이 도움을 받지 못한 사람의 포부를 강화시키고(예: 경제적으로 소외된 학생), 성역할 고정관념 및 직장과 가정에서 양쪽의 성을 어떻게 다룰 것인지에 관한 문제들도 다룬다.

이상적으로 유치원과 초등학교 저학년 동안에 포괄적인 진로발달 프로그램을 부모교육과 함께 시작하고, 자녀의 학교과정 동안에 부모에게 세미나를 제공한다. 진로자각 활동과 전기 연구는 초등학교 고학년 때부터 시작할 수 있다. 중학교에서 영재의 진로교육은 자기탐색, 시간 관리, 학습기술, 대학 진학 계획, 의사결정, 국가적인 재능 발굴에 참여하고, 직업 연구와 같은 구성요소를 통합할 수 있다. 고등학생들은 대학 선택, 장학금 획득, 교육과정의 속진, 균형적인 과외 활동, 다른 영역에 참가하는 자격 및 다른 진로와 관련 있는 생활 방식에 대해서 세부적인 정보가 필요하다. 만약 교육과정을 빨리 끝마칠 수 있는 기회가 있다면, 인턴십과 사사제를 통해 진로에 대해 깊이 있게 조사할 계획을 세울 수 있다.

1) 영재의 진로지도를 위한 부모의 역할

진로계획은 부모가 시작한다. 아마도 진로를 선택하도록 돕는 가장 좋은 방법은 영재의 부모를 교육하는 것이다. 부모는 자녀의 포부를 형성하는 데 결정적인 역할을 하고, 자녀의 첫 번째 역할 모델이며, 부모의 격려 또는 실망은 오래 지속되는 영향력을 갖는다. 부모는 자녀의 다양한 잠재력이 진로 결정 시기에 영향을 준다는 것을 이해해야 한다.

부모가 아이들의 미래를 계획해 주는 것과 부모의 지지 속에서 아이들 스스로 미래를 계획하게끔 하는 것 간에는 차이가 있다. 부모는 계획에서 압력을 행사하지 않도록 위와 같이 구분을 짓는 것에 대해 안내를 받아야 한다. 학교는 부모교육 세미나를 통해 부모가 반응적인 양육기술을 배울 수 있도록 돕는 중요한 역할을 한다.

초등학교에서 고등학교까지 진로지도에서 부모의 역할을 증진하는 교육과정은 다음과 같은 주제를 포함한다.

- '창조자 부모' 대 '반응적인 양육'
- 흥미를 발전시키는 가족의 활동
- 아들뿐 아니라 딸에 대한 높은 포부수준
- 성에 따라 유형화되지 않은 장난감, 게임, 도서 구입
- 가정에서 수학적인 재능을 인식하고 양육
- 과보호하지 않기(특히 딸)
- 특별한 재능발달에 있어 결정적인 시기
- 전문적인 교육을 찾는 방법
- 레슨시간과 자유시간의 정도
- 여러 유형의 역할 모델에 아이들을 노출
- 아이들에게 전기를 소개
- 속진에 대한 고려

- 모든 진로에서 고등수학이 갖는 중요성
- 초기 출현자 대 늦은 의사결정자
- 미성숙한 의사결정자의 위험
- 뒤집을 수 있는 진로결정: 여러 진로에 대한 준비
- 대학 계획
- 장학금 획득과 재정적 지원

진로상담에 있어 아이가 원하는 것인지 혹은 부모가 원하는 것인지에 대해서 다루는 것도 필요하다. 즉, 창조자 부모는 자녀를 요구를 가진 독특한 인간 존재로 존중하지 않고 부모의 요구대로 만들 수 있는 진흙덩이처럼 다룬다. 반면, 반응적인 부모는 자녀의 뛰어남에 어떻게 반응해야 하는지 궁금해하면서 자녀가 어떤 영역에서 흥미나 재능을 보이면 자녀의 능력을 개발하는 필요한 도구와 학습을 제공하고 계속적으로 향상할 수 있도록 지원한다. 이 두 가지 부모 유형은 비슷한 활동에 자녀를 참여시키지만, 그 이유는 완전히 다르다. 똑같은 풍부함도 자녀의 필요에 따른 자연적인 결과인지, 부모가 강요한 경험인지에 따라 도움이 될 수도 있고 해가 될 수도 있다.

진로상담에서 꼭 필요한 것은 영재학생과 함께 앞으로 어떤 종류의 일을 왜 하고 싶어 하는지에 대해 논의해야 한다는 점과 영재학생의 선호 및 강점의 평가를 중심으로 매우 구체적이고 정확한 정보를 가지고 논의해야 하는 점이다. 그리고 상급학교 선정을 위해 상담자가 학생과 그 부모에게 여러 학교가 가지고 있는 영재에 대한 관점, 교육철학, 프로그램 등에 대해 먼저 알아보도록 지도해야 한다는 점이다. 몇 개의 학교를 선정한 후에는 학생이 부모와 함께 학교에 직접 방문하여 학교 선택에 학생이 직접 참여하도록 권한다. 또한 학생과 부모가 함께 여러 학교를 검토할 수 있도록 평가 기준을 잡아 준다. 이 외에도 상담자는 학생의 인지 및 정서, 사회성 평가 자료를 통해 학습 스타일과 능력에 잘 맞는 학교나 학과를 선정할 수 있도록 하며, 학교 외에 프로그램도 고려하여 상담할 수 있다.

2) 영재의 진로교육과정

Pyryt(1993)는 영재청소년을 위한 진로교육과정에 포함되어야 할 중요한 주제로 다음 다섯 가지를 제시하였다.

- 개인적인 가치와 요구 그리고 실제 세계에서 직업을 실현할 때 발생하는 장애물
- 다양한 직업흥미와 직업기회의 도전과 이점
- 직업선택에 있어 전통적 선택과 위험 감수
- 직업에 대한 내적·외적 보상
- 개인의 가치, 요구, 동기 그리고 재능을 직업과 생활양식 선택에 연계시키기

아울러 영재학생을 대상으로 한 진로교육과정에 포함되어야 할 보완적 요소로 다음 일곱 개 전략을 제안하기도 하였다.

- 내용 속진(투자의 설명과 시간의 특별화)
- 자기인식 훈련하기(기대와 생활양식)
- 자아개념 계발(기대, 투자 그리고 이동성)
- 대인 간 효과성 훈련
- 창의적 문제해결(투자 그리고 이동성)
- 성역할 인식
- 스트레스와 시간 관리(투자, 이동성 그리고 기대)

영재의 요구를 포괄적으로 수용하는 교육과정과 일반교육의 진로교육 교육과정으로 시작된 프로그램 비교에서 Macdonald, Shore와 Thomas(1987)는 영재아를 위한 진로교육과정에 다음 열한 개의 구체적인 활동을 포함시켰다. 이러한 구체적인 활동은 정규 진로교육 프로그램 이외에 가정 또는 학급에서 수행될 수 있다.

- TV 프로그램에서 직업 역할을 묘사하는 연기, 직위가 가지고 있는 특성, 묘사의 현실성을 토론하며, 직업의 본질에서 매력적 요소를 찾고, TV에서 보여 주는 직업의 한계를 확인하라(Clark, B., 1983).

- 분류된 광고의 경향, 성에 대한 편견, 기술 그리고 교육적 요구를 인식하고 조사하기 위해서 소그룹을 형성하라(Clark, B., 1983).

- 학생들이 알고 있는 직업과 사람들의 특성과 배경에 대해 목록을 작성하도록 하라.

- 새로운 직무 기회와 관련된 문제를 해결하고 문제를 분석할 수 있도록 지역, 국가 또는 국제적 주요 문제점들을 확인할 수 있는 신문이나 새로 나온 잡지를 사용하라. 이러한 활동은 그들에게 새로운 직무 기회를 위해서 어떻게 훈련해야 할지를 잘 설명해 주고, 소그룹 활동들은 교실 논의를 통한 결과들을 공유할 수 있도록 해 준다(Clark, B., 1983).

- 직무 역할이 협력적으로 또는 개별적으로 어떻게 다르게 문제를 해결하는지 알아보기 위해서 역할 모델이나 시뮬레이션을 수행하라(Willings, 1983).

- 감정이나 의견을 기록해 나가면서 미래 직업역할이나 생활양식을 상상하여 그들 자신을 반영해 보아야 한다.

- 다양한 연구 분야와 관련하여 가장 좋은 것, 중간 것 그리고 낮은 흥미라고 간략하게 설명된 대량의 자료 카드를 분리하고, 직업, 가치, 요구 또는 흥미를 자아낸다는 관점에서 직업을 선택하고 버려야 할 이유에 관해 토론한다.

- 다양한 직무 경력을 지닌 저명한 사람의 전기를 읽어라. 전기 속 인물의 독특함이 무엇인지 그리고 그들이 자신의 남다름에 대해 어떻게 대처하였는지 분석하라(VanTassel-Baska, 1983).

- 직업, 교육 그리고 다양한 직업 경험을 가지고 있는 사람들에 관한 학습센터를 설립한다.

- 직업경로를 공유할 수 있고 또한 취업 면접에 대한 역할극을 하고 개인의 이력서를 쓰는 데 있어 조언을 해 줄 수 있는 외부 강사를 초빙하라(Culbertson, 1985; Martin, 1984).

• 정형화된 교과과정 밖에서 직업에 대해 논의할 수 있도록 교과과정 외의 클럽 활동(여성, 소수민족 또는 교실 자체가 직업목표나 잠재능력의 완전한 발휘에 장애가 되는 다른 학생들에게 도움이 되는 환경)을 후원한다.

3) 실생활과 접목된 영재 진로프로그램

진로상담 프로그램의 핵심은 다양한 분야에서 각 사람들과 일할 수 있도록 기회를 제공한다는 것이다. '경험은 최고의 스승'이라는 격언은 직업선택과 관련하여 가장 적절한 것이다. 심지어 초급 단계에서도 학생들은 '사전 사사제(prementorships)'에 참여할 수 있으며(Delisle & Squires, 1989), 이 사전 사사제에서 학생들은 지역사회 구성원들을 인터뷰하고 방과 후나 주말을 이용하여 여러 직업 장소를 방문한다. 보다 나이 든 학생들이 여전히 학교에 다니면서도 현장 경험을 얻을 수 있는 몇 가지 방법이 있는데, 셰도잉, 인턴십, 사사제, 지역 서비스, 직업조사 등이 그것이다.

(1) 셰도잉

진로프로그램에서 어떤 특정 직업이 무엇인지 알아보기 위해 전문가를 그림자처럼 따라다니는 것을 셰도잉(Shadowing)이라 한다. 학생들은 각 직업에 대한 인상을 일지로 기록하고 평가한 경험을 적는다. 진로탐색을 더 깊이 하려면 교육 및 필요한 훈련과 비용, 월급을 받을 가능성, 제약들, 고용인 단체들, 향후 경향, 관련된 직업들(재훈련이 이루어질 수 있는 최소 5개의 다른 직업을 기술)을 결정하기 위해 인터뷰와 연구를 수행한다.

(2) 인턴십

인턴십(Internship) 과정은 직업에 관한 정보를 얻고 역할 모델로부터 배우는 흥미로운 방법이다(Kelly & Cobb, 1991). 인턴십에서 학생은 적어도 한 학기 동안 법, 언론, 정부 및 TV 같은 다양한 분야의 전문적 환경에서 견습생으로 전일제 혹은 일주일에 몇 시간을 일할 수도 있다. 인턴십은 전문가들이 일하는 체계에 대한 시각을 제공해 준다.

(3) 사사제

사사제(Mentoring)는 인턴십의 또 다른 형태로서 일대일에 기초한 사사제를 통해서 한 사람과 활동하게 된다. 사사는 특정 영역에서 학생의 지식을 향상하도록 돕는 안내자, 조언자, 역할 모델, 상담자 역할을 한다. 학생이 주로 전체 시간 동안 어떤 조직의 전문가에게 배정되기 때문에 인턴십은 자주 사사와 연루된다. 하지만 사사제는 특별한 과제 및 대리인에 한정되지 않는다는 점에서 인턴십과 구분된다(Swassing & Fichter, 1991). 일반적으로 사사제는 영재를 위한 진로교육에서 가장 유익한 형태라고 할 수 있다(Feldhusen, 1980; Merriam, 1983).

(4) 지역사회 서비스/봉사활동

지역사회 서비스에 참여하게 함으로써 상부상조의 가치관과 봉사정신, 정의, 도덕 및 윤리적 행동을 고무시키는 효과를 갖는다. 지역사회의 다양한 프로젝트에 참여 할 수 있는 기회를 통해 여러 직업에 대해 이해하고 관련 전문 능력과 기술을 폭넓게 개발하며 이들 기술을 사용하여 다른 사람에게 혜택을 줄 수 있다(Kahn, 1986).

(5) 직업조사

직업교육 프로그램 조정자는 학생들이 무엇을 찾아야 하는지 그리고 직업탐색에서 가장 많이 얻기 위해서 어떤 종류의 질문들을 해야 하는지 도와줌으로써 이러한 경험들의 모든 가치를 향상시킬 수 있다. 예를 들면, 학생들은 필요한 교육적인 배경, 봉급 수준, 승진 기회, 창의력을 위한 기회들에 관해 물어볼 수 있다. 직업조사 과정에서 이상적인 이미지(TV에 나오는 것)와 여러 직업에 종사하고 있는 실제 사람들의 경험을 구분할 수 있도록 돕는다. 더불어 학생들은 인터뷰 기술을 배우고 매우 구체적인 질문들에 대해 계획하며, 수업에서 인터뷰를 미리 해 보고, 반응 차트를 수집하는 역량을 기르게 된다.

 표 11-2 영재 진로상담 프로그램 구성전략 팁

- 영재학생의 관심사, 성격유형, 능력에 대한 믿음, 꿈 등에 대한 질문으로 자기이해 탐색
- 외부의 기대와 압력이 아닌 개인적 준거에 따라 직업선택 및 이를 유지하기 위한 자기주장 훈련
- 사회적 기대와 사회에 대한 영재의 의무를 논하거나 철학적으로 접근할 수 있는 토론
- 다양한 분야에 대한 소개 및 진로에 대한 흥미와 현실적 이슈들을 논의
- 스스로의 한계와 사회적인 한계를 생각하고 도전할 수 있는 용기 부여
- 설정한 직업목표를 이루기 위한 내적·외적 장벽에 대한 인식과 이를 극복하게 해 주는 격려와 지지
- 다양한 분야의 흥미와 재능을 통합해 활용할 수 있는 직업탐색
- 미래 직업 분야에 대한 개척 등을 탐색
- 방학이나 여가시간을 이용해 관심 분야의 직업에 대한 실제 경험을 쌓도록 직업체험전, 사사제, 자원봉사, 지역사회서비스 등에 대해 안내
- 직장생활에서 필요한 팀워크, 시간관리, 목표설정, 조직화, 의사결정 등과 같은 대인관계 및 의사소통 기술 등에 대한 역량 강화

생각할 문제

1. 영재가 갖는 진로선택의 특성을 정리해 본다.
2. 영재의 진로상담 프로그램의 유형을 정리해 본다.

영재부모 스트레스와 역할 상담

1. 영재부모가 갖는 스트레스와 욕구에 대해 이해한다.
2. 영재부모 상담방법에 대하여 이해한다.
3. 영재가족 상담방법에 대하여 이해한다.

1. 영재부모의 스트레스와 욕구

1) 영재부모의 스트레스

영재부모는 영재자녀를 양육하는 데에 많은 어려움을 갖고 있다. 일반아동의 발달단계나 특성에 맞추어 영재자녀에게 기대하기 때문에 그 기대에 영재자녀가 부응하지 못할 때에는 어려움을 겪는다. 특히 영재부모의 경우, 자녀의 '학습 협력자'이자 '멘토', 재능을 조기에 찾아내는 '발견자', 교육에 적절한 환경을 제공해 주는 '후원자', 아이와 교감하며 정서적으로 안정감을 줄 수 있는 '대화자', 아이의 가치관과 인성, 윤리의식, 생활 태도에 영향을 미치는 '훈육자'의 역할을 동시에 수행해야 한다는 압박감을 갖게 된다.

이 외에도 영재를 가진 대다수의 부모는 자녀가 실제 우수한 능력을 지니길 바라면서 동시에 영재의 과흥분성, 지나친 호기심, 비판적인 자세 등과 같은 발달 특성으로 인해 다른 사람들에게 '이상한' 아이로 비쳐질까 봐 염려하고, 부적응 문제를 다루는 데에 더 많은 양육 스트레스를 느낀다.

Bridges(1973)는 영재부모가 다음과 같은 이유에서 영재자녀 양육에 스스로 부적합하다고 느낀다고 한다.

- 영재에 대해 잘못된 견해와 정보 부족
- 지적으로 우수함에 대해 심하게 또는 내면적으로 적의적임
- 영재를 판별하고 교육하는 데에 사회적인 지지의 부족
- 영재와 관련된 정보의 부족
- 부모의 재정적 지원의 제한
- 자녀의 불균형적 발달
- 자녀에 대한 불분명하고 갈등적인 기대
- 가족 내에서의 자녀의 역할에 관한 혼돈
- 영재가 가진 특정의 행동과 성격적인 특성

또한 영재부모는 영재아 부모이기 때문에 겪는 남다른 고민이 많다. Dirks(1979)는 지난 25년 동안 겪어 온 부모상담 경험을 통해 영재부모에게는 사회경제적 수준, 스트레스, 부모의 갈등, 이혼, 형제간의 라이벌, 청소년기 우울과 자살과 같은 보통 아이의 가정과 유사한 문제 상담을 포함하여 심리적인 도움이 필요한 열한 개의 남다른 관심과 질문들이 있음을 다음과 같이 보고하고 있다.

- 자녀의 능력과 재능을 객관적으로 정확히 평가하고 싶어 함
- 특수아를 양육하는 데에 부모 스스로 부적합하다고 느낌
- 학교 및 진로의 결정
- 교사와 학교 관계자에게 도움 요청

- 가정에서 적절한 자극을 선택하여 자녀의 특별한 재능 발달시키기
- 영재교육과 관련한 정보 얻기
- 학업 부진과 성취동기 부족의 문제에 대응하기
- 완벽주의, 민감함, 고집, 내성적 성향, 우울감 등 자녀의 정서 상태 다루기
- 자녀의 친구관계 촉진시키기
- 영재자녀의 특별한 욕구로 인해 가족 내에서 증가된 긴장 다루기
- 자녀가 가진 영재성의 장단점 이해와 극복

2) 영재부모의 욕구

상담자는 다음과 같은 내용을 구체적으로 알고, 이것을 기초로 하여 영재부모의 욕구를 파악하고 상담할 수 있어야 한다.

- 영재교육 및 프로그램에 관한 제반 정보: 영재 정의와 판별, 영재교육의 방법과 교과과정, 심화와 속진, 월반제, 조기입학제, 프로그램의 종류 · 특성 · 내용, 운영체계와 그 중요성
- 영재학생의 지적 · 정서적 · 사회적 · 신체적 · 행동적 특성
- 학습 및 학업 성취, 학교 적응에 관한 지도
- 가정에서의 영재교육 방법 지도
- 적성과 진로 지도
- 영재학생의 부적응 행동 및 정신건강에 관한 지도
- 부모-자녀 관계 및 가족관계의 이해
- 부모와 학교와의 관계를 협조적으로 지도

Tip 1 영재성의 초기 신호

- 영아기의 평범하지 않은 민첩성
- 영아기의 수면에 대한 낮은 욕구
- 장시간의 집중력
- 높은 활동력 수준
- 부모에 대한 초기의 인식 또는 미소 짓기
- 새로운 것에 대한 선호
- 소음, 고통, 좌절에 대한 격렬한 반응
- 발달단계의 빠른 진척
- 특출한 기억력
- 빠르고 광범위한 초기 언어발달
- 조기의 광범위한 언어발달
- 독서에 대한 열정
- 호기심, 많은 질문
- 뛰어난 유머 감각
- 예리한 관찰력
- 추상적인 추론능력, 문제해결능력, 일반화능력
- 시간에 대한 이른 관심

(Munger, 1990; Silverman, Chitwood, & Waters, 1986)

앞과 같은 내용을 통해 부모가 영재의 특성을 이해할 수 있게 되면, 부모와 자녀 간의 갈등을 줄일 수 있다. 예를 들면, 영재학생이 독립적으로 사고하고 논쟁하는 것은 문제를 제대로 분석하고자 하는 마음이라는 것으로 이해한다. 또한 아이들에게는 문제되지 않는 점을 부모가 문제로 보는 경향을 줄이도록 할 수 있다.

한 아동이 영재로 판별받으면 부모와 자녀 관계나 가족관계에서 역동성이 많이 달라진다. 따라서 상담자는 부모상담에서 양육에 대한 피드백을 통해 부모는 자신과 아동의 성격 유형과 특성을 파악하고, 의사소통 방법과 칭찬, 보상, 강화를 이용한 행동지도의 방법을 알고 지도하도록 도와주어야 한다. 또한 부모가 처벌의 부정적 효과를 알고서 아동에게 심리적 지지기반을 제공할 수 있도록 하며, 갈등과 스트레스 처리방안을 제시할 수 있도록 지도해야 한다. 특히 영재로 판별받은 이후 가정에 끼치는 영향이 있으므로 형제가 각각 자기의 재능과 장단점을 가지고 있음을 인식하여 장점을 부각시키는 양육 태도를 갖도록 도와주어야 한다.

　부모는 영재아가 의사결정에 직접 참여하는 민주적인 방식으로의 접근에 더 잘 반응한다는 점을 인식하도록 한다. 즉, 영재아동은 권위적인 스타일의 부모와의 관계에서 오히려 부정적으로 반응한다. 일반적으로 부모는 부모가 힘이 있고, 옳고 그름을 더 잘 판단하고, 권한도 있다고 생각한다. 그러나 영재는 이 점에 동의하지 않는다. 영재부모 상담에서는 부모가 영재자녀를 동료와 같은 입장으로 수용하도록 지도하며, 영재가 가족 회의 등을 주재하고, 만족 및 불만족을 이야기하며 의사소통, 의사결정 등의 기술을 배울 수 있는 기회를 제공하도록 부모교육을 해야 한다(Galbraith & Delisle, 1996).

■ 사랑이 집착이 되어 버린 엄마!

　주인공인 비투스는 절대 음감을 자랑하는 피아노 신동이자 계산기가 필요 없는 수학의 귀재, 모차르트와 아이슈타인을 합체한 것 같은 아이다. 다섯 살 때 피아노 레슨을 받은 지 6개월 만에 슈만의 곡을 연주하는 경지에 오른다.

　엄마는 아들을 세계 최고의 피아니스트로 키워야 한다는 목표에 집착하여 지나친 연습 체크, 레슨 선생의 빈번한 교체 등의 압박과 통제를 하게 된다. 그래서 비투스는 12세 사춘기에 이르자 반항 갈등이 폭발하고, 피아노를 거부하며, 급기야 베란다에서 뛰어내려 머리를 다쳐 재능을 잃어버린 척 연기를 한다.

　　　　　　　　　　　　　　　　　　　　　　　　　- 영화 〈비투스〉(2006)에서

2. 영재부모의 역할 및 가족에 대한 상담

1) 긍정적 기대

긍정적 기대를 가지고 부모의 역할을 하는 것은 영재아동을 성공적으로 안내할 수 있다. 만일 부모를 통한 높은 성취, 긍정적인 태도, 건설적인 행동이 기대된다면 이는 아동에게 긍정적으로 내면화될 것이다.

부모는 아동이 공감할 수 있는 분명하고 일관적인 메시지를 전달해 주어야 한다. 피아노 연주자, 조각가, 수학자, 신경학자 등의 재능발달에 관한 Bloom(1985)의 연구에 의하면, 그들은 공통적으로 일찍부터 부모에게서 매우 분명한 메시지들을 전달받았다. 예를 들어, 그들의 부모는 성취, 성공, 항상 최선을 다하는 것 등을 끊임없이 강조하였다.

Csikszentmihalyi(Adler, 1991)는 수학, 과학, 음악, 스포츠, 미술 분야에서 특수한 재능을 가진 고등학생 210명을 대상으로 한 연구에서 피험자들은 지원을 해 주고 도전감을 제공해 주는 가정환경 속에서 가장 잘 동기화된다는 것을 발견하였다. 그는 지원은 하지 않으나 도전감을 제공하는 가정, 도전감은 제공하지 않으나 지원해 주는 가정, 지원도 도전감도 제공하지 않는 가정의 학생들과 지원과 도전감을 모두 제공하는 가정의 학생들을 비교하였다. 그 결과, 지원과 도전감을 모두 제공하는 가정의 학생들이 학습에 대한 내적 흥미가 더 많았으며 공부하는 동안 주의집중을 더 잘한 것으로 나타났다.

학습이나 학교생활의 중요성, 개성 존중, 적당한 휴식과 놀이의 필요성 등에 대한 부모의 호응은 긍정적이고 성취 지향적인 분위기를 촉진시킬 수 있다.

2) 이중적 메시지는 'No!'

(1) '괜찮아-안 돼!'

한순간 아동에게 화를 참지 못한 부모가 화를 낸 뒤 즉시 미안하다고 사과하고 용서를 구하는 것은 아동에게 혼란을 줄 수 있을 것이다. 아동은 어떠한 행동이 부모로부터 승인받을 수 있는 행동인지를 이해하지 못한다. 그러나 아동은 부모의 주의를 끌 수 있는 행동이 어떠한 것이라는 것은 쉽게 학습한다. 아동이 주의를 끄는 행동을 계속하게 되면 부모의 처벌은 중단되고, 아동의 말썽부리는 행동은 점점 증가할 것이다.

혼란스러운 '괜찮아-안 돼!' 메시지는 사과하는 방법이나 용서와 호의를 받아들이는 방법을 배우는 데에도 좋지 않게 작용한다. 부모가 이러한 메시지를 주는 경우 아동은 "다음에는 열심히 할게요."라는 말을 하거나 사과만 하면 모든 것이 해결될 수 있다는 것을 배우게 된다. 그 결과, 이런 전략을 사용하는 영재아는 학교와 가정에서 변명꾼이 될 수 있다. 예를 들어, 공부를 안 하고 시험을 본 후 그들은 핑계를 대고 사과를 할 것이고 교사는 이를 믿게 되는데, 가정에서 배운 것과 동일한 속임수가 교실에서도 나타나는 것이다. 이러한 상황은 부모와 교사 그리고 영재아 자신을 혼란시키는 결과를 초래한다.

(2) '잘했어, 하지만 네가 영재라고 생각하지는 말아라'

이 메시지는 적응을 잘하는 아동으로 키우고자 하는 부모가 주로 사용한다. 그들은 자녀가 반장, 운동선수, 댄스 왕이 되거나 탁월한 리더십을 발휘하고 인기를 얻기를 기대하며, 자녀의 풍부한 어휘력이나 다양한 지적 관심 때문에 사회적으로 잘 적응하지 못하는 '멍텅구리'처럼 보이게 되는 것을 두려워한다.

또한 부모는 자신의 영리한 자녀가 너무 공부에만 몰두하는 것을 걱정하여 자녀를 영재교육 프로그램에 참가시키지 않으려고 할 것이다. 그들은 자신의 자녀가 경시대회나 학교에서 우수한 성적을 거둔다면 "아주 잘했어. 하지만 네가 영재라고 생각하지는 말아라." 또는 "네가 독서에 관심이 있어서 나는 기쁘단다. 하지

만 다른 것도 잘할 필요가 있어. 축구팀에 들어가는 것은 어떠니?' 혹은 "성적도
좋지만, 적응을 잘 하는 것이 더 좋은 거야."라는 반응을 자주 보인다.

부모의 이러한 반응으로 아동은 학업에 무관심하게 되거나 비중을 두지 않게
되고 친구나 놀이에 우선권을 두기 때문에 성적은 떨어지지만 사회적 지도력은
향상된다. 그러나 이러한 상황이 도래하게 되면 또다시 부모는 "인기 있는 것도
좋지만, 너는 왜 네 능력만큼 좋은 성적을 받지 못하는 거니?'라는 이중적 메시지
를 주게 되는데, 이는 학습부진을 초래할 수 있고 부모와 자녀 간의 관계를 긴장
시킬 수 있다.

(3) '네가 더 잘할 수 있도록 도와줄게'

이 메시지는 아동의 영재성에 높은 가치를 두고 자신의 자녀를 역동일시하려
는 부모가 주로 사용한다. 이러한 부모는 아동의 삶을 통해 대리 만족을 얻기 때
문에 아동의 성취가 곧 부모의 승리이고, 아동의 실패가 곧 부모의 좌절이다. 그
래서 부모는 자주 아동의 과제 수행에 지나치게 관여한다.

이러한 부모는 아동이 수행하는 모든 일에 일일이 참견한다. 그러나 이러한 참
견의 수준은 부모의 의견을 단순히 제안하는 것이 아니라 아동의 처음 아이디어
를 바꾸면서 아동의 과제가 부모의 프로젝트로 바뀌게 되는 것이 보통이다. 그 결
과 성인 수준의 프로젝트가 완성되기 때문에 아동은 교사로부터 칭찬을 받거나
상을 받게 되며, 부모는 자녀의 수행에 대해 기뻐하면서도 그것이 자신이 관여한
결과라는 사실에 대해서는 스스로 부인한다.

이러한 경우 불행하게도 아동은 자신의 능력에 대해 의구심을 갖게 된다. 비록
성공적인 결과에 대해 기뻐했지만, 자신이 기여한 점이 무엇이었는지에 대해 의
문을 갖는다. 무엇보다도 부모가 너무 높은 기준을 설정하기 때문에 아동은 새로
운 프로젝트를 쉽게 시작하지 못한다. 그리고 일단 프로젝트가 시작되면 아동은
완벽을 추구하려 하고 이로 인한 부담감 때문에 작업을 지나치게 신중하고 조심
스럽게 실행하게 되며, 그 결과 아동은 자신의 능력을 신뢰하지 못하게 된다.

역동일시를 하고 있는 부모가 그들의 자녀에게 주는 이중적 메시지는 "내 아동

은 영재다. 그러나 만족스럽게 높은 수준으로 수행을 하기 위해서는 아직 나의 도움이 필요하다."는 것이다. 부모의 이런 호의는 자녀의 자신감과 자발성, 창의적 사고, 독립심을 빼앗는 결과를 초래한다. 영재아동은 개인적 성취를 통해서만이 자신감을 얻을 수 있다.

(4) '성적은 중요하다' 또는 '성적에는 신경 쓰지 말아라'

성적에 대해 부모가 주는 메시지는 흔히 모순적이고 혼란스럽다. 사회 과목에서 A학점을 받을 것을 강조한 부모가 일주일 뒤에 자녀가 C학점을 받았을 때 "이건 아주 난해한 과목이니까 괜찮아."라고 말한다. 더 나아가 선생님, 동료, 심지어 조부모가 전달해 주는 성적에 대한 모호한 메시지도 아동을 혼란스럽게 한다. 이러한 딜레마를 어떻게 해결할 수 있는가? 성적은 아동의 성취에 대해 교사가 아동과 부모에게 주는 주된 전달 수단이다. 다음의 Tip은 자녀의 성적관리 지도를 위해 고려할 사항들이다.

Tip 2 성적에 대해 고려해야 할 사항

- 성적은 항상 아동의 수행을 평가하는 데 사용되어 왔으며 좋은 성적을 받을 수 있는 기회가 있기도 하지만 그렇지 않을 수도 있다.
- 아동은 항상 자신의 성적을 완전하게는 아니더라도 어느 정도 통제할 수 있으며, 교사나 평가자에 따라 결과는 항상 달라질 수 있을 것이다.
- 아동은 자신이 할 수 있는 최대한의 성적을 받도록 노력해야 한다. 그러나 만일 최선을 다했는데도 결과가 만족스럽지 않다면 아동의 공부 습관을 점검해야 한다. 이때 교사의 성적평가 방식과 교사의 편견을 함께 점검해 보는 것이 좋다.
- 아동은 성적이 좋지 않게 나온 과목을 포기해서는 안 된다.
- 만일 성적이 좋지 않은 과목이 있다면 아동은 다른 기회에 이를 만회할 수 있다는 자신감을 갖고 자신을 실패자로 여길 필요가 없다는 것을 깨닫는 것이 필요하다. 다른 기회란 다른 과목, 다른 학년, 다른 선생님, 나중에 성공하

> 는 것 등이 될 수 있다.
> • 비록 지루하고 따분한 과목일지라도 중요 과목에서 높은 성적을 받는 것은
>   영재아와 재능아에게 중요하다.

(5) '반드시 성공해야만 한다'

학교에서의 경쟁은 아동과 부모에게 혼란을 줄 수 있다. 경쟁은 영재아에게 큰 어려움을 초래한다. 우수한 성취를 보이는 영재아는 보통 '승자'의 입장으로서 학교에 들어가고 별로 노력하지 않아도 승자로서의 입장이 지속될 것이다. 그들은 노력하지 않고도 성공하고 있기 때문에 일찍부터 도전감을 보이지 않으며, 경쟁적 노력과 성취 간의 관계성을 알지 못할 것이다. 그러나 어느 순간 그들은 노력 없이는 승자가 될 수 없다는 것을 알게 될 것이다.

만일 노력하면 다시 승자가 될 수 있다는 사실을 깨닫지 못한다면 그들은 자신을 실패자나 낙오자로 여기는 부적응적인 대처전략을 가지게 될 것이다. 말하자면 자신의 성공에 별로 도움이 안 되는 비학문적이고 비전문적인 분야 등을 선택할 것이다. 또한 자신을 경쟁할 필요가 없고 힘들게 노력하지 않아도 되는 보통으로 여기면서 경쟁하지 않으려고 할 것이다. 영재아가 자기 스스로에게 주는 이러한 메시지는 자신의 우수한 능력을 발휘하지 못하게 하는 결과를 초래한다.

이러한 메시지는 세상을 살아가는 데에 있어서 최고가 되는 것만이 성공이 아니라 다양한 성공의 수준이 있다는 것을 깨닫는 데 도움이 되지 못한다. 따라서 영재아는 학교에서의 성공을 위해 자신의 우수한 능력을 발휘하는 것이 훗날 자신의 성공을 위한 선택권을 확장시키는 결과를 가져온다는 것을 배워야 한다.

물론 성공하려면 탁월성이 필요하고, 탁월함은 분명히 영재아를 성공에 이르게 할 수 있지만 부모가 1등만을 탁월함과 성공으로 본다면 그들의 아이들은 분명히 실패의 위험에 빠지게 될 것이다. 결과적으로 그들은 자신의 수행을 만족스러워하지 않으며 1등하려고 경쟁하는 영역에서 계속 좌절감을 경험하게 될 것이다.

3) 경쟁과 압력

경쟁은 영재아의 우수한 능력을 최대한 발휘하도록 동기화시킬 수 있지만 극
단적인 경쟁은 몇 가지 부정적인 결과를 유발한다. 다음에서는 경쟁의 부정적인
측면에 관하여 살펴보겠다.

(1) 스트레스

매우 경쟁적인 영재아는 계속되는 스트레스 상황에 놓일 것이다. 그리고 그런
아동은 손톱 물어뜯기, 야뇨증, 극심하게 경쟁적인 형제관계, 식욕부진, 예민함,
소화불량, 두통, 가위눌림과 같은 증후군을 드러낼 것이다. 이러한 문제점들은
아동의 삶을 복잡하게 만들 수 있다.

부모가 완벽함, 최고, 영특함 또는 훌륭함에 관해 반복적으로 칭찬하는 것도
하나의 스트레스 유발 요인이다. 그런 최고주의는 '완벽해야 한다, 최고가 되어
야 한다, 영특하게 보여야 한다, 훌륭해야 한다'는 압력으로 작용하게 된다.

어른들이 최고와 1등을 강조하지 않고 노력이나 향상, 인내심, 좋은 생각, 창의
적인 문제해결력, 민감성, 재능, 지적 능력 등에 관해 강조하는 것이 영재아의 동
기를 북돋는 데 도움이 될 것이다. 다만, "뛰어나다! 천재야! 영특해! 매우 창의적
이야! 정말 재능이 뛰어나군!"과 같은 과장된 칭찬을 하는 것도 압력으로 작용할
수 있다. 좋은 의도로 하는 것이라도 극단적인 칭찬은 영재아에게 심각한 해를 끼
칠 수 있다.

(2) 실패

창의적이면서 성공 지향적이고 우수한 성취를 보이는 아동은 자신의 실패를
배움의 기회로 받아들인다. 그들은 실패에 직면했을 때 그 문제를 확인하고 자신
의 결함을 보완하며 목표를 수정한다. 반면, 어떤 아동은 실패의 경험을 통해 실
패 지향적인 성향을 나타낸다. 그들은 학교를 자신의 이길 수 없는 경쟁적인 게임
을 하는 곳으로 간주하고 아주 적은 노력만으로도 얻을 수 있는 낮은 목표를 세우

며 쉽게 포기해 버리는 경향이 있다.

영재아가 실패에 대처할 수 있도록 하기 위해서는 먼저 부모 스스로가 자신의 경쟁양식을 검토해 볼 필요가 있다. 왜냐하면 아동은 부모에게서 실패에 대한 부적응적인 반응을 배우기 때문이다. 예를 들면, 부모가 어려운 문제에 직면했을 때 경쟁을 회피하거나 자신의 노력 부족이나 자신의 결점을 인정하지 않고 습관적으로 외적인 문제에 불평과 비난을 한다면 아동은 부모의 그러한 태도를 배우게 될 것이다. 이런 경우에는 부모의 태도와 기대를 재구성하는 것이 학문적 경쟁에 미숙한 영재아를 돕는 첫 번째 방법일 것이다.

또 다른 대처방법으로는 아동이 자신의 실패에 대해 창의적인 대안을 가지도록 가르치는 것이다. 예를 들면, 아동은 모든 영역에서 항상 1등을 하는 사람은 없으며 대부분의 사람은 자신이 특별히 잘하는 하나의 영역을 가지고 있고 이것을 통해 보상을 받고 있다는 사실을 알아야 한다. 또한 부모는 자녀의 실패에 대한 이야기를 하고자 할 때는 아동의 정서적인 긴장감이 어느 정도 누그러진 후에 이야기하는 것이 좋다. 아동은 실패를 한 직후에는 스트레스를 받게 될 것이고 그러는 동안에는 이성적인 지각이나 논리적인 사고를 할 수 없을 것이기 때문이다.

4) 다른 형제자매 간의 문제

부모가 아동을 양육하면서 흔히 경험하게 되는 것 중의 하나는 형제자매 간의 경쟁문제인데, 이 문제를 완전히 제거할 수는 없지만 최소화할 수는 있을 것이다. 형제자매 간 경쟁의 근본적인 원인은 자녀들이 부모의 주목을 받고자 한다는 것이다. 영재아동을 다른 형제자매와 비교하는 것은 특별한 다툼을 일으킬 소지가 될 수 있으므로 부모와 교사는 특히 주의해야 한다. 이와 관련한 몇 가지 사항을 설명하자면 다음과 같다.

부모는 먼저 모든 자녀에게 창의적이고 지적인 발달을 위한 가장 이상적인 기회를 제공해야 한다. 즉, 모든 자녀에게 동등한 기회를 제공해 주어야 한다는 것이다. 흥미와 능력이 부족한 다른 자녀가 동일한 활동에 참여할 수 없다는 이유로 영재아동에게도 좋은 프로그램에 참여할 기회를 주지 않거나 무시해서는 안 된다. 다른 자녀에게도 반드시 동일하지는 않지만 동등한 교육의 기회를 제공할 수 있을 것이다. 예를 들면, 한 아이가 주말 컴퓨터 반이나 러시아어 캠프에 참여하기를 강력하게 원한다면 속상해하는 다른 형제에게는 음악, 미술, 수영 또는 테니스반에 참여하도록 하는 것이 하나의 대안이다. 아이들은 서로 다른 능력과 요구를 가지고 있으므로 가장 생산적이고 공정한 접근은 그러한 차이에 맞추어 조절하는 것이다.

할머니, 고모, 삼촌 또는 이웃과 같은 중요한 타인에 의해 일어나는 형제자매 간의 비교와 차별대우도 형제자매 간의 경쟁을 유발시킬 수 있다. 부모는 그들에게 모든 형제를 공정하게 대하도록 분명히 요구해야 하며, 그들이 공정한 대우를 하고 있는지를 종종 점검할 책임이 있다. '중요한 타인'들은 형제자매 중 특정한 아동만을 편애해서는 안 되며 아동의 연령이나 관심사 그리고 능력에 적합한 대우를 해 주어야 할 것이다.

다음은 영재아에게 특별한 문제를 일으킬 수 있는 몇 가지 전형적인 형제자매 관계의 유형과 대처방법에 대한 것이다.

(1) 재능이 부족한 형제자매와 함께 있는 경우

지능이 아주 높거나 특별한 재능이 있는 영재는 다른 형제들과는 경쟁이 안 된다. 이렇게 특별한 능력을 가진 경우에는 그 재능을 계발하는 데 필요한 특별교육을 받기 위해 많은 시간과 재원을 필요로 한다. 시간이 지남에 따라 영재아동은 자연스럽게 많은 주목을 받게 되며 그의 형제자매들은 영재형제의 성공에 감탄하지만 자신들은 그렇게 성공할 수 없다는 것을 인식하게 된다.

영재아에 비해 능력이 부족한 형제자매들은 자신의 능력을 평가하는 데 다른 기준을 사용하게 되거나 자신의 성공을 실패로 인식할 수도 있다. 이러한 경우에 부모는 영재아의 성공만을 보상해 줄 것이 아니라 다른 형제자매의 능력과 노력에 대해서도 보상해 주어야 한다.

(2) 형제자매가 모두 영재인 경우

한 가족의 아동들이 모두 영재인 경우는 별로 특이한 일이 아니다. 이는 유전적 요소, 좋은 환경, 긍정적인 부모와 교사의 기대 또는 이 모든 요인의 조합에 의해서 가능하다. 하지만 이때 그 가족의 아동들은 각각 손위 형제들만큼 해야 한다는 압력을 느끼게 된다는 점을 인식해야 한다. 예를 들어, 맏형이 영재였다면, 그 밑의 동생들은 형이 재학했던 학교에 입학하자마자 교사들로부터 "아, 난 네 형을 잘 알고 있지. 그 애는 훌륭한 학생이었어!"라는 말을 들으면서 학교생활을 시작하게 된다. 만일 이러한 이야기를 들은 아동이 자신감을 가진 영재라면 자신도 그 교사의 기대에 부응할 수 있다는 것을 알기 때문에 이러한 말을 듣는 것에 대해 기뻐할 것이다.

반면, 자신감이 부족한 아동은 형만큼 잘하지 못하면 어떻게 될 것인가를 걱정하게 된다. 영재부모는 손아래 형제들에게 성적에 대한 압력을 주어 더욱 노력하도록 하기 위해서 "난 네 형을 가르쳤던 그 선생님을 잘 알지. 그 선생님은 너 역시 공부를 잘하는 학생이라고 알고 있을 거야."라고 말할 수도 있을 것이다. 그러나 이러한 비교가 아동에게 심각한 압력을 느끼게 한다는 점을 알아야 한다. 부모는 각각의 아동이 자신이 할 수 있는 최선의 노력을 기울이도록 기대해야 하며, 아동의 수행은 형제자매 간의 비교가 아니라 개별적으로 평가되어야 할 것이다.

(3) 재능이 부족한 손위의 형제자매가 있는 경우

가장 어려운 관계 중에 하나는 우수한 동생에 비해 한두 살 많은 형이나 누나가 보통의(또는 부족한) 재능을 가진 경우다. 이럴 때 부모들은 부족한 손위 아이를 배려하기 위해서 동생인 영재아를 적절한 심화 프로그램에 참여시키지 않는 것이 대부분이다. 이런 방법은 영재아의 능력을 계발할 수 있는 기회를 막는 것이며 영재아 자신은 좌절감을 경험하게 될 것이다. 물론 손위 아이도 어쨌거나 압력을 느낀다. 또한 대부분의 손위 아이는 자신에게 아무도 높은 성취를 기대하지 않을 것이라는 확신 때문에 성취동기가 낮다.

이런 경우 부모는 영재아의 성취를 강화하는 것이 좋다. 물론 손위 아이의 성취에 대해서도 반드시 강화를 해 주어야 한다. 그러나 아동들이 서로 다른 개별적인 능력과 그들이 느끼는 경쟁문제에 대해 논의할 수 있을 만큼 성숙했을 때 서로 터놓고 이야기할 수 있는 기회를 제공해 준다면, 설사 재능이나 성적 면에서 분명히 형제자매 간에 차이가 있더라도 스스로를 가치로운 사람이라고 인식하도록 하는 데에 도움이 될 것이다.

5) 영재가족의 지원 활동

Gogel, McCumsey와 Hewett(1985)은 수천 명의 가족을 대상으로 집에서 영재와 함께 공부하는 가장 성공적인 방법들에 대해 조사하였는데, 가장 많이 언급된 활동은 함께 독서하는 것이었다. 두 번째는 아이의 성취에 대한 일관성 있는 격려와 칭찬이었다. 목록에 나타난 또 다른 방법은 자주 대화를 하고, 공동체 활동에 참가하고, 박물관으로 견학을 가고, 휴가를 가고, 토론을 하고, 듣고, 질문을 하는 것이었다.

이 외의 다른 연구들도 부모가 영재의 발전을 도와주는 방법들을 언급하고 있다. 가족의 의미를 강화하기, 행동의 기준을 명확히 하기, 훌륭한 역할 모델을 설정하기(MacKinnon, 1962), 상호 믿음과 칭찬하기(Piechowski, 1987), 아이의 흥미를 지원하기(Bloom & Sosniak, 1981), 확대가족 구성원의 정서적 지원하기(VanTassel-Baska, 1989), 호기심과 적극적인 탐색을 장려하기(Kulieke & Olszewski-Kubilius, 1989), 아이를 향한 높은 기대수준을 갖기(Albert, 1978; Bloom & Sosniak, 1981), 자율성을 장려하기, 창의성과 지적인 노력을 중시하기, 정서적이고 언어적인 표현력 기르기(Robinson & Noble, 1991), 열광적인 독서와 자주 아이에게 책을 읽어 주기(Cox, Daniel, & Boston, 1985), 의미 있는 시간과 소통의 기회 갖기(Delisle, 1992), 아이가 꿈을 믿도록 도와주기(Darnell, 1988) 등이다.

생각할 문제

1. 영재부모가 갖는 스트레스와 욕구에 대해 정리해 본다.

2. 영재부모 상담방법에 대하여 정리해 본다.

3. 영재가족 상담방법에 대하여 정리해 본다.

참고문헌

강영자, 이신동(2014). Dabrowski의 긍정적 분화와 과흥분성 이론이 영재상담에 주는 함의. 한국교육학연구, 20(2), 379-400.

권혜숙(2012). 영재를 이해하는 부모 영재로 착각하는 부모. 서울: 루비박스.

김영숙, 윤여홍(2009). 특수아 상담의 이해(개정판). 경기: 교육과학사.

김영숙, 윤여홍(2014). 교사와 부모를 위한 특수아 상담의 이해. 경기: 교육과학사.

김영아(2008). Dabrowski의 과흥분성 검사(OEQ-II)의 타당화 및 적용에 관한 연구. 숙명여자대학교 박사학위논문.

김홍원, 윤초희(2004). 지적으로 우수한 영재아의 형식적 사고, 초인지 및 창의력에 관한 연구. 교육심리학회, 18(1), 241-260.

류은주, 김정은, 백성혜(2011). 사회-정서적 어려움을 겪고 있는 과학발명 영재에 대한 고찰. 영재교육연구, 21(3), 659-682.

문은식, 송의열, 최지영, 송명역 역(2008). 사회적·정서적 문제, 미성취, 상담[Social/ Emotional Issues, Underachievement, and Counseling of Gifted and Talented Students]. S. M. Moon 저. 서울: 학지사. (원저는 2004년에 출간).

박성익(2003). 영재교육학원론. 서울: 교육과학사.

박혜영, 이신동(2015). 자기조절학습능력 영재성 구인 비교. 영재와 영재교육, 14(1), 267-288

서울시교육청(2013). 영재인성교육자료 개발 연구.

송인섭, 이신동, 이경화, 최병연, 박숙희 역(2001). 영재교육의 이론과 방법[Education of the gifted and talented]. G. A. Davis & S. B. Rimm 저. 경기: 학문사. (원저는 1994년에 출간).

안도희, 진석언, 윤여홍, 전명남, 김경진 역(2013). 부모와 교사를 위한 미성취 영재아 교수전략[*Able underachievers*]. D. Montgomery 저. 서울: 학지사. (원저는 2000년에 출간).

윤여홍(1996). 영재 아동의 정서적 특성에 관한 임상연구: 정신건강을 위한 지도. 영재교육연구, 6(1), 53-72.

윤여홍(2000). 영재의 심리적 특성과 정서발달을 위한 상담. 한국심리학회지, 19(1), 79-101.

윤여홍 역(2008). 이중특수 학생을 위한 성공전략[*Successful strategies for twice-exceptional students*]. K. D. Besnoy 저. 경기: 아카데미프레스. (원저는 2005년에 출간).

윤여홍 역(2009). 영재와 정신건강: 오진단과 이중진단[*Misdiagnosis and dual diagnoses of gifted children and adults*]. J. T. Webb, E. R. Amend, N. E. Webb, J. Goerss, P. Beljan, & F. R. Olenchak 저. 서울: 학지사. (원저는 2005년에 출간).

윤여홍 역(2014). 영재상담 모델[*Models of Counseling*]. S. Mendaglio & J. S. Peterson 저. 서울: 학지사. (원저는 2007년에 출간).

윤초희(2005). 영재성 유형과 학년 수준에 따른 동기 및 인지적 특성. 영재와 영재교육, 4(2), 53-72.

윤초희, 강승희(2005). 인지적 특성에 의한 영재유형 간 판별분석. 심리학회, 18(3), 63-80.

윤초희, 윤여홍, 김홍원(2004). 지적으로 우수한 초등영재아의 심리사회적 적응. 한국심리학회지, 17(2), 177-196.

이경화, 김혜진, 김옥분 역(2008). 경험연구에 기초한 영재교육[*Best practices in gifted education*]. A. A. Rovinson, M. S. Bruce, & D. L. Enersen 저. 서울: 시그마프레스. (원저는 2006년에 출간).

이경화, 최병연(2006). 초등학생의 발달단계에 따른 창의적 능력과 창의적 성격 및 영역 창의성 분석. 영재와 영재교육, 5(2), 119-134.

이경화, 태진미(2013). 영재 인성교육 프로그램이 초등 영재학생들의 창의성과 자아개념에 미치는 영향. 영재와 영재교육, 12(3), 53-74.

이경화, 태진미(2015). 민사고를 통해 본 한국형 융합영재교육의 가능성과 과제. 영재와 영재교육, 14(2), 145-169.

이미순 역(2008). 영재상담[*Counseling the Gifted and Talented*]. L. K. Siverman 편저. 서울: 박학사. (원저는 1993년에 출판).

이미순, 권지숙(2008). 영재의 완벽주의 특성과 성향과의 관계. 고려대학교 대학원 석사학위논문.

이승주, 유형근, 조용선(2011). 초등영재의 상담실태 및 상담요구분석. 교원교육, 27(2), 129-154

이신동(2006). 학습장애 영재의 유형과 판별 전략 탐색. 학습장애연구, 3(1), 77-94.

이신동, 이경화, 최병연, 박숙희(2002). 유아영재교육의 이해. 서울: 학문사.

이신동, 이정규, 박춘성(2009). 최신영재교육학개론. 서울: 학지사.

이정규(2005). 우리나라 영재의 교육적 배경변인에 대한 연구. 영재와 영재교육, 4(2), 31-51.

이정규, 김현철, 이윤옥(2005). 영재의 인지적 특성 연구: 3개 영역별(문과, 이과, 예술) 영재를 중심으로. 교육심리학회, 19(4), 953-971.

이정규 역(2008). 영재성의 정의와 개념[*Definitions and conceptions of giftedness*]. R. J. Sternberg 저. 서울: 학지사. (원저는 2004년에 출간).

이현주, 신종호(2009). 영재아동 바로 알기. 서울: 학지사.

임진현, 전미란, 최승언(2012). 과학영재의 성취동기와 자기개념, 완벽주의, 부모양육행동과의 관계. 영재교육연구, 22(4), 985-1007.

전미란, 류지영, 서윤정, 박혜진 역(2013). 영재교육의 새로운 이해[*Rethinking gifted education*]. J. H. Borland 저. 서울: 학지사. (원저는 2003년도에 출간).

정현남, 김동혁, 고병오(2004). 영재 학급을 위한 사이버 상담 시스템 개발 및 적용. 정보교육학회논문지, 8(2), 177-189.

조석희, 실비아 립(2000). 머리 좋은 우리 아이 공부는 왜 못할까. 서울: 중앙 M&B.

최호성, 태진미(2015). 과학고 R&E(Research & Education) 프로그램의 참여 경험과 의미: 졸업생 면담 사례를 중심으로. 영재와 영재교육, 14(2), 51-79.

태진미(2009). 영재부모지원의 새로운 접근. 영재교육연구, 19(2), 303-332.

태진미(2012). 아동보육현장에서 나타나는 실천적 지식 향상의 필요성과 가능성: 지적우수아 사례 중심으로. 영재와 영재교육, 11(1), 35-56.

태진미 외(2013). 영재인성교육자료. 서울: 서울시과학전시관.

태진미, 이행은, 김인숙, 이정규(2013). 예술영재와 과학영재의 창의성 비교. 창의력교육연구, 13(2), 101-118.

태진미(2014). 초·중등 영재학생들이 지각하는 영재상담 실태 및 요구. 영재와 영재교육, 13(3), 149-173.

하이타니 겐지로(2008). 나는 선생님이 좋아요. 서울: 양철북.

한국교육개발원(2006). 영재의 리더십 육성을 위한 기초연구 및 프로그램 개발 II.

CR2066-44.

한국교육개발원(2014a). 영재교사를 위한 이럴 땐 이렇게! 생활지도 갈라잡이(중학생용).

한국교육개발원(2014b). 영재교사를 위한 이럴 땐 이렇게! 생활지도 갈라잡이(초등학교용).

한국교육개발원(2015). 진로설계 안내서(영재학생용).

한기순, 배미란(2004). 과학영재와 일반 학생들 간의 사고 양식과 지능 및 창의성간의 관계 비교. 교육심리학회, 18(2), 49-68.

한기순, 신정아(2007). 성취와 미성취는 어떻게 다른가?: 학습전략, 동기, 능력신념, 그리고 문제해결성향의 차이 분석. 영재교육연구, 17(1), 27-50.

한기순, 태진미, 양태연(2010a). 영재 어머니의 심리상태 관찰을 위한 투사적 접근. 영재와 영재교육, 9(1), 5-26.

한기순, 태진미, 양태연(2010b). 영재가족의 여가활동에 관한 연구. 영재교육연구, 20(1), 175-203.

홍종관(2009). 영재의 이해와 교육 및 상담에 관한 연구. 청소년행동연구, 14, 123-146.

홍종관(2014). 영재의 정서 발달을 위한 상담에 관한 연구. 청소년행동연구, 19, 35-52.

황희숙, 강승희, 김정섭 역(2011). 영재 아동의 이해[*Handbook of giftedness in children*]. S. I. Pfeiffer 저. 서울: 시그마프레스. (원저는 2008년에 출간).

Adler, T. (1991). Support and challenge: Both key for smart kids. *Science Monitor, 10.*

Alamprese, J., & Erlanger, W. (1989). *No gift wasted: Effective strategies for educating highly able, disadvantaged students in mathematics and science.* Washington, DC: COSMOS Corporation.

Albert, R. S. (1978). Observation and suggestions regarding giftedness, familial influence and the achievement of eminence. *Gifted Child Quarterly, 28,* 201-211

Allport, G. W. (1954). *The nature of prejudice.* Reading, MA: Addison-Wesley.

American Psychiatric Association(2013). *Diagnostic and statistical manual of mental disorder* (5th ed.). Arlington, VA: APA.

Baldwin, A. Y. (1985). I'm Black but look at me, I am also gifted. *Gifted Child Quarterly, 31,* 180-185.

Baldwin, A. Y. (2002). Culturally diverse students who are gifted.

Exceptionality, 10, 139–147.

Bandura, A. (1997) Self–efficacy: Toward a unifying theory of behavioral change. *Psychological Review, 84*, 191–215.

Barkley, R. A. (1990). *Attention-deficit/hyperactivity disorder: A handbook for diagnosis and treatment.* New York: Guilford Press

Barone, D., & Schneider, R. (2003). Turning the looking glass inside out: A gifted student in an at–risk setting. *Gifted Child Quarterly, 47*, 259–271.

Baum, S. (1990). *Gifted but learning disabled: A puzzling paradox* (ERIC EC Digest # E479). Reston, VA: ERIC Clearinghouse on Disabilities and Gifted Education. (ERIC Document Reproduction Service No. ED321484).

Beckley, D. (1998). Gifted and learning disabled: Twice–exceptional students. *NRC/CT 1998 Spring Newsletter.* Retrieved August 5, 2005, from http://www.gifted.uconn.edu/nrcgt/newsletter/spring98/sprng984.html

Benbow, C. P., & Stanley, J. C. (1983). *Academic precocity: Aspects of its development.* Baltimore, MD: Johns Hopkins University Press.

Benito, Y. (2000). Metacognitive ability and cognitive strategies to solve maths and transformation problems. *Gifted Education International, 14*, 151–159.

Bergent, S. (2002). *The warning signs of learning disabilities* (ERIC EC Digest #E603). Reston, VA: ERIC Clearinghouse on Disabilities and Gifted Education. (ERIC Document Reproduction Service No. ED449633).

Bernal, E. M. (2002). Three ways to achieve a more equitable representation of culturally and linguistically different students in GT programs. *Roeper Review, 24*, 82–89.

Berne, E. (1964). *Games people play.* New York: Grove Press.

Betts, G. T., & Neihart, M. (1988). Profiles of the gifted & talented. *Gifted Child Quarterly, 32*(2), 248–253.

Bloom, B. S., & Sosniak, L. A. (1981). Talent development vs. schooling 1. *Educational Leadership, 39*, 86–94.

Bloom, B. S. (1985). *Developing talent in young people.* New York: Ballantine.

Bobinson, N. M., & Noble, K. D. (1991). Social–emotional development and adjustment of gifted children. In M. C. Wang, M. C. Reynolds, & H. J. Walberg (Eds.), *Handbook of special education: Research and practice,*

Volume 4: Emerging programs (pp. 57-76). New York: Pergamon Press.

Boland, C. M., & Gross, M. U. (2007). Counseling highly gifted children and adolescents. In S. Mendaglio & J. S. Peterson (Eds.), *Models of counseling gifted children, adolescents and young adults* (pp. 153-157). Austin, TX; Prufrock.

Borkowski, J. G., & Thorpe, P. K. (1994). Self-regulation and motivation: A life-span perspective on underachievement. In D. H. Schunk & B. J. Zimmerman (Eds.), *Self-regulation of learning and performance: Issues and educational applications* (pp. 45-73). Mahwah, NJ: Erlbaum.

Borland, J. H., & Wright, L. (1994). Identifying young, potentially gifted, economically disadvantaged students. *Gifted Child Quarterly, 38*, 164-171.

Borland, J. H., Schmur, R., & Wright, L. (2000). Economically disadvantaged students in a school for the academically gifted: A post-positivist inquiry into individual and family adjustment. *Gifted Child Quarterly, 44*, 13-32.

Breunlin, D., Schwartz, R., & Mac Kune-Karrer, B. (1992). *Metaframeworks: Transcending the models of family therapy.* San Francisco: Jossey-Bass.

Bridges, S. (1973). *Problems of the gifted child IQ 150.* New York: Crane, Russak.

Bulter-Por, N. (1987). *Underachievers in school: Issues and Intervention.* New York: John Wiley & Sons.

Burks, B. S., Jensen, D. W., & Terman, L. M. (1930). *Genetic studies of genius* (Vol. 3). The promise of youth. Stanford, CA: Stanford University Press.

Burns, D. D. (1980). The perfectionist's script for self-defeat. *Psychology Today, 14*(6), 34-52.

Callahan, C. A., Tomlinson, C. A., Moon, T. R., Tomchin, E. M., & Plucker, J. A. (1995). *Project START: Using a multiple intelligences model in identifying and promoting talent in high risk students* (Research Monograph No. 95136). Storrs: National Research Center on the Gifted and Talented, University of Connecticut.

Carkhuff, R. R. (1984a). *Helping and human relations* (Vol. 1). Amherst, MA: Human Resources Development Press.

Carkhuff, R. R. (1984b). *Helping and human relations* (Vol. 2). Amherst, MA: Human Resources Development Press.

Chavkin, N., & Williams, D. L. (1993). Minority parents and the elementary school: Attitudes and practices. In N. Chavkin (Ed.), *Families and schools in a pluralistic society* (pp. 107–119). Albany, NY: State University of New York Press.

Clark, B. (1983). *Growing up gifted.* Columbus, OH: Merrill.

Clark, R. M. (1983). *Family life and school achievement: Why poor Black children succeed or fail.* Chicago: University of Chicago Press.

Colangelo, N. M. (1985). Counseling needs of culturally diverse gifted students. *Roeper Review, 8*, 33–35.

Colangelo, N. M. (1991). Counseling gifted students. In N. Colangelo & G. A. Davis (Eds.), *Handbook of gifted deucation* (pp. 273–284). Boston: Allyn & Bacon.

Colangelo, N. M. (1997). Counseling Gifted Students: Issues and Practices. In N. Colangelo & G. A. Davis (Eds.), *Handbook of Gifted Education* (2nd ed., pp. 353–365). Boston: Allyn & Bacon.

Colangelo, N. M. (2002). Counseling gifted and talented students. *The national research center on the gifted and talented newsletter.* Retrieved from http://www.gifted.uconn.edu/nrcgt/newsletter/fall02/fall022.html

Colangelo, N. M., & Davis, G. (2003). *Handbook of gifted education* (3rd ed.). Boston: Allyn & Bacon.

Colangelo, N. M., & Kelly, K. R. (1983). A study of student, parent, and teacher attitudes toward gifted programs and gifted students. *Gifted Child Quarterly, 27.* 107–110.

Coleman, L. J., & Cross, T. L. (2000). Social–emotional development and the personal experience of giftedness. In K. A. Heller., F. J. Monks, R. J. Sternberg, & R. F. Subotnik (Eds.), *International handbook of giftedness and talent* (pp. 203–212). NY: Oxford.

Coll, K. M., & Freeman, B. (1997). Role conflict among elementary school counselors: A national comparison with middle and secondary school counselors. *Elementary School Guidance and Counseling, 31*, 251–261.

Cox, J., Daniel, N., & Boston, B. O. (1985). Educating able learners. *Programs and Promising practices.* Texas: Austin University of Texas Press.

Cramond, B. (1995). *The coincidence of attention deficit hyperactivity disorder and creativity* (RBDM 9508). Storrs, CT: The National Research Center on the Gifted and Talented, University of Connecticut.

Cross, T. (2011). *On the social and emotional livers of gifted children: Issues and factors in their psychological development* (4th ed.). Waco, TX: Prufrock Press.

Csikszentmihalyi, M. (1996). *Creativity: Flow and the psychology of discovery and invention.* New York: Harper/Collins.

Csikszentmihalyi, M. (1998). *Creatividad: el fluir y la psicología del descubrimiento y la invención.* Barcelona: Paidós.

Culbertson, S. (1985). Career guidance for the gifted. *G/C/T, 32,* 16–17.

Dabrowski, K. (1964). *Positive disintegration.* Boston, MA: Little Brown & Co.

Dabrowski, K. (1967). *Personality-shaping through positive disintegration.* Boston, MA: Little Brown & Co.

Dabrowski, K., & Piechowski, M. M. (1977a). *Theory of levels of emotional development* (Vol. 1). Oceanside, NY: Dabor Science.

Dabrowski, K., & Piechowski, M. M. (1977b). *Theory of levels of emotional development* (Vol. 2). Oceanside, NY: Dabor Science.

Dai, D. Y., Moon, S. M., & Feldhusen, J. F. (1998). Achievement motivation and gifted students: A social cognitive perspective. *Educational Psychologist, 33*(2/3), 45–63.

Damiani, V. B. (1996). The individual family support plan: A tool to assist special populations of gifted learners. *Roeper Review, 18,* 293–298.

Davidson, J. E., & Sternberg, R. J. (1984). The role of insight in intellectual giftedness. *Gifted Child Quarterly, 28*(2), 58–64.

De Shazer, S. (1985). *Keys to solution in brief therapy.* New York: Ww Norton.

Delcourt, M. A. B. (1993). Creative productivity among secondary school students: combining energy, interest and imagination. *Gifted Child Quarterly, 37*(1), 23–31.

Delisle, J. R., & Squires, S. (1989). Career development for gifted and talented youth: Position statement. Division on Career Development (DCD) and The Association for the Gifted (TAG). *Journal of the Education of the Gifted, 13,* 97–104.

Delisle, J. R. (1992). *Gifted kids speak out*. Minneapolis, MN: Free Spirit Publishing.

Dirks, J. (1979). Parent's reactions to identification of the gifted. *Roeper Review, 2*, 9-10.

Ellis, A. (1953). Recent research with personality inventories. *Journal of Consulting Psychology, 17*(1), 45-49.

Ericsson, K. A. (2002). Attaining excellence through deliberate practice: Insights from the study of expert performance. In M. Ferrari (Ed.), *The pursuit of excellence in education* (pp. 21-55). Hillsdale, NJ: Erlbaum.

Erikson, E. H. (1968). *Identity, youth, and crisis*. New York: Norton.

Feldhusen, J. (1980). Luncheon address, National Association for Gifted Children Twenty-seventh Annual Convention, Minneapolis.

Ford, B. G., & Ford, R. D. (1981). Identifying creative potential in handicapped children. *Exceptional Children, 48*(2), 155-122.

Ford, D. Y., Harris III, J. J., Brown, F., & Carter, D. G. (1989). The effects of ability groups and tests on students' vocational counseling and placement. In S. S. Goldberg (Ed.), *Readings on equal education: Critical issues for a new administration and congress 10* (pp. 153-168). New York: AMS Press, Inc.

Framo, J. L. (1982). *Explorations in marital and family therapy: Selected papers of James L. Framo*. Berlin: Springer Pub Co.

Frasier, M. M., & Passow, A. H. (1994). *Toward a new paradigm for identifying talent potential* (Research Monograph No. 9412). Storrs: National Research Center on the Gifted and Talented, University of Connecticut.

Frasier, M. M., García, J. H., & Passow, A. H. (1995). A review of assessment issues in gifted education and their implications for identifying gifted minority students. *National research center on the gifted and talented*. Collingdale, PA: DIANE Publishing.

Fredrickson, R. H. (1986). Preparing gifted and talented students for the world of work. *Journal of Counseling and Development, 64*, 556-557.

Freed, J. N. (1990). Tutoring techniques for the gifted. *Understanding Our Gifted, 2*(6), 1, 11-13.

Gagné, F. (1998). A proposal for subcategories within gifted or talented populations. *Gifted Child Quarterly, 42,* 87–95.

Gagné, F. (2000). Understanding the complex choreography of talent development. In K. A. Heller, F. J. Monks, R. J. Sternberg, & R. F. Subotnik (Eds.), *International handbook of giftedness and talent* (pp. 67–79). Amsterdam: Elsevier.

Gagné, F. (2004). Transforming gifts to talents; The DMGT as a development theory. *High Ability Student, 15*(2), 119–148

Galbraith, J. (1985). The eight great gripes of gifted kids: Responding to special needs. *Roeper Review, 8*(1), 15–18.

Galbraith, J., & Delisle, J. R. (1996). *The gifted kids' survival guide: A teen handbook.* Golden Valley, MN: Free Spirit Publishing.

Gallagher, J., & Kinney, L. (Eds.). (1974). Talent delayed–talent denied: A historical perspective, implications for research and training. *Personnel & Guidance Journal, 62,* 10–15.

Gallagher, S. A. (1985) A comparison of the concept of overexcitabilities with measures of creativity and school achievement in sixth-grade students, *Roeper Review, 8,* 115–119.

Garcia, E. (1993). Language, culture, and education. In L. Darling–Hammond (Ed.), *Review of research in education* (Vol. 19, pp. 51–98). Washington, DC: American Educational Research Association.

Gardner, H. (1983). *Frames of mind: The theory in multiple intelligences.* New York: Basic Books.

Gardner, H. (1999). *Intelligence reframed: Multiple intelligences for 21st century.* New York: Basic Books.

Gardner, H. (1999). *The disciplined mind.* New York: Simon & Schuster.

Gelbrich, J. A., & Hare, E. K. (1989). The effects of single parenthood on school achievement in a gifted population. *Gifted Child Quarterly, 33,* 115–117.

Getzels, J. W., & Jackson, P. W. (1962). *Creativity and intelligence.* New York: John Wiley & Sons, Inc.

Gibbs, J. T., Huang, L. N., & Associates (1989). *Children of color: Psychological interventions with minority youth.* San Francisco: Jossey–Bass.

Gilliland, B. E., & James, R. K. (1998). *Theories and strategies in counseling and psychotherapy.* Boston: Allyn & Bacon.

Gogul, E. M., McCumsey, J., & Hewett, G. (1985). What parents are saying. *G/C/T*, 7-9.

Gowan, J. C. (1980). Issues on the guidance of gifted and creative children. In J. C. Gowan, G. D Demos, & C. J. Kokaska (Eds.), *The guidance of exceptional children: A book of readings* (2nd ed., pp. 66-70). New York: Longman.

Graves, J. G. (1999). *Emotional intelligence and cognitive ability: Predicting performance in job-simulated activities.* Unpublished doctoral dissertation, California School of Professional Psychology, San Diego, CA.

Haley, J. (1976). *Problem-solving therapy: New strategies for effective family therapy.* St. Paul, MN: The Book Abyss.

Harris, T. (1969). *I'm OK, you're OK.* New York: Harper & Row.

Hebrert, T. P. (2002). Educating gifted children from low socioeconomic backgrounds: Creating visions of a hopeful future. *Exceptionality, 10,* 127-138.

Hewitt, P. l., & Flett, G. L. (1993). Dimension of perfectionism, dairy stress, and depression: A test of specific vulnerability hyperthesis. *Journal of Abnormal Psychology, 102,* 58-65.

Hollingworth, L. S. (1926). *Gifted children: Their nature and nurture.* New York: Macmillan.

Hollingworth, L. S. (1939). What we know about the early selection and training of leader. *Teachers College Record, 40,* 575-592.

Hollingworth, L. S. (1942). *Children above 180 IQ Stanford-Binet origin and development.* New York: World block.

Howley, C. B. (1989). Career education for able students. *Journal for the Education of the Gifted,* 12, 205-217.

Hoyt, K, B. (1978). Career education for gifted and talented persons. *Roeper Review, 1*(1), 9-10.

Hunsaker, S. L. (1994). Adjustments to traditional procedures for identifying underserved students: Sucesses and failures. *Exceptional Children, 61,* 72-76.

Inhelder, B., & Sinclair, H. (1969). *Learning cognitive structures*. In P. Mussen, J. Langer, & M. Covington (Eds.), *Trends and issues in developmental psychology*, (pp. 2-21). New York: Holt, Rinehart & Winston.

Jatko, B. (1995). Using a whole class tryout procedure for identifying economically disadvantaged students in three socioeconomically diverse schools. *Journal for the Education of the Gifted, 19*, 83-105.

Jones, R. L. (Ed.). (1988). *Psychoeducational assessment of minority group children: A casebook*. Berkeley, CA: Cobb & Henry.

Jourard, S. M. (1964). *The transparent self*. New York: D. Van Nostrand.

Kahn, J. (1986). Volunteering: A new way for your child to learn by doing. *G/C/T, 9*(1), 15-17.

Karnes, F. A., & Bean, S. M. (1996). Leadership and the gifted. *Focus on Exceptional Children, 29*(1), 1-12.

Katchadourian, H., & Boli, J. (1985). *Careerism and intellectualism among college students*. San Francisco: Jossey-Bass.

Katz, P. A. (1976). *Towards the eliminational of racism*. New York: Pergamon Press.

Kautman, F. A., & Castellano, F. X. (2000). Attention-deficit/hyperactivity disorder in gifted students. In K. A. Heller, E. J. Monks, R. J. Sternberg, & R. E. Subotnik (Eds.), *International handbook of research and development of giftedness and talent* (2nd ed., pp. 621-632). Amsterdam: Elsevier.

Kelly, K. R., & Cobb, S. J. (1991). A profile of the career development characteristics of young gifted adolescents: Examining gender and multicultural differences. *Roeper Review, 13*, 168-175.

Kerr, B. A. (1986). Career counseling for the gifted. *Assessments and interventions. Journal of Counseling and Development, 67*, 602-604.

Kerr, B. A. (1992). *A handbook for counseling the gifted and talented*. Arlington, VA: AACD.

Kerr, B. A., & Ghrist-Priebe, S. L. (1988). Intervention for multipotentiality: Effects of a career counseling laboratory for gifted high school students. *Journal of Counseling and Development, 66*, 366-370.

Kirschenbaum, R. (1988). Methods for identifying the gifted and talented American Indian student. *Journal for the Education of the Gifted, 11*(3), 53–63.

Kitano, M. K., & DiJosia, M. (2002). Are Asian and Pacific Islanders overrepresented in programs for the gifted and talented? (When who I am impacts how I am represented: Addressing Minority student issues in different contexts). *Roeper Review, 24*(2), 76–81.

Konstantopoulos, S., Moodi, M., & Hedges, L. V. (2001). Who are America's gifted? *American Journal of Education, 109*, 344–382

Kulieke, M. J., & Olszewski-Kubilius, P. (1989). The influence of family values and climate on the development of talent. In J. VanTassel-Baska & P. Olszewski-Kubilius (Eds.), *Patterns of influence on gifted learners: The home, the self and the school* (pp. 40–590). New York: Teachers College Press.

Leroux, J. A., & Levitt-Perlman, M. (2000). The gifted child with attention deficit disorder: An identification and intervention challenge. *Roeper Review, 22*, 171–176.

Lewis, K. M., & Louis, B. (1992). Parental beliefs about giftedness in young children and their relation to actual ability level. *Gifted Child Quarterly, 36*, 27–31.

Lewis, K. M. (2000). When Leaders Display Emotion: How Followers Respond to Negative Emotional Expression of Male and Female Leaders. *Journal of Organizational Behavior, 21*(2), Special Issue: Emotions in Organization, 221–234.

Lewis, O. (1965). *La Vida: A Puerto Rican family in the culture of poverty-San Juan and New York*. New York: Vintage Books.

Lidz, C. S. (2002). Mediated learning experience (MLE) as a basis for alternative approach to assessment. *School Psychology International, 23*, 68–84.

Lindstrom, R. R., & Van Sant, S. (1986). Special issues in working with gifted minority adolescents. *Journal of Counseling and Development, 64*, 583–586.

Littrell, J. M. (1998). *Brief counseling in action*. New York: Ww Norton.

Ludwig, G., & Cullinan, D. (1984). Behavior problems of gifted and non-gifted elementary school girls and boys. *Gifted Child Quarterly, 12*(1), 37-39.

Macdonald, K., Shore, B. M., & Thomas, M. (1987). Gifted students and career education. Unpublished manuscript, Protestant School Board of Greater Montreal and the Ministere de Leducatio du Quebec (Ministry of Education of Quebec).

MacKinnon, D. W. (1962). The nature and nurture of creative talent. *American Psychologist, 17*, 484-495.

Mahoney, A. S. (1998). The Gifted Identity Formation Model: In search of the gifted identity, from abstract concept to workable counseling. *Roeper Review, 20*(3), 222-226.

Mahoney, A. S., Martin, D., & Martin, M. (2007). Gifted identity formation: A therapeutic model for counseling gifted children and adolescents. In S. Mendaglio & J. S. Peterson (Eds.), *Models of counseling gifted children, adolescents and young adults* (pp. 199-230). Austin, TX: Prufrock.

Mallis, J., Heinemann, A., Alexander, N., Duke, E., & Gilman, S. (1979). *Reaching for the stars: A minicourse for education of gifted students.* Austin, Texas: Multi Media Arts.

Mandel, H. P., & Marcus, S. I. (1988). *The psychology of underachievement.* New York: John Wiley and Sons.

Marland, Jr., S. P. (1972). *Education of the gifted and talented: Report to the Congress of the United State by the U. S. Commissioner of Education and background papers submitted to the U. S. Office of Education* (Vol. 2). Washington, DC: U. S. Government Printing Office. (Government Documents, Y4.L 11/2: G36)

Marshall, B. C. (1981). Career decision-making patterns of gifted and talented adolescents: Implications for career education. *Journal of Career Educaion, 7*, 305-311.

Martin, G. (1984). Finding the right slot. *G/C/T, 31*, 10-12.

Maslow, A. H. (1970). *Motivation and personality* (2nd ed.). New York: Harper & Row.

Maslow, A. H. (1971). *The farther reaches of human nature.* New York: Viking Press.

Mayer, J. D. (1999). Emotional intelligence: Popular or scientific psychology?

APA Monitor, 30, 50.

McIntosh, M, E., & Greenlaw, M. J. (1986). Fostering the post secondary aspirations of gifted and urban minority students. *Roeper Review, 9,* 104–107.

Meckstroth, E. (1991). *Coping with sensitivities of gifted children.* Chicago: Illinois Gifted Education Conference.

Mendaglio, S. (2007). Affective–cognitive therapy for counseling gifted individuals. In S. Mendaglio & J. S. Peterson (Eds.), *Models of counseling gifted children, adolescents and young adults* (pp. 35–68). Austin, TX; Prufrock.

Merriam, S. (1983). Mentors and Proteges: A critical review of the literature. *Adult Education Quarterly, 33,* 161–173.

Miller, W. R., & Rollnick, S. (2002). *Motivational interviewing: Preparing people for change Guilford.* New York: The Guilford Press.

Millne, B, G. (1979). Career education. In A. H. Passow (Ed.), *The gifted and talented: Their education and development* (pp. 246–254). Chicago: University of Chicago Press.

Minuchin, S. (1974). *Families and family therapy.* Cambridge, MA: Harvard University Press.

Moon, S. M. (2002). Counseling needs and strategies. In M. Neihart, S. M. Reis, N. M. Robinson, & S. M. Moon (Eds.), *The social and emotional development of gifted children: What do we know?* (pp. 213–222). Waco, TX: Prufrock Press.

Moon, S. M. (2006). Developing a definition of giftedness. In J. H. Purcell & R. D. Eckert (Eds.), *Designing services and programs for gifted and talented students* (pp. 23–31). Thousand Oaks, CA: Corwin Press.

Moon, S. M., Kelly, K. R., & Feldhusen, J. E. (1997). Specialized counseling services for gifted youth and their families: A needs assesment. *Gifted Child Quarterly, 41,* 16–25.

Munger, A. (1990). The parent's role in counseling the gifted: The balance between home and school. In J. VanTassel–Baska (Ed.), *A practical guide to counseling the gifted in a school setting* (2nd ed., pp. 57–65). Reston, VA: The Council for Exceptional Children.

Neihart, M. (2000). Gifted children with Asperger's Syndrome. *Gifted Child*

Quarterly, 44(4), 222-230.

Neihart, M., Reis, S. M., Robinson, N. M., & Moon, S. M. (2002). *The social and emotional development of gifted children: What do we know?* Washington, DC: National Association for Gifted Children.

Newman, B. M., Myers, M. C., Newman, P. R., Lohman, B. J., & Smith, V. L. (2000). The transition to high school for academically promising, urban, low-income African American youth. *Adolescene, 35*, 45-66.

Nicholas, P., & Anderson, E. (1973). Intellectual performance, race, and socioeconomic status. *Social Biology, 68*, 23-29.

Nieto, S. (1992). *Affirming diversity: The sociopolitical context of multicultural education.* White Plains, NY: London.

Ogbu, J. U. (1988). Human intelligence testing: A cultural-ecological perspective. *Phi Kappa Phi Journal, 68*, 23-29.

Olszeski-Kubilius, P., Grant, B., & Seibert, C. (1994). Social support systems and the disadvantaged gifted: A framework for developing programs and services. *Roeper Review, 17*, 20-25.

Parker, W. D., & Stumpf, H. (1995). An examination of the Multidimensional Perfectionism Scale with a sample of academically talented children. *Journal of Psychoeducational Assessment, 13*, 372-383.

Parkinson, M. L. (1990). Finding and serving gifted preschoolers. *Understanding Our Gifted, 2*(5), 1, 10-13.

Parrish, M. (2004). Urban poverty and homelessness as hidden demographic variables relevant to academic achievement. In D. Boothe & J. C. Stanley (Eds.), *In the eyes of the beholder: Critical issues for diversity in gifted education* (pp. 203-211). Waco, TX: Prufrock Press.

Passow, A. H., & Frasier, M. M. (1996). Toward improving identification of talent potential among minority and disadvantaged students. *Roeper Review, 18*, 198-202.

Perls, F., Hefferline, G., & Goodman, P. (1951). *Gestalt therapy.* Gouldsboro, ME: The Gestalt Journal Press.

Peterson, J. S., & Colangelo, N. (1996). Gifted achievers and underachievers: A comparison of patterns found in school files. *Journal of Counseling and Development, 74*, 399-407.

Peterson, J. S. (2008). *The essential guide for talking with gifted teens: Ready to usediscussions about identity, stress, relationships, and more.* Minneapolis, MN: Free Spirit Publishing.

Pfeiffer, I. S. (2008). *Handbook of giftedness in children: Psychoeducational theory, research, and best practies.* Berlin: Springer Science & Business Media.

Piaget, J., & Inhelder, B. (1967). *A child's conception of space* (F. J. Langdon & J. L. Lunzer, Trans.). New York: Norton. (Original work published 1948).

Piechowski, M. M. (1979). Developmental potential. In N. Colangelo & R. T. Zaffrann (Eds.), *New voices in counseling the gifted* (pp. 25–57). Dubuque, IA: Kendall/ Hunt.

Piechowski, M. M., & Colangelo, N. (1984). Developmental potential of the gifted. *Gifted Child Quarterly, 28*, 80–88.

Piechowski, M. M., & Cunningham, K. (1985) Patterns of overexcitability in a group of artists, *The Journal of Creative Behavior, 19*(3), 153–174.

Piechowski, M. M., Silverman, L. K., & Falk, R. F. (1985). Comparison of intellectually and artistically gifted on five dimensions of mental functioning. *Perceptual and Motor Skills*, 60, 539–549.

Piechowski, M. M. (1987). Family qualities and the emotional development of older gifted students. In T. M. Buescher (Ed.), *Understanding gifted and talented adolescents* (pp. 17–23). Evanston, IL: Center of the Talent Development, Northwestern University.

Piechowski, M. M. (1991). Emotional development and emotional giftedness. In N. Colangelo & G. Davis (Eds.), *Handbook of gifted education* (pp. 285–306). Needham Heights, MA: Allyn & Bacon.

Plucker, J. A. (1996). Gifted Asian–American students: Identification, curricular, and counseling concerns. *Journal for the Education of the Gifted, 19*, 315–443.

Plucker, J. A., Callahan, C. A., & Tomchin, E. M. (1996). Wherefore art thou, multiple intelligences? Alternative assessments for identifying talent in ethnically diverse and low–income students. *Gifted Child Quarterly, 40*, 81–92.

Pyryt, M. C. (1993). Career development for the gifted and talented: Helping adolescents chart their futures. *Journal of Secondary Gifted Education, 5,* 18–22.

Ramirez, M. (1983). *Psychology of the Americas: Mestizo perspectives on personality and mental health.* New York: Academic Press.

Reis, S. M., Colbert, R. D., & Hebert, T. P. (2005). Understanding resilience in diverse, talented students in an urban high school. *Roeper Review, 27,* 110–120.

Renzulli, J. S. (1978). What makes giftedness? Re-examining a definition. *Phi Delta Kappan, 60,* 180–184.

Renzulli, J. S. (1986). *The three ring conception of giftedness. A developmental model for creative productivity.* In R. J. Sternberg & J. E. Davison (Eds.), *Conception of Giftedness.* Cambridge, MA: Cambridge University Press.

Renzulli, J. S. (1998). A rising tide lifts all ships. Developing the gifts and talents of all students. *Phi Delta Kappan, 80,* 105–111.

Robinson, A., & Clinkenbeard, P. R. (1998). Giftedness: An exceptionality examined. *Annual Review of Psychology, 49,* 117–139.

Robinson, A. (2003). Cooperative learning and high ability students. In N. Colangelo & G. A. Davis (Eds.), *Handbook of gifted education* (3rd ed. pp. 282–292). Boston: Allyn & Bacon.

Robinson, N. M., Lanzi, R. G., Weinberg, R. A., Ramey, S. L., & Ramey, C. T. (2002). Family factors associated with high academic competence in former Head Start children at third grade. *Gifted Child Quarterly, 46*(4), 278–290.

Robinson, N. M., & Noble, K. (1991). Social-emotional development and adjustment of gifted children. In M. Wang, M. Reynolds, & H. Walberg (Eds.), *Handbook for special education:* Research and practice: Vol. 4: Emerging programs (pp. 57–76). New York: Pergamon Press.

Rodell, W. C. (1984). Vulnerabilities of highly gifted children. *Roeper Review, 6,* 127–130.

Roeper, A. (1995). *Annemarie Roeper-selected writings and speeches.* Minneapoles, MN: Free Spirit.

Rogers, C. R. (1951). *Client-centered therapy: Its current practice, implications, and theory, with chapters.* Boston: Houghton Mifflin.

Rogers, C. R. (1980). *A way of being*. New York: Houghton Mifflin.

Rogers, K. B. (1986). Do the gifted think and learn differently? Airview of recent research and its implications of instruction. *Journal for the Education of the Gifted, 10*, 17–39.

Rogers, K. B., & Silverman, L. K. (1997). *Personal, social, medical and psychological factors in 160+ IQ children*. Little Rock, AK.: National Association for Gifted Children 44th Annual Convention.

Rogers, K. B. (2002). *Re-forming gifted education: How parents and teachers can match the program to the child*. Scottsdale, AZ: Great Potential Press.

Rogers, M. T., & Silverman, L. K. (1988). Recognizing giftedness in young children. *Understanding Our Gifted, 1*(2), 5.

Salovey, P., & Mayer, J. D. (1990). Emotional intelligence. *Imagination, Cognition, and Personality, 9*, 185–211.

Sanborn, M. P. (1979). Career development: Problems of gifted and talented students. In N. Colangelo & R. T. Zaffrann (Eds.), *New voices in counselling the gifted* (pp. 284–300). Dubuque, IA: Kendall/Hunt.

Sarouphim, K. M. (1999). Discovering multiple intelligences through a performance-based assessment: Consistency with independent ratings. *Exceptional Children, 65*, 151–161.

Satir, V. M. (1986). A partial portrait of a family therapist in process. In H. C. Fishman & B. L. Rosman (Eds.), *Evolving models for family change; A volume in honor of Salvador Minuchin*. New York: Guildford Press.

Satir, V. M. (1988). *The new people making*. Mountain View, CA: Science and Behavior Books.

Saunder, J. E. (2007). Personality dimensions and attitude towards counseling. *Perfectionism and attitudes*. University of Florida. Retrieved from www.honors.ufl.edu/apps/Thesis.aspx/

Schetky, D. H. (1981). A psychiatrist looks at giftedness: The emotional and social development of the gifted child. *G/T/T*, 18, 2–4.

Schiever, S. W. (1985). Creative personality characteristics and dimensions of mental functioning in gifted adolescents. *Roeper Review, 7*, 223?226.

Schmitz, C. C., & Galbraith. J. (1985). *Managing the social and emotional needs of the gifted: A teacher's survival guide*. Minneapolis, MN: Free

Spirit.

Schuler, P. A. (1999). *Voice of perfectionism: Perfectionistic gifted adolescents in a rural middle school.* Storrs, CT: National Research Center on the Gifted and Talented.

Schuler, P. A., & Siegle, D. (2000). Perfectionism differences in gifted middle school students. *Roeper Review, 23,* 39–44.

Seligman, M. E. P., & Csikszentmihalyi, M. (2000). Positive psychology: An introduction. *American Psychologist, 55*(1), 5–14. http://dx.doi.org/10.1037/0003–066X.55.1.5

Shaw, M. C., & McCuen, J. T. (1960). The onset of academic underachievement in bright children. *Journal of Educational Psychology, 51,* 103–108.

Silverman, L. K. (1982). Giftedness. In E. L. Meyen (Ed.), *Exceptional children and youth in today's schools.* Denver, CO: Love Publishing.

Silverman, L. K. (1983). Personality development: The pursuit of excellence. *Journal for the Education of the Gifted, 6*(1), 5–19.

Silverman, L. K., Chitwood, D. G., & Waters, J. L. (1986). Young gifted children: Can parents identify giftedness? *Topic in Early Childhood Special Education, 6*(1), 23–38.

Silverman, L. K. (1988). The second child syndrome. *Mensa Bulletin, 320,* 18–20.

Silverman, L. K. (1993a). A developmental model for counseling the gifted. In L. K. Silverman (Ed.), *Counseling the gifted and talented* (pp. 81–109). Denver, CO: Love.

Silverman, L. K. (1993b). Counseling needs and programs for the gifted. In K. A. Heller, F. J. Monks, & A. H. Passow (Eds.), *International Handbook of Research and Development of Gifted and Talent* (pp. 631–647). Oxford: Pergamon Press.

Silverman, L. K. (Ed.). (1993c). Career counseling. *Counseling the gifted and talented.* Denver, CO: Love Publishing.

Silverman, L. K. (1998). Personality and learning styles of gifted children. In J. VanTassel–Baska (Ed.), *Excellence in educating gifted & talented learners* (2nd ed., pp. 29–65). Denver: Love.

Silverman, L. K. (Ed). (2000). *Counseling the gifted and talented* (paperback). Denver, CO: Love Publishing.

Silverman, L. K. (2002). *Upside-down brilliance: The visual-spatial learner*. Denver, CO: DeLeon.

Smith, E. J. (1977). Counseling Black individual: Some stereotypes. *Personal and Guidance Journal, 55,* 390-396.

Smith, E. J. (1981). Cultural and historical perspective in counseling Blacks. In D. W. Sue (Ed.), *Counseling the culturally different* (pp. 141-185). New York: Wiley.

Spearman, C. (1904). "General Intelligence", Objectively determined and Measured. *American Journal of Psychology, 15,* 201-293.

St. Clair, K. L. (1989). Counseling Gifted Students: A Historical Review. *Roeper Review, 2*(2), 98-102.

Stanley, J. C. (1996). In the beginning: the study of mathematically precocious youth. In C. P. Benbow & D. Lubinski (Eds.), *Intellectual talent*. Baltimore, MD: Johns Hopkins University Press.

Sternberg, R. J. (1985). *Beyond IQ: A triarchic theory of human intelligence*. New York: Cambridge University Press.

Sternberg, R. J. (1997). *Successful intelligence: How practical and creative intelligence Determine Sucess in life*. New York: Simon & Schuster.

Sternberg, R. J. (1999a). Successful intelligence: Finding a balance. *Trends in Cognitive Sciences, 3*(11), 436-442.

Sternberg, R. J. (1999b). The theory of successful intelligence. *Review of General Psychology, 3*(4), 292-316.

Sternberg, R. J. (2000). *Handbook of intelligence*. New York, USA: Cambridge University Press.

Sternberg, R. J. (2003a). *Wisdom, intelligence, and creativity synthesized*. New York: Cambridge University Press.

Sternberg, R. J. (2003b). Our research program validating the triarchic theory of successful intelligence: Reply to Gottfredson. *Intelligence, 31*(4), 37-55.

Stevenson, H., Lee, S., & Chen, C. (1994). Education of gifted and talented students in mainland China, Taiwan, and Japan. *Journal for the Education of the Gifted, 17,* 104-130.

Strow, R., Johso, A., Strom, S., & Strom, P. (1992). Designing curriculum for parents of gifted children. *Journal for the Education of the Gifted, 15,*

182-200.

Sue, D., & Sue, D. W. (1991). Counseling strategies for Chinese Americans. In C. C. Lee & B. L. Richardson (Eds.), *Multicultural issues in counseling: New approaches to diversity* (pp. 79-90). Alexandria, VA: American Association for Counseling and Development.

Sullivan, H. S. (1953). *The Collected Works of Harry Stack Sullivan Vol. 1: The Interpersonal Theory of Psychiatry.* New York: Ww Norton.

Swassing, R. H., & Fichter, G. R. (1991). University and community-based programs for the gifted adolescent. In M. Bireley & J. Genshaft (Eds.), *Understanding the gifted adolescent: Educational, developmental, and multicultural issues* (pp. 176-185). New York: Teachers College Press.

Tannenbaum, A. J. (1986). Giftedness: A psychological approach. In R. J. Sternberg & J. E. Davidson (Eds.), *Conceptions of giftedness* (pp. 21-52). New York: Cambridge University Press.

Tannenbaum, A. J. (2003). Nature and nurture of giftedness. In N. Colangelo & G. A. Davis (Eds.), *Handbook of gifted education* (3rd ed.). (pp. 45-59). Boston: Allyn & Bacon.

Terman, L. M. (1916). The Uses The Uses of Intelligence Tests. *The measurement of intelligence.* Boston: Houghton Mifflin.

Terman, L. M. (1925). *Mental and physical traits of a thousand gifted children, Volume I: Genetic studies of genius.* Stanford, CA: Stanford University Press.

Terman, L. M. (1926). *Mental and physical traits of a thousand gifted children, Volume I: Genetic studies of genius* (2nd ed.). Standford, CA: Standford University Press.

Terman, L. M., & Oden, M. H. (1947). *Genetic studies of genius, Vol. 4. The gifted child grows up.* Stanford, CA: Stanford University Press.

Terman, L. M., & Oden, M. H. (1959). *Genetic studies of genius, Vol. 5. The gifted group at mid-life.* Stanford, CA: Stanford University Press.

Thomas, V., Ray, K. E., & Moon, S. M. (2007). A systems approach to counseling gifted individuals and their families. In S. Mendaglio & J. S. Peterson (Eds.), *Models of counseling gifted children, adolescents and young adults* (pp. 69-96). Austin, TX; Prufrock.

Tomine, S. I. (1991). Counseling Japanese Americans: From internment to reparation. In C. C. Lee & Richardson (Eds.), *Multicultural issues in counseling: New approaches to diversity* (pp. 91–105). Alexandria, VA: American Association for Counseling and Development.

Tomlinson, C. A., Callahan, C. M., & Lelli, K. M. (1997). Challenging expectations: Case studies of high potential, culturally diverse young children. *Gifted Child Quarterly, 41*, 5–18.

U. S. Department of Eduction, Office of Educational Research and Improvement (1993). *National Excellence: A case for developing America's talent.* Washington, DC: U. S. Government Printing Office.

VanTassel–Baska, J. (1983). Profiles of precocity: The 1982 Midwest Talent Search finalists. *Gifted Child Quarterly, 27*, 139–144.

VanTassel–Baska, J. (1989). The role of family in the success of disadvantaged gifted learners. *Journal of the Education of the Gifted, 13*, 22–36.

VanTassel–Baska, J., & Little, C. A. (Eds.). (2003). *Content-based curriculum for high ability learners.* Austin, TX: Purfrock Press.

VanTassel–Baska, J., Feng, A. X., Quek, C., & Struck, J. (2004). A study of educator's and student's perceptions of academic success for underrepresented populations identified for gifted programs. *Psychology Science, 46*, 363–378.

VanTassel–Baska, J., Johnson, D., & Avery, L. D. (2002). Using performance tasks in the identification of economically disadvantaged and minority gifted learners: Findings from Project Star. *Gifted Child Quarterly, 46*, 110–223.

Vlahovic–Stetic, V., Vidovic, V., & Arambasic, L. (1999). Motivational characteristics in mathematical achievement: A study of gifted high–achieving, gifted underachieving and non–gifted pupils. *High Ability Studies, 10*(1). 37–49.

Webb, J. T. (1993). Nurturing social–emotional development of the gifted children. In K. A. Heller, F. J. Monks, & A. H. Passow (Eds.), *International Handbook of research and development of giftedness and talent* (pp. 525–538). Oxford: Pergamon Press.

Webb, J. T., Amend, E. R., Webb, N. E., Goerss, J., Eljan, P., & Olenchak, F. R.

(2005). *Misdiagnosis and dual diagnoses of gifted children and adults*. Scottsdale, AZ: Great Potential Press.

Webb, J., Amend, E., Webb, N., Goerss, J., Beljan, P., & Olenchak, R. (2005). *Misdiagnosis and Dual Diagnosis of Gifted Children and Adults*. Scottsdale: Great Potential Press.

Werner, E. E. (1995). Resilience in development. *Current Directions in Psychological Science, 4*(3), 81–85

West, T. G. (1991). *In the mind's eye: Visual thinkers, gifted people with learning difficulties, computer images, and the ironies of creativity*. Buffalo, NY: Prometheus.

White, M., & Epston, D. (1990). *Narrative Means to Therapeutic Ends*. New York: Ww Norton.

Whitmore, J. R. (1980). *Giftedness conflict and underachievement*. Boston: Allyn & Bacon.

Willings, D. (1983). Issues in career choice for gifted students. *Teaching Exceptional Children, 15*, 226–233.

Willings, D. (1986). Enriched career search. *Roeper Review, 9*, 95–100.

Winner, E. (1996). *Gifted children: Myths and realities*. New York: Basic Books.

Witty, P. A. (1971). The education of the gifted and the creative in the U. S. A. *Gifted Child Quarterly, 15*, 109–116.

Wolin, S. J., & Wolin, S. (1993). *The resilient self*. New York: Villard Books.

Zappia, I. A. (1989). Identification of gifted Hispanic students: A multidimensional view. In C. J. Maker & S. W. Schiever (Eds.), *Critical issues in gifted education: Defensible programs for cultural and ethnic minorities* (pp. 19–26). Austin, TX: Pro-Ed.

Ziegler, A., & Stoeger, H. (2007). The role of counseling in the development of gifted students' actiotopes: Theoretical background and exemplary application of the 11-SCC. *Mendaglio, S./Peterson, JS*, 253–283.

💡 찾아보기

내 용

저자 소개

이신동(李信東, Lee Shin-Dong) 교수

고려대학교 교육학과에서 학사, 석사, 박사 학위(교육심리학 전공)를 취득하고, 미국 Stanford University에서 post-doc 과정과 Purdue University 영재교육연구소(GERI)에서 연구교수를 역임하였다. 현재 순천향대학교 영재교육원장, SCH특수아동교육연구소장, 교육대학원장, 한국유아영재교육학회 회장으로 활동 중이다. 저 · 역서로는 『최신영재교육학개론(2판)』 외 20권이 있으며, 52편의 학술논문이 있다.

박성옥(朴星玉, Park Seong-Ok) 교수

경희대학교 가정관리학과에서 학사, 석사, 박사 학위(아동학 전공)를 취득하고, LG연암재단에서 연구비를 지원받아 한국과 미국 청소년들의 스트레스와 대처행동 비교연구를 위해 미국 Colorado State University에서 연구교수를 역임하였다. 현재 대전대학교 인문영재교육원장, H&H가족통합지원연구소장, 대전교육청 동부다문화교육센터장, 한국임상게임놀이학회 회장으로 활동 중이다. 저 · 역서로 『아동상담』 외 25여 권이 있으며, 60여 편의 학술논문이 있다.

태진미(太眞美, Tae Jin-Mi) 교수

Russian State Pedagogical University name by Herzen에서 교육학 철학박사 학위를 취득하였다. 한국과학창의재단, 교육부, 한국교육개발원의 영재교육 관련 정책연구에 참여했으며, 서울시교육청 영재교육진흥위원으로 다년간 활동하였다. 현재 숭실대학교 교육대학원 융합영재교육전공 주임교수(조교수)로 재직하고 있으며, 영재교원 직무강사 및 영재교육 관련 다양한 학술활동을 수행하고 있다. 「초 · 중등 영재학생들이 지각하는 영재상담 실태 및 요구」 「영재부모 지원의 새로운 접근」 외 다수의 학술논문이 있다.

영재상담
- 이론과 적용 -
Counseling for the Gifted and Talented

2016년 8월 10일 1판 1쇄 인쇄
2016년 8월 20일 1판 1쇄 발행

지은이 • 이신동 · 박성옥 · 태진미
펴낸이 • 김진환
펴낸곳 • (주) **학지사**

04031 서울특별시 마포구 양화로 15길 20 마인드월드빌딩
대표전화 • 02)330-5114   팩스 • 02)324-2345
등록번호 • 제313-2006-000265호

홈페이지 • http://www.hakjisa.co.kr
페이스북 • https://www.facebook.com/hakjisa

ISBN 978-89-997-1051-3 93370

정가 16,000원

이 도서의 국립중앙도서관 출판시도서목록(CIP)은 서지정보유통지
원시스템 홈페이지(http://seoji.nl.go.kr)와 국가자료공동목록시스템
(http://www.nl.go.kr/kolisnet)에서 이용하실 수 있습니다.
(CIP 제어번호: CIP2016018669)

교육문화출판미디어그룹 학지사
심리검사연구소 **인싸이트** www.inpsyt.co.kr
원격교육연수원 **카운피아** www.counpia.com
학술논문서비스 **뉴논문** www.newnonmun.com